Daniela Schetar und Friedrich Köthe

Bodensee

0541bo sk

Oh Freund! Was hätte ich nicht darum gegeben,
Hand in Hand mit Dir diese Gegend zu durchwandern,
deren Reize genügend zu beschreiben ich mich nur zu unfähig fühle.

Graf Hermann von Pückler-Muskau (1785–1871),
deutscher Standesherr, Landschaftsarchitekt und Schriftsteller

Impressum

Daniela Schetar, Friedrich Köthe
Reise Know-How Bodensee

erschienen im
Reise Know-How Verlag Peter Rump GmbH
Osnabrücker Str. 79, 33649 Bielefeld

3., neu bearbeitete und komplett aktualisierte Auflage 2015

Gestaltung
Umschlag: G. Pawlak, P. Rump (Layout);
Svenja Lutterbeck (Realisierung)
Inhalt: Günter Pawlak (Layout);
Svenja Lutterbeck (Realisierung)
Fotonachweis: die Autoren (sk); Achim Mende,
Internationale Bodensee Tourismus (am);
www.fotolia.de (Autorennachweis jeweils am Bild)
Titelfoto: www.fotolia.com ©VRD, Motiv: Konstanzer Hafen
Karten: Cathérine Raisin, Thomas Buri, der Verlag

Anzeigenvertrieb
KV Kommunalverlag GmbH & Co. KG,
Alte Landstraße 23, 85521 Ottobrunn,
Tel. 089 928096-0, info@kommunal-verlag.de

Lektorat: Andrea Hesse
Lektorat (Aktualisierung): Svenja Lutterbeck

Druck und Bindung: Wilhelm & Adam, Heusenstamm

ISBN 978-3-8317-2611-0
Printed in Germany

Dieses Buch ist erhältlich in jeder Buchhandlung Deutschlands, der Schweiz, Österreichs, Belgiens und der Niederlande.
Bitte informieren Sie Ihren Buchhändler über folgende Bezugsadressen:

Deutschland
Prolit GmbH, Postfach 9, D–35461 Fernwald (Annerod)
sowie alle Barsortimente

Schweiz
AVA Verlagsauslieferung AG,
Postfach 27, CH–8910 Affoltern

Österreich
Mohr Morawa Buchvertrieb GmbH
Sulzengasse 2, A–1230 Wien

Niederlande, Belgien
Willems Adventure, www.willemsadventure.nl

Wer im Buchhandel trotzdem kein Glück hat, bekommt unsere Bücher auch über unseren
Büchershop im Internet: www.reise-know-how.de

600b sk

Wir freuen uns über Kritik, Kommentare und Verbesserungsvorschläge, gern auch per E-Mail an info@reise-know-how.de.

Alle Informationen in diesem Buch sind von den Autoren mit größter Sorgfalt gesammelt und vom Lektorat des Verlages gewissenhaft bearbeitet und überprüft worden.

Da inhaltliche und sachliche Fehler nicht ausgeschlossen werden können, erklärt der Verlag, dass alle Angaben im Sinne der Produkthaftung ohne Garantie erfolgen und dass Verlag und Autoren keinerlei Verantwortung und Haftung für inhaltliche und sachliche Fehler übernehmen.

Die Nennung von Firmen und ihren Produkten und ihre Reihenfolge sind als Beispiel ohne Wertung gegenüber anderen anzusehen. Qualitäts- und Quantitätsangaben sind rein subjektive Einschätzungen der Autoren und dienen keinesfalls der Bewerbung von Firmen oder Produkten.

Daniela Schetar und Friedrich Köthe

BODENSEE

Vorwort

Als wir den Bodensee vor vielen Jahren das erste Mal besuchten, sahen wir wenig mehr als Schwärze – wir waren zu einer Opernaufführung auf der Bregenzer Seebühne und kehrten nach Vorstellungsende nachts gleich wieder nach München zurück. Vom See hörten wir nur das Plätschern, wenn Verdis Fanfaren einmal schwiegen, und sahen die Lichterketten der Bodenseeorte, die das Wasser rahmten. Doch unsere Neugier war geweckt, und so entdeckten wir im Lauf der letzten 15 Jahre Ort für Ort, Strand für Strand, fuhren Boot, erwanderten das hügelige Hinterland, schwelgten in den Genüssen alemannischer Kochkunst, bewunderten die leichte Hand Vorarlberger Rokoko-Künstler und die exzentrische des Bodenseeoriginals *Peter Lenk*. Die sanft-mediterrane Stimmung des Sees zwischen Obstbaumhügeln und Zackengipfeln der Alpen ist uns ans Herz gewachsen, und wir hoffen, dass wir mit diesem Buch etwas von unserer Begeisterung übertragen und unseren Lesern Hilfestellung dabei geben können, den Bodensee auf persönliche und individuelle Art zu erleben. Vielleicht begegnen wir uns ja bei einem Glas Müller-Thurgau auf der Terrasse der Gutsschenke des Meersburger Staatsweinguts – oder an einem der vielen anderen herrlichen Panorama-Punkte rund um den See!

Daniela Schetar und *Friedrich Köthe*

601bo sk

Inhalt

Preiskategorien für Hotels

- ① **50 €** pro DZ mit Frühstück
- ② **50–80 €** pro DZ mit Frühstück
- ③ **80–120 €** pro DZ mit Frühstück
- ④ **120–180 €** pro DZ mit Frühstück
- ⑤ **ab 180 €** pro DZ mit Frühstück

Preiskategorien für Restaurants

- ① Menü bis **20 €**
- ② Menü **20–30 €**
- ③ Menü **30–45 €**
- ④ Menü **ab 45 €**

Karten

Exkurse und Infokästen

Hinweise zur Benutzung

- **Internetadressen,** die über zwei Zeilen verlaufen, sind nur dort mit einem Trennstrich getrennt geschrieben, wo dieser zur Adresse gehört.
- Die **Rechtschreibung** in den Kapiteln zu **Schweizer** Reisezielen folgt den dort gültigen Orthografie-Regeln (so wird der Konsonantenbuchstabe **ß** dort nicht verwendet und stattdessen **ss** geschrieben, etwa beim Wort „Strasse“).

9 Ausflug nach Liechtenstein 224

10 Praktische Reisetipps A–Z 232

11 Die Region und ihre Bewohner 266

12 Anhang 282

Der Schmetterling ...

... zeigt an, wo man besonders gut Natur erleben kann oder Angebote im Bereich des nachhaltigen Tourismus findet.

Mein Tipp: ...

... steht für spezielle Empfehlungen der Autoren: abseits der Hauptpfade, persönlicher Geschmack.

Nicht verpassen!

Die Highlights der Region erkennt man an der **gelben Hinterlegung.**

Die Regionen im Überblick

An den Bodensee grenzen **Deutschland, Österreich** und die **Schweiz;** auch das **Fürstentum Liechtenstein** kann man im weiteren Sinn als Anrainer betrachten.

Das **Nordufer** ist geprägt von sanft ansteigendem Hügelland, dessen nach Süden gerichtete Hänge Obstbäume und Weinreben tragen – ein schönes Wander- und Radtourengebiet, das dank der geringen Steigungen auch sehr familienfreundlich ist und in dem viele hübsche Städtchen Kultur, Unterkunft und kulinarische Erlebnisse bieten. Auf die Spuren früher Christen führen die imposanten Zeugnisse romanischer Baukunst auf der UNESCO-Welterbe-Insel **Reichenau.** Ein Großteil des **Südufers** gehört zum Schweizer Territorium mit den Kantonen Thurgau, St. Gallen und im Hinterland den beiden Appenzeller Kantonen. Faszinierend sind hier beispielsweise die historischen Fachwerkstädtchen am **Hochrhein, St. Gallen** mit seinem Mix aus UNESCO-prämierter Hochkultur und lässigem Lebensstil sowie das **Appenzeller Land** mit seinem gelebten Brauchtum. Das **Südostufer** und das **Rheintal** gehören zum österreichischen Bundesland Vorarlberg. Auch hier faszinieren Kontraste: Die lebhaften, ebenso Tradition wie Moderne verbundenen Städte wie Bregenz und Feldkirch stehen dem ländlichen Bregenzer Wald gegenüber, dessen Landschaft und Kultur einen stillen Zauber besitzen.

Und schließlich der See selbst: Zahllose **Wassersportmöglichkeiten** bieten den Gästen Unterhaltung und Herausforderung, und der Vogel- und Pflanzenreichtum seiner **Naturschutzgebiete** lädt zu Exkursionen ein.

1 Das deutsche Obersee-Ufer | S. 14

Historie, Technik und barocke Höhenflüge sind hier vereint: In den malerischen Altstädten von **Lindau (s. S. 15)** und **Ravensburg (s. S. 47)** mit ihrer mittelalterlichen Architektur, in den technischen Museen in **Friedrichshafen (s. S. 38)**, die Luftpionieren wie Graf Zeppelin und Claude Dornier gewidmet sind, und in der üppigen Ausstattung der Gotteshäuser wie z.B. der **Basilika Weingarten (s. S. 54).**

2 Der Überlinger See | S. 66

Rund um den Überlinger See findet sich Geschichte zum Anfassen: Die **Pfahlbauten von Unteruhldingen (s. S. 76)** führen in die Bronzezeit, das Fachwerkstädtchen **Meersburg (s. S. 67)** ins Mittelalter und das Überlinger Münster St. Nikolaus in die sich ankündigenden Renaissance. Pflanzenfreunde genießen die Blumenpracht auf der **Insel Mainau (s. S. 102).**

3 Konstanz und Kreuzlingen | S. 106

Konstanz (s. S. 107), die Stadt des Konzils, verblüfft mit eigenwilligen Museen, einem mittelalterlichen Stadtkern und innovativer Architektur.

4 Das deutsche Untersee-Ufer | S. 120

Gemüse und romanische Architektur sind Kennzeichen der **Insel Reichenau (s. S. 121):** So pragmatisch sieht man Alltag und Weltkulturerbe selten nebeneinander. Sehnsuchtsort prominenter Künstler war die **Halbinsel Höri (s. S. 137)**, und sie kann noch heute begeistern. Das Landschaftsphänomen der Hegau-Vulkane erschließt sich dem Betrachter von der **Festungsruine Hohentwiel (s. S. 137).**

5 Hochrhein und Schweizer Untersee-Ufer | S. 146

Fachwerk satt erwartet Reisende, die dem Rhein bis zu seinen spektakulären Fällen bei **Schaffhausen (s. S. 160)** folgen. Denn nicht nur die Natur, auch **Stein am Rhein (s. S. 147)** oder **Schaffhausen (s. S. 154)** verdienen unbedingt Aufmerksamkeit.

6 Das Schweizer Obersee-Ufer | S. 168

Von den historischen Städtchen wie **Arbon (s. S. 170)** oder **Rorschach (s. S. 175)** am Schweizer Obersee hoch hinauf in den Biedermeierort **Heiden (s. S.176).**

7 St. Gallen und Appenzeller Land | S. 178

Kontraste prägen **St. Gallen (s. S. 179):** Hier der ehrwürdige Stiftsbezirk im Herzen der Altstadt – dort die hypermoderne Stadtlounge und nur wenige Kilometer entfernt die nahezu unglaubliche Idylle des **Appenzeller Lands (s. S. 189),** einer Landschaft wie aus dem voralpinen Bilderbuch.

8 Im Bundesland Vorarlberg | S. 198

Opernfestspiele, aufregende Museen, quirliges Leben und Vorarlberger Lässigkeit machen **Bregenz (s. S. 199)** zu einer besonders liebenswerten Stadt: Bauernlandschaft, alte Höfe und moderne Architektur verbinden sich im **Bregenzer Wald (s. S. 210)** zu einer ungewöhnlichen, spannenden Komposition.

9 Ausflug nach Liechtenstein | S. 224

Die Reise durch das Fürstentum führt in die spannende Hauptstadt **Vaduz (s. S. 227),** zu Walsern, Sagenwegen und interessanten Museen.

Romanische Architektur, moderne Kunst, kulinarische Erlebnisse und zahllose Sportmöglichkeiten –

In Deutschland

am deutschen Bodenseeufer finden Kultur- wie Genussurlauber ein reizvolles Spektrum an vielfältigen Freizeitangeboten.

< Kirche St. Peter und Paul auf der Insel Reichenau

1 DAS DEUTSCHE OBERSEE-UFER

Das deutsche Oberseeufer von Lindau im Südosten bis Hagnau am Übergang zum Überlinger See teilen sich die Bundesländer **Bayern** und **Baden-Württemberg,** wobei sich Bayern mit einem recht kleinen Stück Ufer zwischen Lindau und Nonnenhorn bzw. Wasserburg begnügen muss. 63 km lang und bis zu 14 km breit, dazu eine Tiefe von bis zu 254 m – der Obersee hat imposante Ausmaße, und dass der Bodensee auch „Schwäbisches Meer“ genannt wird, scheint hier durchaus gerechtfertigt. Der Obersee, an den neben Bayern/Baden-Württemberg auch Österreich (Bregenzer Bucht) und die Schweiz grenzen, wird geografisch als **eigenständiges Gewässer** betrachtet, das mit dem Untersee durch den 4 km langen Seerhein in Verbindung steht. Das deutsche Nordufer des Obersees ist eine der besten Wein- und Obstlagen am Bodensee und eine beliebte Ferienregion. Landschaftlich ist die Region geprägt von sanft ansteigenden Hügeln, die, der Südsonne exponiert, eine hervorragende Weinlage abgeben. **Rebhänge und Obstbaumkulturen** bestimmen das Bild im Hinterland der Bodenseegemeinden. Auch die Mehrzahl der berühmten Bodenseeäpfel stammt von hier.

Der Lindauer Hafen mit dem berühmten Bayerischen Löwen und dem Leuchtturm

NICHT VERPASSEN!

- **Haus zum Cavazzen, Lindau:** Ein Bilderbuch mittelalterlicher Freskenkunst | 20
- **Schloss Montfort,** Langenargen: Ein hübsches Schlösschen mit friedlichem Park und herrlichem Panoramablick | 31
- **Alte Kabelhängebrücke:** Die 1897 errichtete Brücke war eine technische Sensation! | 34
- **Zeppelin-Museum,** Friedrichshafen: Wie Zigarren das Fliegen lernten | 42
- **Hagnau:** Ein Weinstädtchen als historisches Gesamtkunstwerk | 63

Diese Tipps erkennt man an der gelben Hinterlegung.

Lindau

Laut offizieller Stadtbezeichnung liegt Lindau nicht am, sondern *im* Bodensee. Und das ist nicht falsch, denn Lindaus **Altstadt** auf einer **Insel** ist nur mittels zweier Dämme für Eisenbahn und Autoverkehr mit dem Festland verbunden. Der Großteil des heutigen Stadtgebietes erstreckt sich allerdings auf dem Festland gegenüber. Mit der vom Bayerischen Löwen und Leuchtturm flankierten Hafeneinfahrt besitzt die Stadt Lindau (25.000 Ew.) die bekanntesten **Wahrzeichen** den Bodensees.

Geschichte

Lindaus Stadtgeschichte beginnt um 200 mit einer römischen Villa Rustica auf dem Festland. Erst im 9. Jh. sind ein Frauenkloster und ein Fischerdorf auf der „Insel, auf der Lindenbäume wachsen“, dokumentiert. Ab dem 11. Jh. wurde Markt gehalten, Kaufleute siedelten sich an, und im 14. Jh. wurde eine erste Brücke gebaut. Bereits im 13. Jh. hatte Lindau den Status einer **freien Reichsstadt** erlangt; Ende des 15. Jh. tagte der Reichstag in der Stadt, woran Fresken am Alten Rathaus erinnern. Lindau hatte eine **strategisch günstige Position** sowohl im Handelsverkehr der Bodenseestädte als auch im Fernhandel mit Oberitalien. Seit dem 16. Jh. ritt einmal pro Woche der „Mailänder Bote“ von Lindau über die Alpen nach Italien und transportierte Geld, Post und auf Packpferden Waren zwischen Mailand und Lindau. Ebenfalls im 16. Jh. trat die Stadt zur Lehre *Luthers* über. Nach einem **Brand** im 18. Jh. erfolgte der Wiederaufbau von Teilen der Altstadt im Stil des Barock. Zu Beginn des 19. Jh. kurz österreichisch, fiel Lindau schließlich an **Bayern,** das damit einen kleinen Seezugang ergatterte und ihn repräsentativ gestaltete. Durch die Verknüpfung von Eisenbahn und Dampfschifffahrt wurde Lindau ein wichtiger **Verkehrsknotenpunkt** und eine beliebte **Sommerfrische,** von der die repräsentativen Villen am Seeufer künden. Auch heute ist die Stadt dank der auf der Insel erbauten Schönheitsklinik ein beliebter Aufenthaltsort begüterter Kreise.

Sehenswertes

Orientierung

Wer mit dem eigenen Auto anreist, findet **Parkmöglichkeiten** an der Inselhalle nach dem Damm rechts oder jenseits der Bahnschienen. Der **Bahnhof** liegt auf der Insel und ist zentraler Ausgangspunkt für die Stadtbesichtigung. Die **Touristeninformation** befindet sich direkt gegenüber.

Hafen und Promenade

Ummauert und mit aufgeschüttetem Baumaterial der abgerissenen Stadtmauer aufgefüllt wurde Lindaus Hafen erst in der ersten Hälfte des 19. Jh. König *Maximilian II.* weihte seinen Hafen 1854 persönlich ein und hatte dabei auch das Gefühl, König *Friedrich von Württemberg,* der Gleiches in Friedrichshafen unternommen hatte, übertrumpft zu haben. Die Hafeneinfahrt bewachen ein 33 m hoher **Leuchtturm** und ihm gegenüber ein 6 m Meter hoher bayerischer **Löwe,** der Lindau den Hintern zuwendet – ein Symbol dafür, dass Bayern seine Lindauer nicht wirklich würdigte und umgekehrt? Der seit dem 13. Jh. am Hafen den Weg weisende **Mangturm** mit seinem hohen Spitzdach jedenfalls geriet durch diese bayerische Demonstration in den Hintergrund. Der **Augustin-Brunnen,** 1982 von *Reinhold Petermann* gestaltet, erinnert daran, dass „Der liebe Augustin“, Romanfigur des Schriftstellers *Horst Wolfram Geißler,* im benachbarten Wasserburg aufwuchs. Von Hotels, Restaurants und Cafés gesäumt, wirkt die **Seepromenade** geradezu mediterran und der Bodensee tatsächlich wie ein Meer.

Altes Rathaus

1422 begann der Bau des Alten Rathauses, das, 1436 vollendet und 100 Jahre später im Stil der Renaissance verändert, mit seinem Staffelgiebel den Platz beherrscht. Die bunten **Fresken** an der Fassade, übrigens auch an der rückwärtigen, sind allerdings dem 19. Jh. zuzuschreiben. Sie stellen Lindau zur Zeit des

[>] Das Alte Rathaus mit seinen leuchtenden Fresken

☐ Karte Umschlag hinten, Stadtplan S. 18

Reichstags sowie wichtige Persönlichkeiten der Stadtgeschichte dar.

Der gotische **Rathaussaal** gilt als einer der schönsten im ganzen Bodenseeraum; er beherbergt die ehemalige **Reichsstädtische Bibliothek,** die heute als Museum zugänglich ist.

■ **Museum Ehemalige Reichsstädtische Bibliothek,** Tel. 08382-27 75 960, April–Okt. tgl. 14–17.30 Uhr, Eintritt frei

Das **Neue Rathaus** gleich nebenan wurde im Stil des Barock errichtet und im 18. Jh. in Dienst genommen.

Maximilianstraße

Sie ist ein Feuerwerk von **Baukunst** aus Gotik, Renaissance und Barock. Viele Häuser tragen Aufzugsgauben, was sie als Kaufmannshäuser ausweist. Suchen Sie nach der **Brodlauben** der Bäckerei Bürklin mit ihrem Laubengang hinter breiten Spitzbögen. Seit 1386 wurde hier Brot verkauft, 2013 musste die Bäckerei schließen. Am westlichen Ende der Maximilianstraße befand sich der Fleischmarkt, dessen Abfälle man durch die Vordere und Hintere Metzgergasse einfach in den See spülte.

Schrannenplatz und Peterskirche

Bis zum 13. Jh. landeten die Bauern ihr Getreide am Schrannenplatz an. Eindrucksvoll ist hier der schlichte Bau der **Peterskirche** (11. Jh.) mit ihrem wuchtigen Turm, der zugleich als Wachtturm genutzt wurde. Im 15. Jh. wurde der Turm neu errichtet und die Nordwand

003bo sk

der Kirche durch Fresken der „Lindauer Passion" von *Hans Holbein dem Älteren* verschönert; der Christophorus stammt gar aus dem 13. Jh.

Am höchsten Punkt des Platzes und der Insel steht der im 14. Jh. erbaute **Diebs**- oder **Malefitzturm,** der als Gefängnis diente und seine bunten Dachziegel erst im 19. Jh. bekam.

Im **Zeughaus** (16. Jh.), wo früher die Waffen zur Stadtverteidigung lagerten, haben Kleinkunst, Theater und Musik die Bühne erobert.

Auf dem 1989 aufgestellten **Fasnachtsbrunnen** treiben die Lindauer Narren

als Motschköpfe, Binsengeister, Pflasterbuzen und Kornköfler ihr Unwesen.

Mein Tipp: In der Grub

Mittelalterliche Atmosphäre umfängt die Gasse, die parallel zur Maximilianstraße vom Schrannenplatz zum Marktplatz führt. Historisch war sie die Verbindung vom Klosterbezirk zur Fischersiedlung rund um den Schrannenplatz. Da sich die beiden Parteien oft nicht grün waren, hat die Gasse manche Auseinandersetzung gesehen. Einige der **ältesten Häuser** Lindaus aus dem 14. und 15. Jh. reihen

sich hier aneinander, die meisten mit Restaurants und Kneipen im Erdgeschoss. Im Gasthof Goldenes Lamm am Paradiesplatz, der aus einem Komplex von sechs historischen Häusern besteht, wurde schon im 15. Jh. getafelt. Auch *Horst Wolfram Geißler,* Autor des „Augustin“, soll hier häufig eingekehrt sein.

Stifts- und Kirchplatz

Über den Marktplatz mit dem Neptunbrunnen gelangt man in den Bereich des ehemaligen Damenstifts, also zur Keimzelle des heutigen Lindau. Zwei Gotteshäuser nehmen den großen Platz ein: Die evangelische Pfarrkirche St. Stephan und daneben das katholische Münster Unserer Lieben Frau. Ende des 12. Jh. löste **St. Stephan** die romanische Peterskirche am Schrannenplatz als Pfarrkirche ab. Mit breiter, beschwingter Fassade steht sie zum Marktplatz hin. Im Inneren ist der weite, helle Raum nur zurückhaltend mit Rokoko-Fresken geschmückt. 1528 wurde St. Stephan zur evangelischen Stadtkirche, große Teile der Ausstattung im Bildersturm zerstört. Das heutige Aussehen verdankt sie Umbauten im 18. Jh., die trotz Rokoko-Verspieltheit sehr zurückhaltend ausfielen. Einziger auffälliger Schmuck sind die beiden Grabplatten von *Daniel* und *Valentin Heider,* prominenten Lindauer Bürgern des 16./17. Jh.

Während die Bürger den Gottesdienst in St. Stephan besuchten, beteten die adeligen Damen des Stifts, das übrigens ein freies, kein Gelübde bedingendes Stift war, im **Münster Unserer Lieben Frau.** Die Tatsache, dass sie sich nicht für Jesus aufheben mussten, führte angeblich zu ziemlich lockeren Sitten, für die das Damenstift am Marktplatz berühmt-berüchtigt war. Das Gotteshaus bestand seit 1100, fiel beim Stadtbrand 1728 den Flammen zum Opfer und wurde durch die großzügige Zuwendung einer Gräfin *zu Polheim* wieder aufgebaut, was dieser den Titel der Fürst-Äbtissin einbrachte. *Johann Kaspar Bagnato* wurde Bauherr, das Deckenfresko mit der

Himmelfahrt Mariens stammt von *Giuseppe Appiani.* Der Unglücke nicht genug, brannte im Jahr 1922 der Dachstuhl, und das Fresko musste nach historischem Vorbild neu gemalt werden. 1987 stürzte die Gipsdecke ab. Es dauerte bis 1993, bis die Bruchstücke wieder an ihrem Platz und die Decke nun hoffentlich sicher befestigt war. Im Gesamteindruck ist die Kirche fröhlich, bewegt und licht, nicht zuletzt dank der Stuckplastik, die aus Wessobrunner Werkstätten stammt.

Haus zum Cavazzen

Das mit bunten Fresken geschmückte Barockhaus am Marktplatz errichtete 1729 *Jakob Grubenmann* aus Appenzell für eine Familie *Seutter.* Mit dem doppelstöckigen Walmdach sieht es sehr imposant aus. Im Inneren präsentiert das **Stadtmuseum** eine Ausstellung zur Geschichte Lindaus, zeigt Wohnkultur und Kunsthandwerk und historisches Spielzeug. Besonders eindrucksvoll ist die der Malerei und Skulptur gewidmete Abteilung mit religiöser Kunst, die sich mit Gemälden des Bauhaus-Künstlers *Georg Muche* auch der Moderne nicht verschließt.

■ **Stadtmuseum,** Marktplatz 6, Tel. 08382-94 40 73, www.kultur-lindau.de, April bis Okt. Di–Fr, So 11–17 Uhr, Sa 14–17 Uhr, Eintritt 3 €.

Barfüßerkirche/Stadttheater

Die im 13. und 14. Jh. erbaute Franziskanerkirche wurde 1528 anlässlich der Reformation Lindaus aufgehoben und erfüllte seither verschiedene Funktionen. Seit einem Umbau Ende des 19. Jh. wird sie als **Theater** genutzt, dessen in den 1950er und 60er Jahren erfolgte neue Inneneinrichtung ein herrliches Nachkriegsflair verströmt. Bemerkenswert ist das Theater auch als Bühne der Lindauer **Marionettenoper,** die mit ihren Aufführungen der „Zauberflöte", von „Carmen" oder gar des „Schwanensees" auch international Furore macht.

Kalenderwirren

Das evangelische Gotteshaus **St. Stephan** stand für die **Eigenständigkeit** der freien **Reichsbürgerschaft** gegenüber dem katholischen Stift. Diese **Rivalität** ging so weit, dass sich die Stadtväter weigerten, den Gregorianischen Kalender zu übernehmen, und ihre Kirchenfeste nach dem Julianischen feierten. Zwischen 1582 und 1700 gab's in Lindau deshalb Weihnachten, Ostern und alle anderen **Festtage doppelt,** zunächst katholisch, dann zehn Tage später evangelisch.

> Im Gasthaus Zum Sünfzen trafen sich einst die Lindauer Patrizier

1

004bo sk

Praktische Tipps

Information

Tourist-Information, Lennart-Bernadotte-Haus, Alfred-Nobel-Platz 1, 88131 Lindau, Tel. 08382-26 00 30, www.lindau-tourismus.de, Okt. bis März, Mo–Fr 10–12, 14–17 Uhr, April bis Sept., Mo–Sa 10–18, So 10–13 Uhr.

Stadtführungen

April bis Nov. Di 10.30 Uhr, Fr 14.30 Uhr, Mai bis Okt. auch So 10.30 Uhr, Mitte Mai bis Ende August auch Do 20 Uhr, Treffpunkt an der Touristeninfo, 7 €.

Verkehrsmittel

Bahn: Nach Bregenz, Friedrichshafen, Ravensburg, www.bahn.de.

Bus: am Bodensee entlang bis Friedrichshafen mit vielen Umsteigemöglichkeiten, www.bodo.de.

Schiff: Mai bis Okt. Schiffe der Weißen Flotte von Lindau zu zahlreichen Orten am See: Bodenseeschifffahrt, Tel. 07531-36 400, www.bsb-online.com.

Unterkunft

Helvetia④, Seepromenade, 88131 Lindau, Tel. 08382-91 30, www.hotel-helvetia.com. Schön an der Seepromenade gelegen, mit modern ausgestatteten Zimmern und einem Wellnessbereich, hier geht's um's Wohlbefinden der Gäste.

Spiegel Garni②, In der Grub 1, 88131 Lindau, Tel. 08382-94 930, www.hotel-spiegel-garni.de. Das zentral gelegene Haus hat Zimmer mit ganz unterschiedlicher Einrichtung, von verspielt bis 1970er Jahre.

Gasthof Inselgraben②, Hintere Metzgergasse 4–8, 88131 Lindau, Tel. 08382-54 81, www.inselgraben.de. Die Pension in der Altstadt stellt Fahrradfahrern sichere und trockene Abstellplätze zur Verfügung.

Hotel-Gasthof Adler③, s. „Essen und Trinken".

■ **Jugendherberge Lindau**①, Herbergsweg 11, 88131 Lindau, Tel. 08382-96 710, www.jugendherberge.de. Historisches Haupthaus und ein moderner Anbau, komfortabel eingerichtet und nahe am See.

Camping

■ **Park Camping Lindau**①, Fraunhoferstr. 20, 88131 Lindau, Tel. 08283-72 236, www.park-camping.de, Erw. mit Stellplatz ab 16, Kind 2,50 €. Der Platz liegt am See und ist modern ausgestattet.

Essen und Trinken

■ **Zum Sünfzen**③, Maximilianstr. 1, Tel. 08382-58 65, www.suenfzen.de. Gastronomie seit 700 Jahren, und bis heute eines der schönsten, urigsten Gasthäuser der Insel. Es gibt Regionales wie Spätzle, Schweinebraten und Maultaschen.

■ **Alte Post**③, Fischergasse 3, Tel. 08382-93 460, www.alte-post-lindau.de. Neben den Standards gibt es eine große Schnitzelauswahl, Felchenfilet in allen Variationen sowie Wurstsalat.

■ **Hotel-Gasthof Adler**②, Bodenseestr. 16, Lindau/Oberreitnau, Tel. 08382-52 68, www.adler-lindau.de. Der Gasthof stammt aus dem 16. Jh. und verströmt urige Gemütlichkeit. Auf der Speisekarte müssen Felchen, Spätzle und Schwäbischer Topf nicht mit mediterranen Einerleis konkurrieren. Sehr schöne **Gastzimmer**③.

■ **Weinstube Frey**③, Maximilianstr. 15, Tel. 08382-947 96 76, www.weinstube-frey.de. Seit Generationen wird in der Weinstube aufgetischt, heute bayerisch-schwäbisch mit modernem Touch. Unübertroffen sind die geräucherten Felchenfilets!

■ **RöstBar**①, Marktplatz 1, Tel. 08382-27 73 283. In der netten Bar am Markt wird auch Kaffee geröstet; Spezialität sind Flammkuchen (7–9 €); es gibt aber auch Pasta und Fleisch.

■ **Café-Bar Großstadt**②, In den Grüben 27, Tel. 08382-50 42 998, www.grossstadt-lindau.de, Menü um 25 €. In dem gemütlichen Lokal finden auch Vegetarier und Veganer leckere Speisen wie z.B. Veggie-Wraps.

Nachtleben und Kultur

■ **Zeughaus,** Unterer Schrannenplatz 1, Tel. 083 82-27 50 73, www.zeughaus-lindau.de. Hier finden Lesungen, Kleinkunstaufführungen und Konzerte statt.

Mein Tipp: **Lindauer Marionettenoper,** Fischergasse 37, Tel. 08382-94 24 46, www.marionettenoper.de. Um Karten für die wunderbaren Aufführungen dieses Marionettentheaters sollte man sich zeitig bemühen (siehe „Sehenswertes").

■ **Club Dome,** Bregenzer Str. 103, www.dome-lindau.com. Der Club war in den 1990er Wegbereiter des Techno und gilt heute noch über Lindau hinaus als Avantgarde.

■ **Club Vaudeville,** Von Behring Str. 6–8, Tel. 08382-97 71 16, www.vaudeville.de. Klub, Konzert-Location und Kulturtreff in Selbstverwaltung.

Einkaufen

■ **Märkte:** in Lindau Mi und Sa vormittags am Marktplatz.

Feste und Veranstaltungen

■ **Internationales Bodensee-Festival,** Mitte Mai bis Mitte Juni. Konzerte und Veranstaltungen zum Thema Musik an verschiedenen Aufführungsorten um den See. Neben regionalen Instrumentalisten und Sängern treten auch internationale Stars auf (www.bodenseefestival.de).

■ **Lindauer Kinderfest,** Ende Juli. Das Fest geht auf den Dreißigjährigen Krieg zurück, als die Ratsherren nach zweijähriger (vergeblicher) Belagerung durch die Schweden eine Schulspeisung der Jugend einführten, die sie „verwahrlost" fanden. Zur Speisung wurde gepredigt, um nicht nur Körper, sondern auch Geist zu stärken. Heute feiern Lindaus Kinder mit dem Fest den Beginn der Sommerferien, www.kinderfest-lindau.de.

Strände

■ **Strandbad Eichwald,** Eichwaldstr. 16–20, Tel. 08382-70 44 55, www.sw-lindau.de. Mitte Mai bis Mitte Sept. tgl. 9–20 Uhr, Erw. 4 €, Kinder 2 €. Große Liegewiese mit altem Baumbestand, Naturstrand, Spielplatz.

■ **Freibad Oberreitnau,** Parkweg 8, Lindau-Oberreitnau, Tel. 08382-943 11 66, www.freibad-oberreitnau.de. Mai bis Sept. 10–19 Uhr, Erw. 4 €, Kinder 2 €. Mit einem beheiztem Freibecken, einem Beachvolleyballfeld und einer Wärmehalle mit Schwimmkanal.

Segeln

■ **Yachtschule Lindau,** Schiffswerfte 2, 88131 Lindau, Tel. 08382-94 45 88, www.bodensee-yachtschule.de. Segelkurse, auch für Kinder.

Nordic Walking

■ **NordicWalkingPark Bayerischer Bodensee,** 17 Routen in Lindau, Bodolz, Wasserburg und Nonnenhorn von 2,5 bis knapp 20 km, Infos bei den Touristeninformationen.

Bad Schachen

Ein halbstündiger Weg am See entlang in Richtung Westen führt an die **bayerische Riviera,** so genannt, weil sich ab Mitte des 19. Jahrhunderts immer mehr bayerische Adelige – Prinzregent *Luitpold* machte den Anfang – hier Villen bauen ließen. Das einzige Haus in diesem Ortsteil von Lindau, das Besuchern offen steht, ist die klassizistische **Villa Lindenhof,** deren Räume pompeianische Fresken schmücken. Die katholische Organisation pax christi hat darin das **Museum friedensräume** eingerichtet, dessen Themen um Krieg, Gewalt, Demut und Frieden kreisen.

■ **Museum friedensräume,** Lindenhofweg 25, Lindau, Tel. 08382-24 594, www.friedensraeume.de, Mitte April bis Mitte Okt. Di–Sa 10–17 Uhr, Sa 14–17 Uhr, 3 €.

Strand

■ **Seebad Lindenhof,** Lindenhofweg 41, Lindau-Bad Schachen, 0178-76 69 020, www.seebad-lindau.de, Sommer tgl. 11–22 Uhr, Erw. 3 €, Kinder 2 €. Große Liegewiese, breites Sportangebot, Restaurant.

Wasserburg

Das malerische Städtchen auf seiner in den See ragenden Halbinsel ist Geburtsort des Schriftstellers *Martin Walser.* Markante Wahrzeichen sind die im 14. Jh. durch die Grafen *von Montfort* (siehe gleichnamiger Exkurs) erbaute **Burg,** die im 16. Jh. an die Augsburger Fugger überging, und der zwiebelgekrönte Kirchturm von **St. Georg,** das sich nach mehreren Umbauten klassizistisch präsentiert. Das **Museum im Malhaus** (16. Jh.) zeigt Wasserburger Geschichte und widmet sich besonders dem Fischreichtum des Bodensees.

005bo sk

Praktische Tipps

Information

■ **Tourist-Information Wasserburg,** Lindenplatz 1, 88124 Wasserburg, Tel. 08382-88 74 74, www.wasserburg-bodensee.de, Nov. bis Feb. Mo–Fr 8–12 Uhr, März, April, Okt. auch 14–16.30 Uhr, Mai bis Sept. Mo–Fr 8–12.30 und 14–17.30, Sa 9–12 Uhr.

Unterkunft

■ **Garni-Hotel Kraft**②, Dorfstr. 11, Tel. 08382-98 610, www.hotel-kraft.de. Das kleine Hotel liegt nicht direkt am See aber nur wenige Gehminuten vom Strand entfernt. Gäste werden persönlich und individuell umsorgt und mit einem üppigen Frühstücksbüffet verwöhnt.

Essen und Trinken

■ **Fischerklause am See**③, Uferstr. 17, Wasserburg, Tel. 08382-88 70 66, www.fischerklause-am-see.de. Hier kommen Felchen und Co. direkt aus dem Netz auf den Tisch, denn zum Restaurant gehört auch eine Fischerei.

■ **Hegestrand3**②, Mooslachenstr. 3, Tel. 08382-27 49 885, www.hegestrand3.de. Das sympathische Café-Restaurant direkt am See bietet eine große Frühstückskarte, selbstgebackene Kuchen und Torten und man serviert zudem Suppen, Salate und Bodenseefisch.

Museum

■ **Museum im Malhaus,** Halbinselstr. 77, 88142 Wasserburg, Tel. 08382-75 04 57, www.museum-im-malhaus.de. April bis Okt. Di–So 10.30–12.30 Uhr, Mi, Sa, So 14.30–17 Uhr, 2 €.

Einkaufen

■ **Fischerei Friedl,** Halbinselstr. 54, Wasserburg, Tel. 08382-898 22. Frische und geräucherte Bodenseefelchen.

Strände

■ **Aquamarin Wasserburg,** Reutener Str. 12, Wasserburg, Tel. 08382-251 87, www.aquamarin-wasserburg.de, Mai/Sept. 10.30–19 Uhr, Juni 9.30–19 Uhr, Juli/August 9.30–20 Uhr, Erw. 4 €, Kind 2 €. Naturstrand mit Badefloß, Beachvolleyballplatz, Surfschule und schöner Liegewiese.

Surfen

■ **Windsurfschule Wasserburg,** im Freibad *Aquamarin* (s. oben). Kurse und Ausrüstungsverleih.

Nonnenhorn

Wie Wasserburg war auch das freundliche, zwischen Obstgärten und See gelegene Dorf zunächst Montfortscher, dann Fugger-Besitz. Historische Erinnerung an die Grafen ist die im 15. Jh. gebaute **Kapelle St. Jakobus** auf dem Kapellenplatz, die im Inneren mit einigen anrüh-

☐ Der Brunnen in Langenargen erinnert an die Fischereitradition der Region

renden spätgotischen Plastiken und einer barock-schlichten Kreuzigungsgruppe bezaubert. Ein Denkmal davor erinnert an die **Seegfrörne** von 1880, einen der Winter, als der Bodensee komplett zugefroren war. Den ältesten **Torkel** (Weinpresse) im Bodenseeraum bewahrt man in einem Unterstand in der Conrad-Forster-Str. 23 auf.

Praktische Tipps

Information

■ **Tourist-Information Nonnenhorn,** Seehalde 2, 88149 Nonnenhorn, Tel. 08382-82 50, www.nonnenhorn.eu, Winter Mo–Fr 9–12 Uhr, Sommer Mo–Fr 8–12 und 14–17 Uhr, Sa 9–12 Uhr.

Essen und Trinken

■ **Weingut Marte und Rädlewirtschaft**①, Sonnenbichlstr. 14, Nonnenhorn, Tel. 08382-80 42, www.weingut-marte.de, Vesper um 5 €. Bauernschübling mit Kartoffelsalat oder Saurer Presssack mit Zwiebeln stehen auf der Vesperkarte dieser Rädlewirtschaft, die nur eine bestimmte Zeit im Jahr geöffnet hat. Dazu gibt es Wein vom Gut, darunter einen hervorragenden Müller-Thurgau.

Einkaufen

■ **Rebhof,** Conrad-Forster-Str. 23, Nonnenhorn, Tel. 08382-88 71 16, www.rebhof-am-see.de. Weine und Obstbrände von bester Qualität.

■ **Winzerhof Gierer,** Sonnenbichlstraße 31, 88149 Nonnenhorn, Tel. 8382-895 81, www.winzerhof-gierer. de. Wenn Sie sich hier zur Weinverkostung anmelden, erwartet Sie zweierlei: feine Weine und eine preisgekrönte, moderne Architektur!

Kressbronn

Die 1934 aus Nonnenbach und Hemigkofen zusammengewachsene Gemeinde (7700 Ew.) teilte die Geschichte des benachbarten Langenargen und gehörte ebenfalls zum *Montforter* Herrschaftsgebiet. Den Grafen verdankt der Ort seine wichtigste Sehenswürdigkeit, die 1748 erbaute **Eligiuskapelle,** die ein verspielter Rokoko-Altar ziert.

Ende des 19. Jh. wurde das **„Schlössle“** im Seepark erbaut, in dem ein **Schiffsmuseum** den schwimmenden Kunstwerken des Holzbildhauers *Ivan Trtanj* gewidmet ist. Der Hobby-Künstler fertigt maßstabsgetreue Modelle historischer Schiffe an, darunter auch eines der Ruderschaluppe *Napoleons I.*

■ **Schiffsmuseum,** Seestr. 20, Tel. 07543-54 74 60, www.historische-schiffsmodelle.com, April bis Okt. Di–So 10–12 und 15–18 Uhr, Nov. bis März jeden 2. So 15–18 Uhr, 3 €.

Gleich nebenan zeigt die **Lände** wechselnde **Kunstausstellungen.** Hübsch sitzt man im angeschlossenen Park-Café.

■ **Lände,** Seestr. 24, Tel. 07543-54 900, www.laende.kressbronn.info, Di–So 15–17 Uhr, Eintritt frei.

Das am Ufer der Argen gelegene **Wasserschloss Gießen** im Nordwesten des Ortes können Besucher nur von außen bewundern, es ist in Privatbesitz. Die ursprünglich von Wassergräben umgebene Burganlage aus dem 13. Jh. geht in ihrem heutigen Aussehen auf das Jahr 1500 zurück.

Der Schiffsbau hat hier besondere Bedeutung, denn in der **Bodan-Werft** wurden bis zur Insolvenz 2011 die meisten Bodenseeschiffe gebaut. An der Argen-Mündung besitzt Kressbronn mit dem **Yachthafen Ultramarin** eine moderne Marina mit 1400 Liegeplätzen.

Als familienfreundlicher Bodenseeort organisiert die Gemeinde in den Sommermonaten neben umfangreichen Ausflugs- und Sportangeboten jeden Nachmittag ein **Betreuungsprogramm** für Kinder bis 12 Jahre in seinem **Spielhäusle,** einem ehemaligen Bahnwärterhaus an der Seestraße.

■ **Betreuungsprogramm im Spielhäusle,** April bis Okt. 15–18 Uhr, Kinder ab 4 Jahren 2 €, Erw. 3 €.

☑ Wengle's Hoflädele in Kressbronn

Praktische Tipps

Information

■ **Tourist-Information Kressbronn,** Im Bahnhof, 88079 Kressbronn, Tel. 07543-96 650, www.kressbronn.de, Mai bis Sept. Mo–Fr 8–18, Sa/So 10–12 Uhr, Winter Mo–Fr 8–12 und 14–17 Uhr.

Unterkunft

MEIN TIPP: **Pension am Bodensee**③, Bodanstraße 7, 88079 Kressbronn, Tel. 07543-73 82, www.pension-am-bodensee.de. Mit viel Liebe und Sinn für geschmackvolle Details eingerichtete Zimmer und Suiten, ein unvergessliches Bio-Frühstück, ein herrlicher, rund um einen Koi-Teich angelegter Garten, der am Privatstrand endet und, der Clou, ein wunderschönes Wellness-Center, von dessen Sauna man direkt in den See hüpfen kann. Wer's exklusiver mag, mietet eines der Apartments in der Parkvilla.

007bo sk

Essen und Trinken

■ **Zum Zollhaus**②, Gießenbrücke 1, Kressbronn, Tel. 07543-87 45. Das alte Montfortsche Zollhaus am Ufer der Argen wurde behutsam modernisiert, und das Gleiche gilt für die regionalen Spezialitäten, die mit Frische und Leichtigkeit zubereitet werden. Dazu selbst gebackene Kuchen – was will man mehr?

■ **Meersalz**③, Bahnhofstr. 5, Kressbronn, Tel. 07543-93 98 787, www.restaurant-meersalz.de. Sehr feine, moderne Küche aus regionalen Zutaten. Dazu eine gute Weinauswahl und kompetente Beratung und Service.

■ **Fischerhütte**③, Zum Seglerhafen 70, Kressbronn, Tel. 07543-95 21 11, www.fischerhuette-bodensee.de. Idyllisch im Naturschutzgebiet der Argen gelegen, gibt es in dem rustikalen Holzhaus vor allem eines: Fisch in vielerlei Zubereitungsarten.

■ **Park-Café in der Lände**②, Seestr. 24, Kressbronn, Tel. 07543-54 900. Ein angenehmer Ort für den Nachmittagskaffee oder einen Aperitif.

Einkaufen

Wengle's Hoflädele, Berger Str. 8, Kressbronn, Tel. 07543-81 66, www.obsthof-wengle.de, Mo–Fr 8.30–13 und 15–18.30 Uhr, Sa 8.30–13 Uhr. Gemüse und Obst frisch vom Hof, dazu leckere Fruchtsäfte aus eigener Herstellung.

■ **Biostadel,** Dorfstr. 58, Kressbronn, Tel. 07543-49 00 065, Mo–Fr 9–12.30 und 15.30–19 Uhr, Sa 9–13 Uhr. Alles Bio: Obst, Gemüse, Wurst, Käse, Fleisch, Brot und Bier.

■ **Zum Zollhaus,** siehe „Essen und Trinken". Cantuccini, Bierstengel und köstliche, selbst eingemachte Marmeladen.

■ **Markt:** Kressbronn Do 8–13 Uhr auf dem Rathausplatz.

Strände

■ **Naturstrandbad Kressbronn,** mit Liegewiesen im Schatten alter Bäume, Wasserspielplatz und Beach-Volleyball, Pfingsten bis Ende Sept. täglich ab 8 Uhr, Erw. 2 €, Kind 1 €.

Klettern

■ **Abenteuerpark,** Im Eichert 6, Kressbronn, Tel. 07543-96 69 573, http://apk.abenteuerpark.com, April bis Mitte Sept. Mo–Fr 10–19 Uhr, Mitte Sept.–Ende Okt. 10–18 Uhr, Herbstferien 10–17 Uhr, zu den bayerischen und baden-württembergischen Ferienterminen auch Sa und So geöffnet, Erw. 21 €, Kind 15 €. Eine spannende Herausforderung für die ganze Familie mit sechs Parcours unterschiedlicher Schwierigkeitsgrade für Kinder aller Altersklassen. Durch das durchlaufende Sicherheitssystem ist ein Umhängen nicht mehr nötig – das erhöht den Spaßfaktor und die Sicherheit.

Segeln und Surfen

■ **Marina Ultramarin,** Kressbronn, Tel. 07543-96 600, www.ultramarin.com, 1400 Liegeplätze.

■ **Segeln und Motorbootfahren:** Segelschule Ravensburg, Pfänderstr. 22, Kressbronn, Tel. 07543-91 33 94, www.segelschule-rv.de.

■ **Surfen:** Einstieg z.B. am Landungssteg Kressbronn und an der Malerecke Langenargen. *Surfschule Joseph Schmiß,* Zehntscheuerstr. 2, 88079 Kressbronn, Tel. 07543-81 64; Surfkurse gelegentl. auch bei der Pension am Bodensee (s. „Unterkunft").

Wandern

■ **Kressbronner Bauernpfad:** Berg – Atlashofen – Berg, ca. 2,2 km: Vom Wanderparkplatz Bauernpfad führt der Weg leicht bergauf durch typische

Bodenseekulturen und vorbei an bewirtschafteten Bauernhöfen; Infotafeln erläutern die Landwirtschaft am Bodensee.

Langenargen

Ob die langgestreckte Gemeinde Langenargen (ca. 8000 Ew.) ihren Namen der Orts-Topografie verdankt oder ob er sich auf den Flusslauf der Argen, die hier in den Bodensee mündet, bezieht, ist strittig. Mittelpunkt des Ortes ist das eigenwillige **Schloss Montfort,** das wie ein maurisches Palästchen die Uferlinie in der Ortsmitte beherrscht. Diese wiederum ist ebenfalls erstaunlich langgezogen, verläuft mit dem Marktplatz parallel zum Bodenseeufer und vermittelt ein fast dörfliches Idyll, während die Seepromenade nachgerade mediterran anmutet.

Geschichte

Eine erste urkundliche Erwähnung des Ortes **Argunensium** findet sich im 8. Jh. in einer Schenkungsurkunde eines gewissen *Waltfridus* an das Kloster St. Gallen. 1150 wurde die Siedlung urkundlich als **Handelsplatz** und **Hafen** bezeichnet; um 1300 war Langenargen dann Eigentum der Grafen *von Montfort-Werdenberg,* die durch Handel zu Wohlstand gekommen waren und im östlichen Bodenseebereich große Güter besaßen. 1343 veranlasste der Montforter Graf *Wilhelm II.* den Bau einer **Burg** auf der kleinen Halbinsel, und ein Jahrhundert später, 1453, verlieh Kaiser *Friedrich III.* Langenargen die **Stadtrechte.**

Der **Dreißigjährige Krieg** 1618–1648 richtete auch in Langenargen Verwüstungen an; Burg Argen wurde weitgehend zerstört, 1660–65 wiedererrichtet und bereits Ende des 17. Jh. seiner Wehrmauern entledigt und zu einem Schlösschen umgebaut. In dieser Zeit wurde auch das Kapuzinerkloster am heutigen Marktplatz angesiedelt. 1724 erblickte ein weiterer berühmter Langenargener das Licht der Welt: **Franz Anton Maulbertsch** (gest. 1796) wurde ein viel beschäftigter Barockmaler Österreichs und schmückte u.a. auch seine heimatliche Pfarrkirche St. Martin.

Das Geschlecht der **Grafen von Montfort,** das Langenargen so lange beherrscht hatte, geriet Ende des 18. Jh. in finanzielle Schwierigkeiten und musste seine Grafschaft an **Österreich** verkaufen. Nach einem weiteren Intermezzo unter bayerischer Oberhoheit wurde der Ort auf Initiative Kaiser *Napoleons* schließlich 1810 dem Königreich **Württemberg** unterstellt. 1866 erfolgte der Neubau des Schlosses durch König *Wilhelm I.* im neomaurischen Stil.

NS-Zeit und der **Zweite Weltkrieg** brachten Langenargen einen Bedeutungszuwachs: 1937 wurde Oberdorf eingemeindet, und 1938 wurde Langenargen zum südlichsten Standort der **Kriegsmarine** erkoren.

Nach dem Krieg Teil der französischen Besatzungszone, entwickelte sich Langenargen zu einem der bedeutenden **Tourismuszentren** am See mit zahlreichen Hotels, Pensionen und Gästebetten bei Privatvermietern sowie der modernen BMK-Marina mit 750 Liegeplätzen. Die 1977 mit Felsblöcken begradigte und befestigte **Uferzone** hat man in Langenargen **renaturiert,** sodass wieder ein

Langenargen
0 400 m
©Reise Know-How 2015
Bodensee 10
Friedrichshafener Str.
Oberdorfer Straße
Strandbad Langenargen
Ausschnitt
Lindauer Straße
Kressbronn 1 km
Kabelhängebrücke
Langenargener Str.
Gohren
Argen
BMK Yachthafen
Strandbad Malerecke
Yachthafen Ultramarin
Schnaidt
Bodensee
Übernachtung
1 Ferienpark Gohren am See
6 Löwen
7 Seehotel Litz
8 Amtshof
Essen und Trinken
2 Fischerhütte
3 Café-Restaurant Kavalierhaus
8 Amtshof

Friedrichshafener Str.
Oberdorfer Str.
Alpenblickweg
Öschweg
Eisenbahnstraße
Bahnhof
Blumenstraße
Klosterstraße
Untere Seestr.
Kavalierhaus mit Produzentengalerie
Münzhof
Museum Langenargen
Gestelztes Haus
Marktplatz
Pfarrkirche St. Martin
Oberdorfer Straße
Gartenstraße
Bahnhofstraße
Salwirkstraße
Hirschweg
Lindauer Straße
Münzhofstr.
Im Winkel
Schulstr.
Schloss Montfort
Obere Seestraße
Rathaus
Lindauer Str.
Kirchstraße
Gondelhafen
Amthausstr.
Bodensee
0 100 m
Nachtleben
4 Münzhof
Wassersport
5 Segelschule Match Center Germany

möglichst naturgetreuer Flachstrand mit für die Seeflora und -fauna so wichtigen Flachwasserbereichen (siehe auch Exkurs „Lebensraum Kiesufer“) entstanden ist.

Sehenswertes

Orientierung

Der übersichtliche historische Ortskern gruppiert sich um den langen Marktplatz. Südwestlich erhebt sich das von einer Parkanlage gerahmte Schloss Montfort auf seiner in den Bodensee ragenden Halbinsel. Südöstlich säumt das Landschafts- und Naturschutzgebiet der Argenaue den Mündungsbereich der Arge, wo sich die Yachthäfen befinden. Das Strandbad liegt im nördlichen Ortsteil an der Unteren Seestraße. **Parkplätze** gibt es im Hafenbereich an der Oberen Seestraße.

Schloss Montfort

Dass hier bereits römische Wehrtürme standen, ergaben archäologische Ausgrabungen in den 1990er Jahren. Von den Vorgängerbauten aus dem 14. bis 17. Jh. ist heute nichts mehr erhalten. Das 1866 neu erbaute Schlösschen präsentiert sich als **neomaurische Anlage:** Das durch abwechselnd gesetzte ockerfarbene und rötliche Ziegellagen erzielte Streifendekor bringt wie die Terrakottaskulpturen und die maurischen Zinnen einen Hauch von Tausendundeiner Nacht an den Bodensee. Dieses Ambiente nutzten übrigens weder der Erbauer König *Wilhelm I. von Württemberg* noch dessen Sohn und Erbe König *Karl I.* Es war doch eher ein Damenschlösschen, und so diente es schließlich 1873 bis 1901 als Sommersitz der Prinzessin *Luise von Preußen.*

Im 1978 umgebauten Inneren werden Veranstaltungsräume für private Feiern wie öffentliche Kulturevents vermietet. Ein feines Restaurant bewirtet Gäste und im Keller logiert eine schicke Weinbar.

Vom 30 m hohen **Turm** eröffnet sich ein herrlicher Rundblick über den See und die gegenüberliegenden Ketten der Schweizer und österreichischen Alpen.

■ **Turm,** Untere Seestr. 3, April bis Okt. tgl. 10–12 und 13–17 Uhr, Erw. 2 €, Kinder 1 €.

Kavalierhaus

Der schöne, mit alten Bäumen (darunter Mammut- und Bananenbäume sowie Palmen) bepflanzte Park um das Schloss endet am 1866 errichteten Kavalierhaus, in dem Bedienstete des Schlosshaushalts wohnten. Heute beherbergt es ein Café-Restaurant (siehe unten) und die **Produzentengalerie** Kavalierhaus Langenargen, die in wechselnden Ausstellungen Werke der hier durch Stipendien geförderten Künstler zeigt. Im **Museumsshop**

Urban Rieger

1489 wurde in Langenargen *Urban Rieger* geboren (gest. 1541), der in der **Reformation** zunächst noch das päpstliche Verdikt gegen *Martin Luther* vertrat, sich später aber aus Empörung über den Ablasshandel selbst zu einem bedeutenden Reformator, *Urbanus Rhegius,* wandelte.

www.fotolia.de © Stephan Sühling

des Kavalierhauses verkaufen die Galeristen ihre Kunstwerke.

Galerie Kavalierhaus Langenargen, Untere Seestr. 7, Tel. 07543-91 25 10, meist Do–Sa ab 16.30 Uhr, So ab 11.30 Uhr.

Pfarrkirche St. Martin

Graf *Anton III. von Montfort* schenkte der Gemeinde Anfang des 18. Jh. eine neue Pfarrkirche und ließ auch das angrenzende Spital errichten. Für den Bau der barocken Kirche wurde das wahrscheinlich seit der Merowingerzeit an dieser Stelle bestehende, St. Martin geweihte Gotteshaus zum Teil abgerissen. Als Architekt des ursprünglich mit zwei Türmen geplanten Baus wird der Vorarlberger *Christian Thumb* gehandelt. 1722 wurde die Kirche geweiht und erhielt 1728 an ihrer Südseite eine Maria geweihte Kapelle mit Herrschaftsloge. 1735 wurde der erste, 55 m hohe Turm fertig; auf den zweiten mussten die *Montforts* verzichten. Das Geld war ihnen ausgegangen.

So imposant St. Martin von außen wirkt, so **luftig-licht** präsentiert sich die Kirche von innen. Im Langhaus mit eingezogener Chorapsis umrahmt schlichtes Weiß die in zarten Blau-, Ocker- und Gelbtönen gehaltenen Deckenfresken des Langenargeners *Franz Anton Maulbertsch.* Zartes Stuckwerk eines unbekannten Meisters in den gleichen Farben strukturiert die Korbbogendecke und die Pilaster. Der zweigeschossige, wahrscheinlich aus der Werkstatt des Barockbildhauers *Johann Wilhelm Hegenauer* stammende Hauptaltar füllt den gesam-

Das Schloss der Grafen zu Montfort mutet etwas orientalisch an

ten Chorraum aus und bildet einen geheimnisvoll-dunklen Kontrast zu Helligkeit der Umgebung. Um 1760 wurde die mit Putten geschmückte Kanzel angefertigt. Ein zierlich geschmiedetes Rokoko-Gitter führt in die Marienkapelle, von deren oberem Stockwerk aus die gräfliche Familie in ihrer Loge dem Gottesdienst beiwohnte. Die Kapelle schmücken 15 runde Rosenkranzreliefs. Die frühbarocken Miniaturen stammen wohl von Schülern des Bildhauers *Hans Zürn d.J.* (ca. 1585–1624) und sind von außerordentlicher Anmut.

St. Martin ist ein schönes Beispiel für den **Übergang vom Barock zum Rokoko:** Die Ausstattung verliert Prunk und Schwere und gewinnt Leichtigkeit und Verspieltheit.

Am Marktplatz

Das ehemalige Pfarrhaus, 1740 in repräsentativem Barock gegenüber der Kirche errichtet, beherbergt heute das **Museum Langenargen.** Mit Gemälden, Skulpturen, Münzen und Stichen schlägt es einen Bogen durch 1200 Jahre Langenargener Geschichte und präsentiert mit besonderem Stolz zwei Maler: den aus St. Martin bekannten *Franz Anton Maulbertsch* (1724–1796) und *Hans Purrmann* (1880–1966), ein Freund des großen *Henri Matisse.* Eine Büste des Künstlers der Langenargen zur Sommerfrische erkoren hatte, schmückt den Platz vor dem Museum. Wechselnde Sonderausstellungen finden im zweiten Stock des Museums statt.

■ **Museum Langenargen,** Marktplatz 20, Tel. 07543-34 10, Di–So 11–14 Uhr, www.museum-langenargen.de, 3 €.

Gestelztes Haus

Im barocken Bauboom entstand auch das benachbarte Gestelzte Haus (Marktplatz 18). Eine Außentreppe, die heute nicht mehr existiert, führte in die Wohnräume im ersten Stock, während in Erdgeschoss und Keller Wirtschaftsräume und Gesinde untergebracht waren.

Münzhof

Der Münzhof (Marktplatz 24) wurde 1735 errichtet, nachdem Vorgängerbauten im Dreißigjährigen Krieg und durch Blitzschlag zerstört worden waren. Bis 1763 wurden hier eigene Münzen geprägt, und in dem angeschlossenen Zehntscheuer die Abgaben der Bürger (ein Zehnt) gelagert.

Seit den späten 1980er Jahren dient der restaurierte Komplex als **Kulturzentrum** mit Bücherei und Veranstaltungsräumen. Die moderne Münzhof-Plastik von *Waltraud Späth* nimmt vor dem Gebäude Bezug auf seine ursprüngliche Funktion.

An der Oberen Seestraße

Ein Bummel vom Gondelhafen die Obere Seestraße entlang führt an zahlreichen schön restaurierten Häusern vorbei. Doch zuerst verdient die lebensgroße Bronzeskulptur des **Dammglonker** von *Roland Martin* Beachtung: Dammglonker hießen die Arbeiter, die im 19. Jh. am Hafen die Lädinen mit Salz und Getreide beluden. Unter „Glonkern" verstand man eine Art des Gehens, bei der sich nur die Beine bewegen durften.

Dem **Rathaus** (Obere Seestr. 1) sieht man wegen der im 19. Jh. vorgenommenen Veränderungen seinen barocken Kern nicht an; es diente ursprünglich als Gemeindegericht, denn Langenargen besaß ja Stadtrecht. Im 1823 erbauten **Zollhaus** (Obere Seestr. 2/1) lagerten Getreide und andere Waren; heute befindet sich hier unter anderem die Touristeninformation.

Häuser im historisierenden Stil (Obere Seestr. 17, 21) ersetzten Ende des 19. Jh. die ältere Bebauung an der Oberen Seestraße; erhalten blieben das **Barockhaus am See** (1730, Obere Seestr. 23), das ehemalige **Montfortsche Amtshaus** (16. Jh., Obere Seestr. 39) und der dazugehörige **Amtshof** (16. Jh., Obere Seestr. 43) mit Fachwerkfassade, heute Hotel Amtshof.

Ein Abstecher zur Gasse **Im Winkel** zeigt das Langenargen der Handwerker und Tagelöhner (Häuser 3–7).

Kabelhängebrücke

Ein eindrucksvolles **technisches Meisterwerk** ist die rund 1,5 km vom Seeufer entfernt gelegene, 1897 auf Veranlassung König *Wilhelms II.* errichtete Brücke über die Argen. Da dieser Fluss häufig verheerendes Hochwasser führte, war eine Verankerung von Pfeilern im Flussbett nicht möglich; die Hängekonstruktion erschien als einzig mögliche Lösung. Die 130 m langen Tragekabel führte man auf jeder Seite der Brücke durch zwei Pylonen. Anhand von Bauzeichnungen wurde die Brücke sogar auf der Weltausstellung 1900 in Paris präsentiert.

Praktische Tipps

Information

- **Tourist-Information Langenargen,** Obere Seestr. 2/1, 88085 Langenargen, Tel. 07543-93 30 92, www.langenargen-tourismus.de, Mai, Juni, Sept. Mo–Fr 9–12.30 und 13.30–18 Uhr, Juli/Aug. Mo–Fr 9–18, Sa, So, 9–12 Uhr; Okt., März, April Mo–Do 9–12 und 14–16 Uhr, Fr 9–12 Uhr; Nov.–Feb. Mo–Fr 9–12 Uhr.

Stadtführungen

- **Kostenlose historische Spaziergänge,** Mitte Mai bis Ende Sept. Fr 10.30 Uhr, Treffpunkt Schloss Montfort, Dauer ca. 1½ Std., auch für Familien mit Kindern geeignet.

Verkehrsmittel

- **Bahnhof Langenargen,** Eisenbahnstr. 18, nach Kressbronn, Friedrichshafen, Lindau und Stuttgart, www.bahn.de.
- **Busverbindungen** nach Tettnang, Friedrichshafen, Kressbronn, www.bodo.de.

Unterkunft

- **Löwen**③, Obere Seestr. 4, 88085 Langenargen, Tel. 07543-30 10, www.loewen-langenargen.de. Ein Traditionshotel mit Zimmern zum See.
- **Seehotel Litz**③, Obere Seestr. 11, 88085 Langenargen, Tel. 07543-93 110, www.hotel-litz.de. Modern eingerichtet und als „Designhotel" ausgewiesen, großer Spa-Bereich und die beliebte „Wunderbar" mit nächtlichem Seepanorama.

Camping

■ **Ferienpark Gohren am See**①, 88079 Kressbronn/Gohren, Tel. 07543-60, www.campingplatz-gohren.de, Erw. ab 8,50 €, Stellplatz ab 7,50 €, Riesen-Anlage zwischen See und Yachthafen mit Zelt-, Caravan-, Fahrrad- und Kanuverleih und großem Unterhaltungsprogramm, auch für Kinder.

Essen und Trinken

■ **Café-Restaurant Kavalierhaus**③, Untere Seestr. 7, Tel. 07543-91 25 10, www.kavalier-haus.de, Di–Sa ab 16.30 Uhr, So ab 11.30 Uhr. Variationen lokaler Spezialitäten, z.B. Gemüserösti, mit schöner Terrasse.

■ **Amtshof**③, Obere Seestr. 43, Tel. 07543-12 68, www.amtshof-langenargen.de. **Hotel** und Gasthaus im historischen Amtshof sind gediegen-gemütlich; das Essen gutbürgerlich mit großer Bodensee-Felchen-Auswahl.

Einkaufen

■ **Markt:** Do 8–13 Uhr auf dem Marktplatz.

Feste und Veranstaltungen

■ **Saisoneröffnung auf Schloss Montfort,** Langenargen: Ende April mit dem Besuch der „hohen Herrschaften", Kutschenfahrten, Trachtengruppen.

■ **Match Race Germany:** Fünf Renntage um Pfingsten mit den besten Regattaseglern vor der Langenargener Uferpromenade.

Strände

■ **Strandbad Langenargen,** mit beheiztem Schwimmbecken und Wasserspielplatz, Mai, Sept. 10–19, Juni 10–20, Juli/Aug. 9–20 Uhr, Erw. 2,50 €, Kind bis 16 Jahre 1,50 €.

■ **Malerecke,** an der Argenmündung direkt neben dem BMK-Yachthafen, mit Blick auf die Alpenketten gegenüber, Kiesstrand, Duschen, Eintritt frei.

Segeln und Motorboot

■ **BMK-Yachthafen Langenargen,** Tel. 07543-933 20, www.bmk-yachthafen.de, 750 Liegeplätze.

■ **Segeln auf Regattayachten:** *Match Center Germany,* Obere Seestr. 2, 88085 Langenargen, Tel. 07543-961 83 31, www.match-center.de, zu Ferienzeiten tgl. 9.30–12.30 oder 14–17 Uhr, 29 €/Person. Begleitet von einem erfahrenen Skipper das Segeln erleben.

Eriskircher Ried

Das **Naturschutzgebiet** im Nordwesten von Langenargen ist ein 552 ha großes Areal zwischen Rotach- und Schussenmündung. Der Schwerpunkt liegt auf den Flachwasserzonen, Schilfbereichen und Riedflächen des Bodensees, die mit ihrer artenreichen Vegetation vielen Tierarten Lebensraum gewähren. Das **Naturschutzzentrum** informiert über die

Begleitete Tour im Eriskircher Ried

Reizvoll ist eine von einem Fachreferenten begleitete Ausflugsfahrt am Ried entlang **in einer historischen Lädine,** wie sie von Langenargen aus angeboten wird. Tel. 07541-81 888, wenige Termine Juli/August, jeweils 6.30–8.30 Uhr, Erw. 20 €, Kind 10 €.

Natur des Rieds und des Bodensees: Über Auenwälder in denen Pirol und Gelbspötter zu beobachten sind, über Streuwiesen, die wegen vieler Überflutungen landwirtschaftlich nicht nutzbar sind und sich im Mai mit einem lila Blütenteppich Sibirischer Schwertlilien schmücken, und über Ufer und Flachwasser, an denen sich bis zu 20.000 Reiher und Tafelenten aufhalten, zu denen sich Wat- und Brachvögel gesellen. **Lehrpfade** durch das Ried erschließen die stille Schönheit dieser Landschaft.

■ **Naturschutzzentrum,** Bahnhofstr. 24, 88097 Eriskirch, Tel. 07541-81 888, www.naz-eriskirch.de, April bis Sept. Di–So 14–17 Uhr, Fr–So auch 10–13 Uhr, sonst Di–Do 14–16, Fr 9–12, So 14–17 Uhr.

Die Grafen von Montfort

Im südöstlichen Bereich des Bodensees, in Vorarlberg und im Raum Tettnang trifft man immer wieder auf den Namen *Montfort.* Die **Adelsfamilie,** ursprünglich Pfalzgrafen von Tübingen, war durch Erbe in den Besitz von Churrätien, Tettnang, Bregenz, Feldkirch, Sonnenberg, Werdenberg und Sargans gekommen, nahm zu Beginn des 13. Jh. den Titel „Grafen von Montfort" an und wählte eine rote Kirchenfahne im goldenen Schild zu ihrem neuen Wappen. Im Zuge der Erbteilung spaltete sich zunächst eine Werdenberger Linie ab; später wurden auch die Besitzungen Tettnang, Bregenz und Feldkirch von **drei Familienzweigen** der Grafen getrennt verwaltet. Die territorialen Aufteilungen führten zu einer immer weiter fortschreitenden **Zersplitterung der Herrschaft** und zum Verlust von Gebieten. Das vom ersten *Montfort,* dem Grafen *Hugo,* im 13. Jh. gegründete Feldkirch wurde bereits 1375 an Österreich verkauft.

Vor allem ab dem 16. Jh. wurde die Erbteilung und der dadurch hervorgerufene **Macht- und Einkommensverlust** ein Problem für das Geschlecht. Schon vor dem Dreißigjährigen Krieg waren die Grafen hoch verschuldet; dennoch förderten sie danach großzügig Projekte wie den Wiederaufbau von Kirchen und Kapellen im Geist des Barock. *Hugo XVIII.* der Linie Montfort-Bregenz-Peckach-Tettnang führte im 17. Jh. schließlich das Recht der **Primogenitur** (Erbfolgeprinzip, nach dem nur der Erstgeborene das Erbe antritt) ein, um den Niedergangsprozess zu beenden. Doch seine Nachfolger zeichneten sich durch noch größeren Hang zu Prunk und Verschwendung aus. Im Bau des repräsentativen Neuen Schlosses Tettnang fand diese Neigung ihren größenwahnsinnigen Ausdruck; Graf *Anton III.* gab es 1712 in Auftrag. Das Schloss wurde aus Geldknappheit nie vollendet und brannte 1753 ab. *Franz Xaver von Montfort* startete mit finanzieller Hilfe Österreichs einen neuen Versuch, seiner Familie eine angemessene Bleibe zu errichten. 1770 war die erste Etage fertig; 1779 musste *Franz Xaver* die Grafschaft samt Schuldenberg an Österreich abtreten. Der Letzte derer *von Montfort, Anton IV.,* starb 1787 kinderlos in einfachen Verhältnissen in Feldkirch.

Tettnang

Neues Schloss

Die Hauptattraktion des 11 km nordöstlich von Langenargen gelegenen Städtchens ist nicht zu übersehen: Das Neue Schloss, im 18. Jh. für die Grafen *von Montfort* errichtet, kurz darauf abgebrannt und dann erneut aufgebaut, spreizt sich in barockem Prunk vor dem Ortseingang. Die mit drei Geschossen geplante Vierflügelanlage trieb die Tettnanger Grafen letztendlich in den Ruin (siehe Exkurs „Die Grafen von Montfort") – fertiggestellt wurde nur die erste Etage, und das auch nur dank Österreich, das Graf *Franz Xaver* beim Wiederaufbau unterstützte. Für die **Innenausstattung** wurden die besten **Künstler** engagiert: *Joseph Anton Feuchtmayer*, der auch in Salem tätig war, und *Johann Georg Dirr* für die Stuckaturen, *Angelika Kauffmann* („Malerei") für die Porträts der gräflichen Familie. Bei der Führung besichtigen die Besucher u.a. die gräflichen Zimmerfluchten mit dem „Grünen Kabinett", den Bacchussaal und die Schlosskapelle. Ohne Führung sind die Treppenhäuser und das im Garten gelegene Schießhaus (1736) zugänglich.

■ **Neues Schloss Tettnang,** Montfortplatz 1, Tel. 07542-51 05 00, www.schloss-tettnang.de, Führungen tgl. April, Okt. 14.30, Mai–Sept. 16, Juli/Aug. zusätzlich Mi, Do, Fr 10.30 Uhr, Eintritt 4 €.

In der Altstadt

Auch in Tettnangs hübscher Altstadt sind einige historische Bauten erhalten, so das 1667 erbaute **Alte Schloss Tettnang,** in dem heute das Rathaus residiert (Montfortplatz). Fachwerk ziert das erste **Tettnanger Schulhaus,** in dessen Räumen von 1570 bis 1783 unterrichtet wurde (Schulstraße). Aus dem 14. Jh. stammen die ältesten Teile des **Torschlosses** mit steilem Treppgiebel, einst Teil der Stadtbefestigung. Heute bietet es der Touristeninformation Raum sowie dem **Montfort-Museum,** einer sehenswerten Sammlung von Exponaten aus der Stadtgeschichte.

■ **Montfort-Museum,** Montfortstr. 43, Tel. 07542-51 01 80, April–Okt. Di–So 14–18 Uhr, Eintritt frei.

HopfenMuseum Tettnang

Etwas außerhalb, 5 km nach Norden, zeigt das HopfenMuseum Tettnang, wie mühsam und aufwendig der Hopfenanbau war und heute trotz weitgehender Technisierung immer noch ist. Spannend ist der Besuch zur Hopfenernte im Spätsommer, wenn der Theorie drinnen die Praxis auf den Hopfenfeldern rund um das Gut gegenübergestellt ist. Zum Abschluss zeigt ein 4 km langer **Hopfenpfad** durch die Umgebung mit Info-Stationen alles Wissenswerte zum Hopfenanbau und zur Kunst des Brauens auf.

■ **HopfenMuseum Tettnang,** Hopfengut 20, 88069 Tettnang-Siggenweiler, Tel. 07542-95 22 06, www. hopfenmuseum-tettnang.de, Mai bis Okt. Di–So 10.30–18 Uhr, 5 €.

Praktische Tipps

Information

■ **Tourist-InfoBüro Tettnang,** Montfortstr. 41, 88069 Tettnang, Tel. 07542-51 05 00, www.tettnang.de, Mai bis Sept. Mo–Fr 9–13 und 14–18 Uhr, Sa 10–12 Uhr, Okt. bis April Mo–Fr 9–13 und 14–17 Uhr.

Stadtführungen

■ **Tettnang:** Historische Stadtführung Mai bis Sept. So 10.30 Uhr, Treffpunkt Neues Schloss.

Essen und Trinken

■ **Brauerei und Gasthof Krone**③, Bärenplatz 7, Tettnang, Tel. 07542-74 52, www.krone-tettnang.de. Saure Linsen mit Saitenwürstle sind nur eine von vielen schwäbischen Spezialitäten in diesem urgemütlichen Gasthof mit hausgebrautem Bier. Wer zu tief ins Glas geschaut hat, kann in einem der originellen **Zimmer**③ übernachten.

Friedrichshafen

Obwohl sich Friedrichshafen (60.000 Ew.) als moderne **Hafen- und Industriestadt** präsentiert, reichen ihre Wurzeln bis ins 5. Jh. zurück. Heute prägen Geschäftshäuser und -hotels das Zentrum, während an der Peripherie die Werke von Motoren- und Autozulieferunternehmen wie MTU und ZF und Raumfahrtunternehmen wie die EADS die Bedeutung der Stadt als eine der wichtigsten baden-württembergischen **Technologieregionen** hervorheben. Nicht zu vergessen die Zeppelin NT, deren Luftschiffe nun wieder am Himmel über dem Bodensee fahren.

Geschichte

Alemannen gründeten im 5. Jh. die Siedlung **Buchhorn,** die unter den **Karolingern** zu einer der wichtigsten im nördlichen Bodenseeraum aufstieg. Aus dem 9. Jh. stammt die erste urkundliche Erwähnung; im 11. Jh. stand Buchhorn unter der Oberhoheit der **Welfen** und ging 1191 an die **Staufer** über, die die Siedlung förderten und ihr Stadtrechte gewährten. Sie bestand damals aus zwei Einheiten: einem bereits im 11. Jh. gegründeten **Frauenkloster,** das dem Konvent in Weingarten (siehe „Ravensburg", „In der Umgebung", „Basilika Weingarten") unterstand und Hofen genannt wurde, sowie dem **Dorf Buchhorn.** Obwohl verkehrstechnisch sehr günstig gelegen, konnte sich Buchhorn nicht gegen die Konkurrenz größerer Bodenseestädte behaupten. Letzten Endes blieb es, bis auf eine kurze Ära des Salzhandels im 18. Jh., bedeutungslos. Erst zu Beginn des 19. Jh., mit der Vereinigung von Buchhorn mit Dorf und Kloster Hofen zur **Stadt Friedrichshafen** durch König *Friedrich von Württemberg,* begann für Friedrichshafen eine neue Ära. Die Stadt war nun **Sommerfrische der Königsfa-**

▷ Abendstimmung in Friedrichshafen, deutlich zu sehen sind die zwei Türme der Schlosskirche

milie, was sich im Umbau des ehemaligen Klosters zum Schloss manifestierte. Vor allem aber florierte die **industrielle Entwicklung:** 1824 wurde die Stadt Sitz der Bodensee-Dampfschifffahrt, 1847 wurde die Bahnlinie nach Stuttgart eingeweiht, 1869 dampfte die erste Eisenbahnfähre in die Schweiz. Da die Königsfamilie in Friedrichshafen zur Sommerfrische weilte, florierte auch der Tourismus. Mit Errichtung der Werkshallen für das Luftschiff des Grafen *von Zeppelin* 1908 hatte sich Friedrichshafen endgültig als Standort zukunftsweisender Industrien etabliert; legendäre Namen wie *Maybach* und *Dornier* sind mit ihr verbunden. Diese Entwicklung kostete Friedrichshafen seine historische Substanz – im **Zweiten Weltkrieg** wurde die Stadt als Standort von Rüstungs- und Industriebetrieben durch Luftangriffe **nahezu völlig zerstört.**

Sehenswertes

Orientierung

Friedrichshafens Uferlinie bildet ein weit gezogenes W. Die westliche Spitze, die in den See ragenden Landzunge Horn, nehmen Schloss und Schlosskirche ein, die östliche bildete früher die Reichsstadt Buchhorn, heute Hafenbereich. Dazwischen entstand im 19. Jh. das damals moderne Friedrichshafen. **Parkmöglichkeiten** gibt es u.a. im Parkhaus am See (Gondelhafen) und im Graf-Zeppelin-Haus (Yachthafen).

Schloss und Schlosskirche

Das altehrwürdige Frauenkloster Buchhorn hatte unter dem Priorat des Klosters Weingarten wenig zu lachen und

009bo am

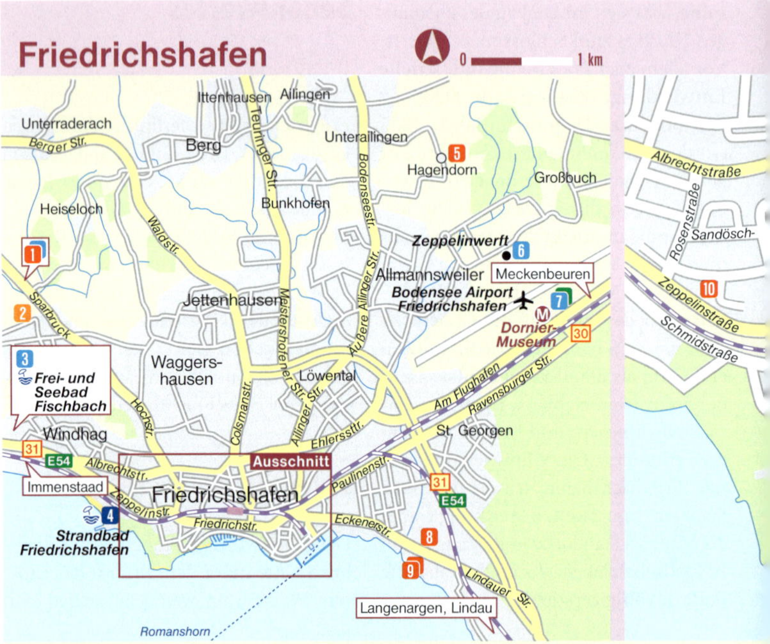

Übernachtung
1 Schloss der Künste
5 Gerbehof
8 Graf-Zeppelin-Jugendherberge
9 Pension CAP-Rotach, Campingplatz
10 Villa von Soden
14 Goldenes Rad

Essen und Trinken
1 Schloss der Künste
3 Zum Schorsch
6 Zeppelin-Hangar

wurde Ende des 16. Jh. aufgelöst. Im 17. Jh. traten zwei angesehene Barockbaumeister aus Vorarlberg an, den alten Konvent zu erneuern: *Johann Michael Beer* baute ihn 1654 im barocken Stil neu; *Christian Thumb* entwarf die alles beherrschende Schlosskirche, deren 55 m hohen Türme aus Rorschacher Sandstein dem modernen Friedrichshafen einen historischen Hauch verleihen. 1701 wurde das Gotteshaus fertig, im Inneren geschmückt mit weißen, fast klassizistisch wirkendem Stuck der Wessobrunner Schule. Seit 1812 dient die Kirche der evangelischen Gemeinde.

Schlosskirche, Ostern bis 25.10. So–Di, Do 9–18 Uhr, Mi ab 14.30 Uhr, Fr ab 11 Uhr.

Das Schloss, zu dem das 1802 säkularisierte Kloster umgebaut wurde, ist Wohnsitz von *Friedrich Herzog von Württemberg* und kann nicht besichtigt werden.

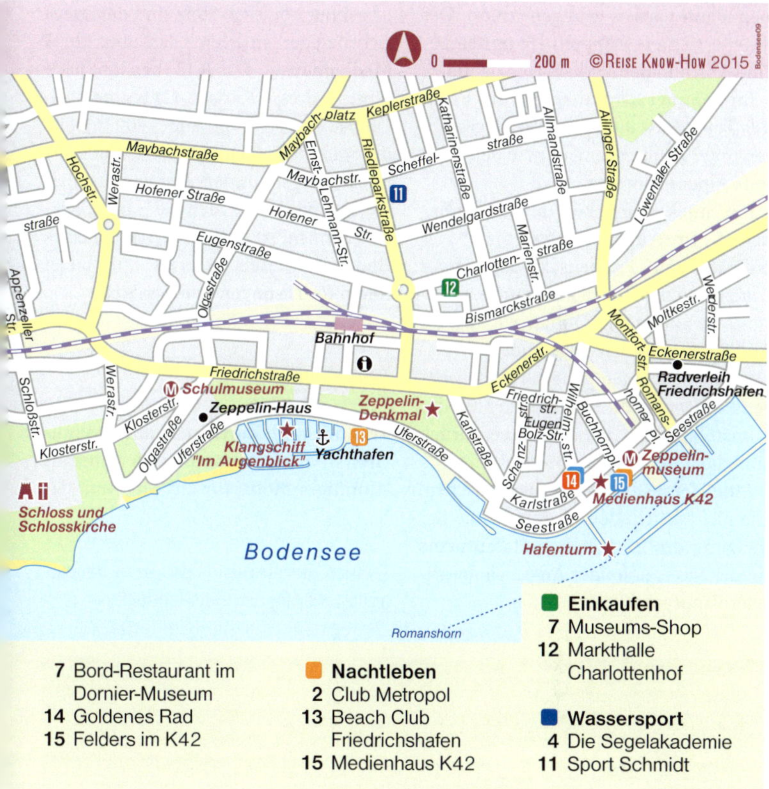

Schulmuseum

Schule ist vielleicht nicht das spannendste Thema, das Besucher in Friedrichshafen erwartet, aber die liebevoll gestaltete Rundschau durch die schulische Entwicklung von der Klosterschule bis heute ist durchaus sehenswert.

■ **Schulmuseum,** Friedrichstr. 14, Tel. 07541-32 622, www.schulmuseum-fn.de, April bis Okt. tgl. 10–17 Uhr, Winter Di–So 14–17 Uhr, Eintritt 3,50 €.

Uferstraße

Die modern gestaltete, von Cafés gesäumte Uferpromenade verläuft vom Kultur- und Kongresszentrum **Zeppelin-Haus,** vorbei am Yachthafen, zum 30 m hohen **Zeppelin-Denkmal,** einer Bronzesäule des Friedrichshafener Bildhauers *Toni Schneider-Manzell* von 1985. *Ferdinand Graf von Zeppelin* (1838–1917) wird darauf mit seinem Credo „Man muss nur wollen und daran glauben, dann wird es gelingen" zitiert. Der 1909 errichtete **Zeppelin-Brunnen** befindet sich in den Parkanlagen dahinter

Im Sommer kann man hier im *Beach Club* eine Rast einlegen: Auf Liegestühlen unter Palmen genießt man den Blick aufs Alpenpanorama.

Ein Stück weiter kommt das **Klangschiff „Im Augenblick"** in Sicht: Der Künstler und Friedensaktivist *Helmut Lutz* reiste mit dieser Installation im Jugoslawienkrieg die Donau entlang bis Serbien und forderte das Ende der Auseinandersetzungen. Über Friedrichshafens Partnerstadt Sarajewo kehrte das Kunstobjekt an den Bodensee zurück und dient heute als **Seebühne.**

Eine Herausforderung für Menschen, die nicht schwindelfrei sind, ist die Besteigung des 22 m hohen **Hafenturms** an der Mole. Lohn der Angst: ein herrlicher Panoramablick.

Last but not least: Stolz sind die Friedrichshafener auf den Glaskubus ihres **Medienhauses:** Das **K42** (benannt nach seiner Adresse Karlstr. 42) wurde nach Umbau eines Bankgebäudes 2007 als Sitz der Stadtbücherei und Veranstaltungsort in Betrieb genommen. Der wie eine Blase geformte Annex, den die Häfler **„Kiesel"** nennen, ist nach dem Vorbild eines Bodensee-Kiesels geformt und bietet Raum für Lesungen und Konzerte.

Zeppelin-Museum

Technik und Kunst: ein ungewöhnliches, in der Gesamtschau aber überaus stimmiges Motto für ein Museum, das

Das Zeppelin-Museum präsentiert die weltweit größte Sammlung zum Thema Luftschifffahrt

010bo am

nicht nur die weltweit umfangreichste Sammlung zum Thema Luftschifffahrt präsentiert (darunter eine begehbare, 33 m lange Teilrekonstruktion der „LZ 129 Hindenburg", die 246 m lang war), sondern ihr Kunst aus dem Bodenseeraum vom Mittelalter bis heute zur Seite stellt, u.a. von *Otto Dix*, der auf der Halbinsel Höri arbeitete (siehe Kapitel „Das deutsche Untersee-Ufer"). Vielseitige Wechselausstellungen ergänzen das Angebot dieses spannenden Hauses, das sich nach mehrjährigem Umbau nun als multimediales Museum präsentiert.

■ **Zeppelin-Museum,** Seestraße 22, Hafenbahnhof, Tel. 07541-38 01 33, www.zeppelin-museum.de, Mai bis Okt. tgl. 9–17 Uhr, Nov. bis April Di–So 10–17 Uhr, Eintritt 8 €.

Mein Tipp: Dornier-Museum

Alleine die inspirierte, luftige Architektur des Hauses lohnt die 4,5 km lange Fahrt hinaus zum Flughafen, wo sich das Museum der 1922 gegründeten Dornier-Werke als **Flugzeug-Hangar** mit interessantem Innenleben präsentiert. Zu diesem gehören eine umfangreiche Dokumentation der Unternehmensgeschichte, die sich auch kritisch mit Dorniers Beitrag an der Aufrüstung des Dritten Reiches beschäftigt, und natürlich die Flugzeuge: historische wie die „Do 27" oder der „Merkur", aber auch Nachbauten von Teilen der Space Shuttles und Original-Satelliten. Für junge Besucher werden die Exponate leicht verständlich erklärt; mit einem Quiz eignen sie sich die Inhalte spielerisch an.

Im **Café-Restaurant** des Dornier-Museums sitzt man mit Ausblick auf die Flugzeughalle und auf das Rollfeld des Friedrichshafener Airports mitten im Geschehen.

■ **Dornier-Museum,** Claude-Dornier-Platz 1, Tel. 07541-48 73 600, www.dorniermuseum.de, Mai bis Okt. tgl. 9–17 Uhr, Nov. bis April Di–So 10–17 Uhr, Eintritt Erw. 9 €, Kinder 4,50 €.

Zeppelinwerft

Rund 60 Jahre nach der Katastrophe der „LZ 129 Hindenburg", die die Ära der Luftschifffahrt beendete, unternahm die Zeppelin Luftschifftechnik in Friedrichshafen den Versuch, die „Zigarren der Lüfte" wiederzubeleben. 1997 startete der erste Prototyp „Zeppelin NT" vom Werftgelände in Friedrichshafen; seit 2001 werden **Rundflüge** angeboten. In der Werft werden Luftschiffe gebaut, die weltweit zum Einsatz kommen

■ **Deutsche Zeppelin-Reederei,** Allmannsweiler Str. 132, Tel. 07541-59 00 0, www.zeppelinflug.de. Rundflüge zwischen 30 und 120 Min., Termine auf Anfrage, Preise ab 200 €; Werksführungen April bis Okt. Di, Fr 16 Uhr, telefonische Anmeldung erforderlich, Eintritt 9 €.

Praktische Tipps

Information

■ **Tourist-Information Friedrichshafen,** Bahnhofplatz 2, 88045 Friedrichshafen, Tel. 07541-30 010, www.friedrichshafen.info, Mai, Juni, Mo–Fr 9–12 und 13–18 Uhr, Sa 9–13 Uhr; Juli, Aug., Mo–Fr 9–18, Sa 9–13 Uhr, Okt.–April Mo–Do 9–12 und 14–16, Fr 9–12 Uhr.

Zeppeline

Wenn der **6. Mai 1937** nicht gewesen wäre, vielleicht wäre der Himmel über unseren Köpfen heute von den mächtigen, mit ihren aluminiumlackierten Hüllen silbrig glänzenden Zigarren bevölkert, und man reiste gemächlich, aber in höchstem Luxus schwelgend von Kontinent zu Kontinent – und nicht auf engen Sitzen gepfercht in schmalen Hüllen, deren einziger Zweck es ist, die schnellste Verbindung zwischen zwei Punkten herzustellen. Doch an jenem 6. Mai zerbarst der Stolz der deutschen interkontinentalen Luftschifffahrt in einem Feuerball auf dem US-amerikanischen Landeplatz von Lakehurst, und das Ende der Zeppeline als Reisemittel war gekommen.

Seinen Anfang nahm alles mit dem Traum des in Konstanz geborenen **Ferdinand Adolf Heinrich August Graf von Zeppelin** (1838–1917), General der Kavallerie, der das starre und damit **steuerbare Luftschiff** erfand. Bis dahin gab es nur **Ballons,** die mit dem Wind fahren mussten. 1899 begann er mit dem Bau, 1900 war der erste Zeppelin fertig und konnte an den Start gehen. Mit bei der Industrie gesammeltem Geld und Spenden von der begeisterten Bevölkerung entwickelte der Graf sein Gerät weiter. Der endgültige Durchbruch kam, als das Militär 1908 sein drittes Luftschiff kaufte und es „Z1" nannte, sein Name „Zeppelin" war bereits zum Synonym für die fliegenden Zigarren geworden. Bis zum Beginn des Ersten Weltkriegs beförderte die **Deutsche Luftschifffahrts-Aktiengesellschaft** – die 1909 gegründete, erste Fluggesellschaft der Welt überhaupt – 34.000 Passagiere über dem ganzen Reich. Mit dem Krieg endete die Erfolgsgeschichte erst einmal, die Zeppeline hatten andere Aufgaben, Aufklärung und Bombardements, zu erfüllen.

Der **Graf starb** noch im Krieg. Bei dessen Ende wurden die verbliebenen Zeppeline an die **Siegermächte** ausgeliefert; in den folgenden Jahren konstruierte und baute man für andere Staaten, Deutschland selbst durfte bis 1928 keine Zeppeline besitzen. Dann wurde **„LZ 127"** in Dienst gestellt, zu Ehren des Begründers der Luftfahrtindustrie taufte man es „Graf Zeppelin". Es wurde zum **erfolgreichsten Luftschiff aller Zeiten** und fuhr bis 1937 auf der europäisch-amerikanischen Interkontinentalstrecke (die kein Flugzeug jener Zeit bedienen konnte), absolvierte einen Um-die-Welt-Flug und eine Polarfahrt, reiste nach Palästina; unterm Strich waren es 1,7 Mio. Kilometer, fast 18.000 Flugstunden und über 30.000 Passagiere. Das Ende von „LZ 127" kam mit dem **Explosion** seines Schwesterschiffes **„LZ129 Hindenburg"** in Lakehurst. Wasserstoff als Trägergas war nun allen zu gefährlich und Helium nicht zu bekommen. „Graf Zeppelin" wurde am 19. Juli 1937, sechs Wochen nach der Katastrophe, außer Dienst gestellt und 1940, bereits im nächsten Krieg, endgültig abgewrackt.

Verkehrsmittel

■ **Stadtbahnhof Friedrichshafen,** Bahnhofplatz 4, Tel. 07541-20 13 85, **Hafenbahnhof Friedrichshafen,** Seestr. 23, Tel. 07541-20 13 56, www.bahn.de. Züge u.a. nach Stuttgart, Lindau, Radolfzell.

■ **Busverkehr** u.a. nach Überlingen, Markdorf, Kressbronn, www.bodo.de.

■ **Bodensee-Fähre** nach Romanshorn/CH, www.bsb-online.com, Erw. 8,80 €, Kind 4,40 €, Fahrrad 5,90 €, Pkw ab 20,90 €; günstigere Tarife für Hin- und Rückfahrt; **Katamaran** nach Konstanz Erw. 10,20 €, Kind 5,10 €. Rund- und Ausflugsfahrten der Bodensee-Schiffahrtsbetriebe, Termine hierfür unter www.bsb-online.com.

■ **Bodensee Airport,** Tel. 07541-28 401, www.fly-away.de, Flüge u.a. nach Frankfurt/Main, Hamburg, Berlin.

Unterkunft

■ **Goldenes Rad**③, Karlstr. 43, 88045 Friedrichshafen, Tel. 07541-28 50, www.goldenes-rad.de. Das am See gelegene Traditionshotel gehört zur Best-Western-Gruppe und besitzt ein von *Gault Millau* hoch gelobtes Restaurant. Die sieben neuen und deutlich teureren Seasidezimmer im Medienhaus gegenüber sind modern eingerichtet und haben unverstellten Seeblick.

■ **Villa von Soden**②, Zeppelinstr. 32, 88045 Friedrichshafen, Tel. 07541-95 390, www.villavonsoden.de. Stilvolle Unterkunft in einer Jugendstilvilla, die dem Gründer der ZF-Werke gehörte; die Einrichtung der Zimmer ist schlicht, was der Atmosphäre aber keinen Abbruch tut.

Mein Tipp: **Schloss der Künste**③, Riedheimer Str. 8, 88048 Friedrichshafen-Efrizweiler, Tel. 07544-24 21, www.schloss-der-kuenste.de. Eine ebenso ungewöhnliche wie bezaubernde Unterkunft: Die Eigentümerin des historischen Schlosses ist Künstlerin und verbindet in ihrem Haus Moderne, Geschichte und Kunst zu einem harmonischen Ensemble. Auch das Restaurant ist empfehlenswert.

■ **Pension CAP-Rotach**②, Lindauer Str. 2, 88046 Friedrichshafen, Tel. 07541-73 421, www.cap-rotach.de. Die direkt am See gelegene und behindertengerecht ausgestattete Pension wird von einem Integrationsprojekt geführt. Auch alle Einrichtungen des angeschlossenen Campingplatzes sind barrierefrei.

■ **Gerbehof**②, Gerbehof 4, 88048 Friedrichshafen-Ailingen, Tel. 07541-50 020, www.gerbehof.de. Komfortable Ferien auf einem Reiterhof, Unterkunft in Apartments, Ferienwohnungen oder Gästezimmern. Ein umfangreiches Kinderprogramm unterhält die kleinen Gäste.

■ **Graf-Zeppelin-Jugendherberge**①, Lindauer Str. 3, 88046 Friedrichshafen, Tel. 07541-72 404, www.jugendherberge-friedrichshafen.de. Das moderne Haus liegt am östlichen Stadtrand, nahe dem See und unmittelbar am Bodensee-Radweg.

Camping

■ **CAP-Rotach,** siehe „Unterkunft". Übernachtung Erw. 7 €, Kinder 4,50 €, Stellplatz ab 4,50 €.

Essen und Trinken

■ **Goldenes Rad**③, siehe „Unterkunft". Das Restaurant überzeugte die Feinschmecker verschiedener Gourmet-Bibeln, neigt aber nicht zu modischem Firlefanz, sondern serviert exzellente regionale Küche. Gelegentlich gibt's Felchenmatjes, dann unbedingt probieren!

■ **Zeppelin-Hangar**③, Allmannsweiler Str. 132, Tel. 07541-70 05 868. Schick und angesagt ist das moderne Restaurant mit internationalen Küchenkreationen und Blick auf den Start- und Landebetrieb des Luftschiffs.

■ **Felders im K42**③, Karlstr. 42, Tel. 07541-39 19 55, www.felders-restaurant.de. Modernes Ambiente, frische regionale Küche und die preiswerten Mittagsmenüs (um 9 €), dazu die Lage am See – empfehlenswert!

■ **Bord-Restaurant im Dornier-Museum**①, siehe Museum. Täglich wechselnde, preiswerte Menüs mit Blick auf das Flugfeld.

■ **Zum Schorsch**①, Fildenplatz, Friedrichshafen-Fischbach, Tel. 07541-41 666, Ostern bis Okt. Im Biergarten direkt am See genießt man Bier oder Wein. Nette Stimmung, toller Blick.

Nachtleben und Kultur

■ **Beach Club Friedrichshafen,** Uferstr. 1, Mobil-Tel. 0175-24 44 132, www.beachclub-fn.de, im Sommerhalbjahr tgl. ab 11.30 Uhr. Ibiza am Bodensee, mit verschiedenen Themenparties und bunten Cocktails.

■ **Club Metropol,** Fallenbrunnen 17, www.club-metropol.de. Themenparties am Freitag und Samstag in drei Sälen.

Einkaufen

■ **Museums-Shop im Dornier-Museum,** siehe Museum. Hobbybastler finden hier bestimmt das Flugzeugmodell, von dem sie schon immer träumten.

■ **Markt:** Dienstags Markthalle Charlottenhof, Charlottenstraße.

Feste und Veranstaltungen

■ **Kunstfreitag:** Zweimal im Jahr präsentiert Friedrichshafen an einem Freitagabend an verschiedenen Orten seine Kunst- und Kulturszene, www.friedrichshafen. de/kultur-leben/kunst/kunstfreitag.

■ **Kulturufer:** Ende Juli/Anfang August mit buntem Programm in Veranstaltungszelten, auf den Straßen und in der Musikmuschel von Theater über Musik bis Kabarett. Infos unter www.kulturufer friedrichshafen.de.

Strände

■ **Strandbad Friedrichshafen,** Königsweg 11, Tel. 07541-28 078, Mitte Mai–Mitte Sept., 9–20 Uhr, Erw. 1,60 €, Kind 0,80 €.

■ **Frei- und Seebad Fischbach,** Strandbadstr. 11, Tel. 07541-41 771, Mitte Mai–Mitte Sept., 9–20 Uhr, Erw. 3,20 €, Kind 1,60 €. Mit Seestrand, beheiztem Außenbecken und Hallenbad.

Fischen

■ Nach Voranmeldung kann man einen **Bodenseefischer** bei seiner Arbeit begleiten: *Gert Meichle,* Steinbeisstr. 6, Tel. 07541-37 16 71, zwischen 15 und 25 €/Person.

Segeln und Kanu

■ **Die Segelakademie,** Königsweg 19, 88046 Friedrichshafen, Tel. 07541-9713841, www.segel schule-friedrichshafen.de. Segel- und Motorbootausbildung, Bootsverleih, Tagestörns.

■ **Sport Schmidt,** Scheffelstr. 4, 88046 Friedrichshafen, Tel. 07541-23 531, www.sport-schmidt-gmbh.de. Kanuverleih, Familientouren auf der Schussen bis zum Naturschutzgebiet Eriskircher Ried.

Fahrrad

■ **Radverleih Friedrichshafen,** (Fahrräder, E-Bikes und Pedelecs), Gebrüder Brechenmacher GmbH, Eckenerstr. 16, Friedrichshafen, (bei der Esso Tankstelle), Tel. 07541-22 465, www.radverleih-friedrichshafen.de

Ravensburg

Was ist bekannter: Die wunderbar erhaltene, **mittelalterliche Bausubstanz** von Ravensburgs Altstadt oder der Verlag gleichen Namens, der an der Peripherie Spiele, Kinder- und Jugendbücher produziert? Wahrscheinlich letzterer. Mit Kindern führt natürlich kein Weg am Ravensburger Spieleland vorbei, aber vielleicht können sie sie auch für Ritter und Hexen begeistern – Ravensburgs Altstadt bietet dafür eine ideale Kulisse.

Geschichte

Gründer Ravensburgs waren Herzöge vom Geschlecht der **Welfen,** die zunächst im Gebiet des heutigen Klosters Weingarten und ab dem 11. Jh. auf dem Veitsberg (heute Jugendherberge) eine Burg unterhielten. Die Lage am Schnittpunkt der Handelswege vom Allgäu und von der Donau an den Bodensee bot sich für eine Stadtgründung an; 1152 wird erstmals ein Markt unter der „Ravensburg" erwähnt. Als die Welfen 1191 ausstarben, gingen Ravensburg und Markt an die **Staufer** und hundert Jahre später an die **Habsburger** über. Ende des 13. Jh. war Ravensburg **freie Reichsstadt.** Im 14. Jh. wurde das Stadtgebiet um die Unterstadt erweitet.

Die florierende **Wirtschaft** basierte auf dem Handel mit Leinwand und Barchent, einem groben Baumwoll-Leinen-Gemisch; die Handelsbeziehungen reichten bis nach Italien. Die Ravensburger Handelsgesellschaft, in Ravensburg selbst nach der führenden Patrizierfamilie „Humpisgesellschaft" genannt, lieferte Leinwand bis nach Ungarn, Spanien und Portugal.

Die **Reformation** nahmen die Ravensburger paritätisch an: Ein Teil der Bevölkerung blieb katholisch, es existierten zwei Gotteshäuser, und die städtischen Ämter wurden doppelt, mit Beamten beider Konfessionen, besetzt.

Der **Dreißigjährige Krieg** beendete die Blütezeit; bis zum 19. Jh. tat sich in der Stadt nichts Wegweisendes, die Architektur verharrte im Spätmittelalter. Nach einem bayerischen Intermezzo gehörte Ravensburg ab 1810 zum **Königreich Württemberg** und erlebte durch die Anbindung an die **Eisenbahn** einen neuen Aufschwung durch Ansiedlung von Textilindustrie und Maschinenbau.

Sehenswertes

Orientierung

Parkmöglichkeiten gibt es an allen vier Hauptzufahrten zur Altstadt, günstig für den Rundgang liegt die Tiefgarage Marienplatz im Süden (1,50 €/Std.), auf die die vom Bodensee kommende B 30 direkt zuführt. **Bahnhof** und **Busbahnhof** befinden sich westlich der Altstadt (etwa 10 Min. Fußweg zum Marienplatz).

Marienplatz

Der stimmungsvolle **Hauptplatz der Altstadt** besteht aus **drei Teilen,** dem nördlichen ehemaligen Holzmarkt, dem Postplatz am Rathaus und dem Viehmarkt am Kornhaus. Unübersehbarer Blickfang ist der 51 m hohe **Blaserturm,**

Übernachtung
5 Gasthof Ochsen
9 Hotel Obertor
10 Jugendherberge Veitsburg

Einkaufen
7 Keramik-Atelier Zork 2000
8 Mönchmühle

Essen und Trinken
2 Gasthof Engel
4 Kaffeehaus Stippe
5 Gasthof Ochsen
6 Mohren
9 Hotel Obertor

Nachtleben
1 Kantine
3 Club Douala

an den das Waaghaus mit seinem gestuften Giebel grenzt. Bis 1911 wachte ein Blaser (Wächter) im Turm über die Stadt, die im 13. Jh. noch hier endete – der Blaserturm war Teil der staufischen Befestigung. Im 16. Jahrhundert stürzte er ein und wurde neu errichtet. 212 Stufen führen zu einem fantastischen Aussichtspunkt über die Altstadt, nach Weingarten und manchmal gar bis zum Bodensee.

■ **Blaserturm,** April bis Okt., tgl. 11–16 Uhr, Erw. 1,50 €, Kind ab 12 Jahren 1 €.

Im Jahre 1496 wurde das **Waaghaus** als Zollstätte für Waren erbaut, die Ravensburg passierten. In der spätgotischen Tuchhalle im ersten Stock (wird heute als Festsaal genutzt) residierten die Leinwandhändler.

Im Westen des Platzes steht das **Lederhaus,** um 1400 als Verkaufsraum für Schuhmacher, Sattler und Gerber errichtet. 1574 erhielt das Haus seine dekorativen Renaissancefresken.

Die rote Fassade des spätgotischen **Rathauses** südlich des Blaserturms ist kaum zu übersehen. Die im „Kupferle" genannten Türmchen hängende Glocke rief die Ratsherren zur Sitzung. Vom zum Waaghaus gewandten Erker (1571) wurden Todesurteile verkündet, denn als freie Reichsstadt konnte Ravensburg auch in „Blutsachen" urteilen. Den Großen Ratssaal mit historischer Bohlenbalkendecke und einem Gemälde, das Ravensburg im 17. Jh. zeigt, sowie den Kleinen Ratssaal, in dem über Leben und Tod zu Gericht gesessen wurde, kann man nur im Rahmen einer **Stadtführung** besichtigen.

Durch die Marktstraße

Bereits 1152 ist die Markstraße als Handelsplatz der Stadt genannt, und bis heute finden hier farbenfrohe **Wochenmärkte** statt.

Unter Hausnummer 13 steht ein weiteres Kaufhaus, die **Brotlaube,** die ab dem 15. Jh. Bäckern und Metzgern als Verkaufsraum diente. Heute ist sie nach umfangreicher Renovierung Sitz der Dualen Hochschule Ravensburg.

Teile einer Rokoko-Apotheke bilden die sehenswerte Ausstattung der **Marienapotheke** (Nr. 8).

Imposant kündet das im 15. Jh. errichtete **Haus der Kaufmannsfamilie Gäldrich** unter Hausnummer 27 vom Wohlstand, den diese Kaufleute als Geschäftsführer der Humpisgesellschaft in Valencia erworben hatten, weshalb sie auch „Geld reich" genannt wurden. In dem Anwesen verkauft ein Musikalienhandel Instrumente, sodass damit die Möglichkeit besteht, die spätgotischen Räume im Erdgeschoss und im ersten Stock zu besichtigen.

Historische Stadtrundgänge

Geradezu vorbildlich ist die **Markierung der historischen Bauten** mit Schildern und den wichtigsten Informationen. Von den über 60 so ausgewiesenen Gebäuden sind hier nur die wichtigsten genannt. Eine vollständig in sechs Rundgängen gefasste Beschreibung enthält die Broschüre „Historische Stadtrundgänge", die für 5 € bei der Touristeninformation und im örtlichen Buchhandel erhältlich ist.

Museum Humpis Quartier

Das Anwesen der Patrizierfamilie *Humpis,* die Ravensburg zwischen dem 13. und 16. Jh. nicht nur wirtschaftlich, sondern auch politisch dominierte (sie stellte in knapp 250 Jahren 77 Bürgermeister und Amtmänner), erstreckt sich über sieben Häuser zwischen Markt-, Humpis- und Roßbachstraße. Das **Museum Humpis Quartier** nutzt diese spätgotische Anlage, um anhand ausgesuchter Epochen und Berufe die **historische Entwicklung Ravensburgs** anschaulich nachzuzeichnen. Die Ausstellung beginnt mit dem welfischen Ravensburg der Lederhandwerker um 1100, stellt die Blüte des Handels im 15. Jh. am Beispiel von *Hans Humpis* vor und endet im 19. Jh. mit dem Gastwirt *Gottfried Rösch* und der Industrialisierung. Das 20. und 21. Jahrhundert erschließt das „Geschichtslabor", während die „Wundersamen Kammern" sich Themen wie Hexenverfolgung stellen – ein vielschichtiges Museum und zudem mit den gotischen Räumen ein Spiegelbild des Ravensburger Mittelalters.

008bo sk

■ **Museum Humpis Quartier,** Marktstr. 45, Tel. 0751-82 820, www.museum-humpis-quartier.de, Di–So 11–18 Uhr, Do bis 20 Uhr, Erw. 4 €.

Museum Ravensburger

1416 wurde das Stadthaus der Ritter *Schellenberg zu Kißlegg* erbaut, seit 1883 residiert hier der **Ravensburger Buch- und Spieleverlag,** und seit 2010 können Besucher sich im Museum Ravensburger über die Geschichte des Verlags und seine berühmtesten Produkte informieren, diese im Shop natürlich auch kaufen und sie in der Lounge des Museums selbst spielen und lesen.

■ **Museum Ravensburger,** Marktstr. 26, Tel. 07542-86 13 77, www.museum-ravensburger.de, Jan. bis März 11–18 Uhr, April bis Sept. 10–18 Uhr, Okt. bis Dez. 11–18 Uhr, Erw. 6,50 €, Kind 4,50 €.

Mein Tipp: Kunstmuseum

Das 2013 eröffnete Museum zeitgenössischer Kunst residiert in einem preisgekrönten Neubau, dem zwei historische, allerdings nicht denkmalgeschützte Häuser weichen mussten. Herzstück der Sammlung ist eine umfangreiche Leihgabe des Ehepaars *Selinka* mit Werken des Expressionismus. Zweimal im Jahr wird die große Ausstellung um Werke des 20./21. Jh. ergänzt.

■ **Kunstmuseum Ravensburg,** Burgstr. 9, Tel. 0751-82 810, www.kunstmuseum-ravensburg.de, Di–So 11–18, Do bis 20 Uhr, Erw. 6 €, Kinder bis 18 Jahre frei

Mehlsack und Obertor

Der 51 m hohe, runde **Wehrturm** Mehlsack am südöstlichen Ende der Oberstadt wurde 1425 gegen einen bedrohlichen Nachbarn errichtet, den Habsburgischen Landvogt in der Veitsburg, mit dem die freie Reichsstadt in ständigem Konflikt lag. Da die Mauerdicke von unten (Innendurchmesser 3,75 m) nach oben (Plattform 7,80 m Durchmesser) abnimmt, gab es oben ausreichend Platz für Kanonen und Schützen.

Zwischen dem 13. und 16. Jh. entstand das **Obertor** als Stadttor in Richtung Wangen mit seinem hohen, gestuften Giebel. Sogar das Torwärterhaus ist noch erhalten. Auf gleichem Weg oder durch Roßbachstraße und Gespinstmarkt geht's zurück zum Marienplatz.

Entweder auf dem 2 km langen Burgsteig, der hinter dem Obertor beginnt, oder auf dem am Mehlsack bergauf führenden Treppenweg erreicht man die ab dem 10. Jh. dokumentierte **Veitsburg,** heute eine Jugendherberge (siehe „Praktische Tipps").

◁ Wer die 212 Treppenstufen des Blaserturms bewältigt, wird mit einem fantastischen Ausblick belohnt

Liebfrauenkirche

Durch die Kirchstraße, die repräsentative Klosterhöfe säumen, führt der Spaziergang nun nach Norden. **Klosterhöfe** waren politische wie ökonomische Vertretungen umliegender Konvente in der Stadt und gaben Durchreisenden des Klosters Unterkunft. Weingarten unterhielt den **Weingartner Hof** (Kirchstr. 16, im Erdgeschoss Touristeninformation); seit dem 14. Jh. Weingarten unterstellt war auch der Vorgängerbau der Liebfrauenkirche, eine im 13. Jh. erbaute „neue Marienkapelle". Ein Tympanon mit Szenen aus dem Marienleben aus dem Jahr 1350 ist noch am Westportal erhalten. Erweitert wurde das Gotteshaus im 15. Jh., im 19. Jh. erhielt es eine neugotische Ausstattung, von der das Mosaik über dem Chor belassen wurde. Gotisches Chorgestühl, ein reich verziertes Sakramentshaus und die schönen Glasfenster sind die einzigen Erinnerungen ans Spätmittelalter.

Frauentor und Grüner Turm

Ravensburgs **Stadttor** nach Nordosten in Richtung Weingarten war das 1318 noch Niederes Tor genannte Frauentor. Der 35,5 m hohe Bau diente ab dem 18. Jh. als **Folterkammer** und **Gefängnis,** ebenso wie der runde, 32 m hohe Grüne Turm, dessen grüne Dachziegel noch aus dem 14./15. Jh. stammen. Drei Gratziegel, heute im Städtischen Museum zu sehen, trugen „Schmähköpfe", die auf das **Jüdische Viertel** zu Füßen des Turms in der heutigen Grüner-Turm-Straße hinabblickten und die Juden „schmähten". 1429 wurden die Ravensburger Juden umgebracht oder vertrieben, und bis 1802 verweigerte die Stadt Juden ein Niederlassungsrecht.

Die **Untere Mang** (Marienplatz 81) an der Ecke ist ein stattliches Fachwerkhaus aus dem 15. Jh. Hier wurden einst die in Ravensburg gehandelten Stoffe veredelt.

Zum Gemalten Turm

Durch die Grüner-Turm-Straße, vorbei am **Zehntscheuer** (Nr. 26), einem Fachwerkstadel aus dem Jahr 1378, geht's zum **Salzstadel** (Charlottenstr. 40), den im 14. Jh. wahrscheinlich die *Humpis* als Warenlager erbauen ließen, und der ab dem 18. Jh. zur Salzlagerung diente. Das heute darin untergebrachte **Feuerwehrmuseum** ist nur zwischen April und Oktober an jedem ersten Sonntag im Monat 10–12 Uhr oder nach Voranmeldung zu besichtigen (Mobil-Tel. 0171-61 11 444).

Den 50 m hohen Gemalten Turm (um 1400) schmückt ein rautenförmiges Renaissance-Muster.

Untertor und Heilig-Geist-Spital

Entweder entlang der Mauerstraße oder parallel durch die Karlstraße erreicht man den westlichen Altstadtausgang mit dem 1363 erbauten, 36 m hohen Untertor und dem Heilig-Geist-Spital, das ab Ende des 15. Jh. Armen, Waisen und Gebrechlichen Unterkunft und Versorgung bot. Heute ist darin ein geriatrisches Zentrum untergebracht. Sehenswert ist die von beiden Konfessionen genutzte **Kapelle** mit dem Wandbild des Jüngsten Gerichts (1520) und einem schönen Netzrippengewölbe. Auch das Café im Spital nebenan, ursprünglich Arme-Leute-Stube, besitzt eine Gewölbedecke. Mit 44 m Höhe überragt der 1363 errichtete **Spitalturm** die Anlage. Er hatte seinerzeit den südwestlichen Bereich der Stadt zu schützen.

Praktische Tipps

Information

■ **Tourist-Information Ravensburg,** Kirchstraße 16, 88212 Ravensburg, Tel. 0751-82 800, www.ravensburg.de, Mo–Sa 9–17.30 Uhr, Sa 10-13 Uhr.

Stadtführungen

■ **Ravensburger Stadtgeschichte,** Samstag 11 Uhr, Juli–Okt. auch Mo, Mi 14 Uhr, Aug. Mo–Fr 14 Uhr, Sa 11 Uhr, Erw. 6 €, Kind 3 €. Treffpunkt Tourist-Information. Viele weitere Themenführungen finden sich unter www.ravensburg.de.

Verkehrsmittel

■ **Bahn:** Züge in Richtung Ulm und Friedrichshafen, www.bahn.de; Bodensee-Oberschwaben-Bahn von Ravensburg nach Friedrichshafen mit Stopp am Flughafen, www.bob-fn.de.

■ **Bus:** nach Friedrichshafen, Weingarten, www.bodo.de.

Unterkunft

■ **Obertor**③, Marktstr. 67, 88212 Ravensburg, Tel. 0751-366 70, www.hotelobertor.de. Zentrale Lage und individuell eingerichtete Zimmer im historischen Stil machen dieses über 700 Jahre alte Haus zu einem der angenehmsten der Stadt.

☐ Karte Umschlag hinten, Stadtplan S. 48

■ **Gasthof Ochsen**②, Eichelstr. 17, 88212 Ravensburg, Tel. 0751-254 80, www.ochsen-rv.de. Geradlinig eingerichtete, komfortable Zimmer und ein schwäbisches Restaurant.

■ **Jugendherberge Veitsburg**①, Veitsburgstr. 1, 88212 Ravensburg, Tel. 0751-253 63, www.jugend herberge.de, Bett ab 20 €. Die Lage ist einfach toll, allerdings ist's ein anstrengender Aufstieg mit Gepäck.

Essen und Trinken

■ **Restaurant des Hotels Obertor**③, siehe „Unterkunft". Schwäbische Spezialitäten wie Rehschnitzel mit Spätzle oder Saure Kutteln in einer gemütlichen Gaststube.

■ **Gasthof Engel**②, Marienplatz 71, Tel. 0751-363 61 30, www.engel-ravensburg.de. Auch hier wird die schwäbische Küche gepflegt, mit Sauren Linsen, abgeschmälzten Maultaschen und Bauernschnitzel.

■ **Mohren**①-③, Marktstr. 61, Tel. 0751-18 05 43 10, http://mohren-ravensburg.de, Mo ab 17.30, Di–Sa 10.30–14.30, 17.30–24 Uhr, alle Preisklassen. Das Mohren nennt sich Wirtshaus Lounge Restaurant und bietet eine solche Fülle unterschiedlichster Gerichte verschiedener Preisstufen, dass man hier von schwäbisch bis mexikanisch und von preiswert bis teuer speisen kann. Das moderne Ambiente kontrastiert angenehm mit dem historischen Gemäuer.

■ **Kaffeehaus Stippe**②, Gespinstmarkt 19/21, Tel. 0751-35 95 55 50. Eine gemütliche Mischung aus Café und Restaurant mit Bio-Küche und vegetarischen sowie veganen Gerichten.

www.fotolia.de © Frank

■ **Kantine,** Am alten Gaswerk 1, Tel. 0751-35 42 390, www.kantine-ravensburg.de. Der Club auf dem Bahnhofsgelände unterhält mit Ü-30-Partys und 70er-, 80er- und 90er-Abenden.

Nachtleben und Kultur

■ **Club Douala,** Schubertstr. 2, Tel. 0751-31 577, www. douala.de. Ravensburgs bekanntester Club in rustikalen Gewölben voller Graffiti; hier legen die besten DJs der Republik auf.

⌃ Der so malerische grüne Turm diente einst als Gefängnis

Einkaufen

- **Keramik-Atelier Zork 2000,** Marktstr. 55, Tel. 0751-35 30 29. Künstlerische Keramik aus Eigenproduktion.
- **Mönchmühle,** Leonhardstr. 5, Tel. 0751-252 24. Der Laden in der kleinen Regionalmühle verkauft hauseigene Mehle, Schrot und Korn.
- **Märkte:** Wochenmarkt Sa Vormittag, Marktstraße und Gespinstmarkt.

Feste und Veranstaltungen

- **Rutenfest:** Ende Juli, großes Stadt- und Schülerfest mit Antrommeln, Schützenumzug und Rutentheater, Infos unter www.rutenfest.de.
- **Jazztime in Town:** Anfang Mai spielen regionale und internationale Stars des Jazz eine Nacht lang in der Altstadt, Infos: www.jazztime-ravensburg.de.

In der Umgebung von Ravensburg

Basilika Weingarten

Rund 4 km nordöstlich von Ravensburg erheben sich etwas oberhalb des Ortes Weingarten Klosterbauten und die eindrucksvolle **Barockbasilika** der Benediktiner. Bereits im 10. Jh. gründeten die Welfen hier ein Kloster, im 12. Jh. wurde eine romanische Klosterkirche geweiht, und ab 1200 begründete der Glaube an die Wunderkraft der Heilig-Blut-Reliquie, die *Judith von Flandern* dem Kloster gestiftet hatte, eine große Wallfahrt. Im 18. Jh. wurden Kloster und Gotteshaus im Stil des Barock umgebaut. Nach zwei Klosteraufhebungen im Zuge der Säkularisation 1802 und durch die Nationalsozialisten 1940 zogen 1953 wieder Benediktiner ein.

Der imposante Eindruck der von zwei Türmen flankierten Fassade, die eine monumentale Kuppel überragt, weicht im **Inneren** trotz der Größe (106 m Länge, Kuppelhöhe 66 m) einer unerwarteten Leichtigkeit: *Franz Xaver Schmuzer* aus Wessobrunn (Stuck) und *Cosmas Damian Asam* aus München (Fresken) brachten den Raum mit ihrem Talent zum Schwingen und schenkten ihm eine lichte Helligkeit. Hinter kunstvollem Chorgitter steht der Hochaltar, eingerahmt von einem täuschend echt wirkenden, gemalten Vorhang. Die Reliquie wird im Heilig-Blut-Altar davor aufbewahrt. Ein Prunkstück ist *Fidelis Sporers* Rokoko-Kanzel.

- **Weingartener Spielzeit:** Die klassische Konzertreihe läuft an verschiedenen Veranstaltungsorten das ganze Jahr; besonders eindrucksvoll sind natürlich die Konzerte in der Basilika. Infos unter www.weingarten-online.de.

Ravensburger Spieleland

Der Besuch des **Freizeitparks** mit *Fix & Foxi Abenteuerland, Käpt'n Blaubärs Wunderland* und einer *Future World,* um nur einige der Attraktionen zu nennen, ist Pflicht für Familien, die sich am Bodensee aufhalten. Hier wird getobt und Kies gebaggert, Achterbahn oder Spaßboot gefahren und natürlich gespielt. Es gibt diverse Läden, Restaurants und Kioske, sodass für jedes Freizeit-Bedürfnis gesorgt sein sollte.

Schnäppchen lassen sich beim „Ravensburger Schnäppchenzelt" und im *Nici Outlet* machen.

Ravensburger Spieleland, 10 km südwestlich von Ravensburg, Liebenau, Am Hangenwald 1, Meckenbeuren/Liebenau, Tel. 07542-40 00, www.spieleland.de, Mitte April bis Anfang Nov. 10–18 Uhr, Ende Juli bis Mitte Sept. bis 19 Uhr, die Attraktionen schließen jeweils eine Stunde früher; bitte beachten Sie auf der Website angegebenen Ruhetage, an denen der Park geschlossen ist, Erw. 29 €, Kind (3–14 Jahre) 27 €.

Bauernhaus-Museum Wolfegg

Einen Einblick in die bäuerliche Geschichte und den Alltag Oberschwabens vermitteln die 15 im Freilichtmuseum wieder aufgebauten Bauernhöfe, Ställe und sogar ein Fischerhaus. Wechselnde Ausstellungen beleuchten Sonderthemen wie etwa „Schwabenkinder" oder „Erster Weltkrieg".

Bauernhaus-Museum Wolfegg, Vogter Str. 4, 88364 Wolfegg, Tel. 07527-95 500, Mai–Sept. tgl. 10–18 Uhr, März, April, Okt., Nov. Di–So 10–17 Uhr, Erw. 5 €, Kind 2,50 €.

Immenstaad

Ein belebter und beliebter **Ferienort** (6000 Ew.), zusammengewachsen aus den Gemeinden Kippenhausen, Frenkenbach und Kirchberg, mit einem großen Freizeitangebot: So präsentiert sich Immenstaad, dessen weitgehend sachlich-modernen Ortskern noch einige hübsche Fachwerkhäuser bereichern. Östlicher Nachbar sind die Dornier-Werke, was das Idyll etwas schmälert, aber Arbeitsplätze schafft.

Geschichte

Auch in der Region Immenstaad wurden, wie fast überall um den Bodensee, Spuren aus der Bronzezeit – Pfahlbauten und Hügelgräber – gefunden. **Aleman-**

Das schiefe Haus von Immenstaad

Eine amüsante Geschichte wird über das **Schwörerhaus** erzählt. Ende des 19. Jh. gehörte es einem Mann, der Holzstreben, die er für überflüssig hielt, nach und nach verfeuerte – so lange, bis das Haus sich bedrohlich zur Seite neigte. Als da der Schifferknecht *Vincenz* einziehen sollte, passten ihm die schiefen Mauern ganz und gar nicht. Kurzerhand holte er ein paar Freunde zusammen, organisierte eine Seilwinde, und mit vereinten Kräften wurde das Häusle wieder gerade gerichtet. Dass die 300 Jahre alten Mauern dies anstandslos überstanden, spricht für die Qualität des Fachwerks.

nen gründeten um 700 eine Siedlung, deren Name **Immos Staad** (Landestelle) bis heute erhalten ist. 1094 wurde ein Gut aus Immenstaad als Teil einer Schenkung Herzog *Welfs IV.* an das Kloster Weingarten erwähnt. Eine einheitliche Herrschaft über Immenstaad gab es in den folgenden Jahrhunderten kaum. Adelsgeschlechter, Kirchenherren und Ritter wechselten sich ab, wobei die Ritter *von Helmsdorf,* deren Schloss heute noch steht, eine gewisse Beständigkeit aufwiesen. Im 16. Jahrhundert teilten sich der deutsche Orden zu Mainau, Kloster Weingarten und der Fürst *von Fürstenberg* den Ortskern von Immenstaad. Diese Teilung wurde zu Beginn des 1783 Jahrhunderts beendet, und Immenstaad gehörte fortan den Fürsten *von Fürstenberg.*

Sehenswertes

Orientierung

Immenstaad schmiegt sich zwischen Bodenseeufer und B 31; der Ortsteil Kippenhausen liegt nordwestlich des Zentrums und jenseits der B 31. **Parkmöglichkeiten** gibt es entlang der Meersburger Hauptstraße.

Kulturgrenze

Bei Immenstaad verläuft die kulturelle und sprachliche Grenze zwischen **Württemberg-Schwaben** und **Baden.** Machen Sie also von hier ab nicht den Fehler, Sprache, Küche oder Mentalität als „schwäbisch" zu bezeichnen!

Häfele und Landungssteg

Einen Spaziergang auf dem 1875 erbauten und mit 100 m **längsten Landungssteg** am Bodensee sollte man auf jeden Fall unternehmen – auch wenn gerade keine Lädine vor Anker liegt. Die historischen Lastensegler haben ihren Dienst vor 100 Jahren aufgegeben; der heute von Immenstaad aus startende Nachbau vermittelt bei **Ausflugsfahrten** jenen Reiz, der von historischen Booten ausgeht (siehe Exkurs „Mit der Lädine über den Bodensee"). Als Häfele bezeichnen die Immenstaader übrigens ihren hübschen Yachthafen.

Alte Vogtei

Vorbei am Hennenbrunnen des Bildhauers *Werner Gürtner,* erreicht man auf der Bachstraße mehrere historische **Fachwerkhäuser,** darunter ein 1732 erbautes Bauernhaus, das heute den Gasthof *Alte Vogtei* beherbergt und schönes Barock-Fachwerk aufweist.

Fachwerk an der Hauptstraße

„Torkel" ist ein anderes Wort für „Weinpresse", und zwei große Exemplare fanden in dem nach ihnen benannten **Torkelhaus** Platz (Hauptstr. 5), das das Kloster Ottobeuren 1778 errichten ließ.

Das **Schwörerhaus** nebenan wiederum verdankt seinen Namen der Familie, die es seit über 100 Jahren besitzt. 1578 soll es als „gestelztes" Fachwerkhaus erbaut worden sein, das heißt, der Wohnbau wurde über einem niedrigen Stall errichtet. Ab 1723 wurden darin Salz und Torkel gelagert, siehe Exkurs „Das schiefe Haus von Immenstaad".

Als **ältestes Haus von Immenstaad** gilt das 1461 erbaute **Haus Michael** (Hauptstr. 24/26), um das die Bürger heftig kämpften, als der Besitzer es abreißen wollte.

Mannhardt Turmuhr

1820 Mark kostete die nach dem damaligen Stand der Technik topmoderne Turmuhr, die die Gemeinde Immenstaad 1893 bei der Johann Mannhardt'schen Königlich Bayerischen Hofmanufaktur bestellte und nach Lieferung in den Turm von St. Jodokus einbaute. Heute schmückt das technische Meisterwerk in einem Glaspavillon den Platz vor dem Rathaus.

Kirche St. Jodokus

Seit dem 15. Jh. war St. Jodokus Kirche einer eigenständigen Pfarrei, deren Pfarrer die Gemeinde wählte. 1474 wurde der Kirchturm errichtet, ungefähr aus der gleichen Zeit stammen Chor und die spätgotische Madonna des Gotteshauses, dessen Kirchenschiff Ende des 20. Jh. neu erbaut wurde und das eine zugleich kühle wie intime Atmosphäre besitzt.

Eine Kuriosität ist die **St.-Michaels-Kapelle** gegenüber. Das barocke Kirchlein wurde 1713 von einem Amtmann gestiftet und besaß bis 1831 einen eigenen Kaplan.

Mein Tipp: Kippenhausen

Der idyllisch zwischen Weinhügeln und Feldern gelegene **Ortsteil** besitzt weitere Fachwerk-Kostbarkeiten, so das **Puppenhaus,** ein zauberhaftes Bauernhaus des 18. Jh., das früher als Puppenmuseum diente. Heute residiert darin ein hübsches Café.

1796 wurde **Haus Montfort** mit elegant-barockem Fachwerk erbaut. Im Erdgeschoss beherbergt es ein Gasthaus, dessen Tradition bis ins 18. Jh. zurückreicht, zumindest stammt der Ausleger des Wirtshausschildes aus dieser Zeit. Im ersten Stock zeigt die **Galerie Montfort** wechselnde Kunstausstellungen, und unterm Dach erklärt das **Heimatmuseum** mit viel Engagement Alltag und Geschichte der Region.

- **Galerie Montfort,** Montfortstr. 13, Ostern bis Okt. Di–So 11–14 und 17–23 Uhr, Eintritt frei.
- **Heimatmuseum,** Ostern bis Ende Sept. Sa, So 12–14 und 18–20 Uhr, Spende erbeten.

Hochberg

Ein Spaziergang auf dem Apfel- und Weinweg führt auf den 454 m hohen Hochberg. Der **Aussichtspunkt** auf ei-

Lehenswesen

Immenstaad ist ein anschauliches Beispiel für die Absurditäten des Lehnswesens: Ende des 18. Jh. erhoben im 920 ha großen Ortsgebiet 15 verschiedene Herren den Zehnten und 32 die Bodenzinsen! Elf Klöster teilten sich ein Viertel der Weinberge.

Immenstaad
0 400 m
Übernachtung
3 Campingplatz Freizeitzentrum Schloss Helmsdorf
4 Obst- und Ferienhof Ragg
7 Reblandhof
9 Strandhaus Eberle
10 Seehof
Essen und Trinken
5 Café Puppenhaus
6 Montfort
7 Reblandhof
8 Zur Felle
10 Seehof
Einkaufen
7 Reblandhof
9 Eberles Destillate-Pavillon
Wassersport
1 RePa Yachtschule
Ausschnitt
Austraße
Montfortstraße
Seebachstr.
Straße
Obere
Kirchberger
Winkel
Widdum
Kupferbergstr.
Kupferberg-straße
Herrer
Hochberg
454 m
Schloss Kirchberg, Frenkenbach, Hagnau
Schloss Hersberg
31
E54
Ausschnitt
Meersburger Str.
Im Grund
Skaterpark
Hardtstr.
Strandbad-str.
Hersbergweg
Kapellenweg
Hardtstraße
Seestraße West
Bodensee
Aquastaad

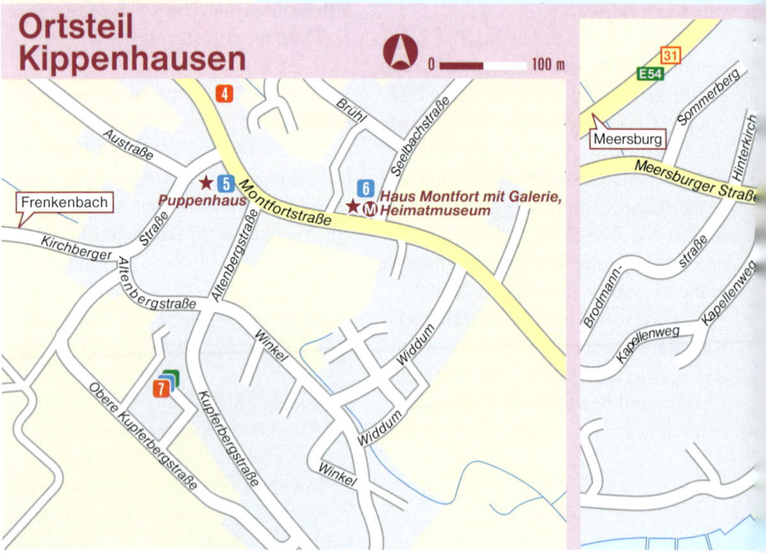
Ortsteil Kippenhausen
0 100 m
Austraße
Brühl
Seelbachstraße
Frenkenbach
Puppenhaus
Montfortstraße
Haus Montfort mit Galerie, Heimatmuseum
Kirchberger
Straße
Altenbergstraße
Altenbergstraße
Winkel
Widdum
Obere Kupferbergstraße
Kupferbergstraße
Widdum
Winkel
31
E54
Meersburg
Sommerberg
Hinterkirch
Meersburger Straße
Brodmann-straße
Kapellenweg
Kapellenweg

nem eiszeitlichen Drumlin-Hügel (siehe Infokasten im Kapitel „Geografie") ermöglicht bei klaren Wetter bis zu 150 km Fernsicht über Obst- und Weinplantagen. Von hier sieht man auch die drei Immenstaader Schlösser: Direkt gegenüber liegt **Schloss Kirchberg,** dessen Existenz seit 1288 verbrieft ist und das im 16. und 18. Jh. erweitert wurde. Heute sind die Räume zu modernen Eigentumswohnungen umgebaut, und das Betreten des Grundstücks ist verboten. Auf dem Hügel östlich des Hochbergs thront **Schloss Hersberg,** seit dem 15. Jh. bezeugt und im 17. Jh. umgebaut. Heute dient es als Haus der christlichen Begegnung; Teile werden von einem Pflegeheim genutzt. **Schloss Helmsdorf** am östlichen Rand von Immenstaad am Ufer des Bodensees kann man daran erkennen, dass es von einem großen Campingplatz umgeben ist. Seit 1213 war es Sitz der Ritter *von Helmsdorf* und später des Deutschherrenordens. Seine heutige Gestalt erhielt es im 18. Jh. Im Schloss werden Ferienwohnungen vermietet.

Kirche St. Oswald und St. Otmar

In **Frenkenbach,** 4 km nordwestlich von Immenstaads Ortszentrum, steht eine der ältesten **romanischen Kirchen** des Bodenseeraums. Das im 12. Jh. errichtete, schlichte Gotteshaus war ursprünglich als Wehrkirche konzipiert.

Praktische Tipps

Information

■ **Tourist-Info,** Dr.-Zimmermann-Str. 1, 88090 Immenstaad, Tel. 07545-20 11 10, www.immenstaad-tourismus.de, Mitte Mai bis Mitte Sept. Mo–Fr 9–12.30 und 13.30–18 Uhr, Juli/ Aug. auch Sa; Mitte März bis Mitte Mai, Mitte Sept. bis Ende Okt. Mo–Fr 9–12 und 14–17 Uhr; Winter Mo–Fr 9–12 Uhr, Di auch 14–17 Uhr.

Verkehrsmittel

■ **Bus:** Die meisten Busse halten am Immenstaader Rathaus. Verbindungen nach Markdorf, Friedrichshafen und Überlingen, www.bodo.de.

Unterkunft

■ **Obst- und Ferienhof Ragg**②, Kirchbergerstr. 7, 88090 Immenstaad-Kippenhausen, Tel. 07545-512, www.ferienhof-bodensee.de. Es gibt sechs geschmackvoll-rustikal eingerichtete Wohnungen auf einem ruhig gelegenen Obsthof, dazu Spielzimmer und ein Baumhaus, ideal für Familien.

■ **Reblandhof**②, Kupferbergstr. 2, 88090 Immenstaad-Kippenhausen, Tel. 07545-67 84, www.reblandhof-siebenhaller.de. Der Reblandhof, ein alter Fachwerkhof, ist Pension, Gasthaus, Weinverkauf und Rädlewirtschaft in einem. Die Zimmer sind romantisch im Landhausstil eingerichtet; zum See sind's zu Fuß 20 Minuten.

MEIN TIPP: **Strandhaus Eberle**③, Seestraße West 13–15, 88090 Immenstaad, Tel. 07545-94 295, www.strandhaus-eberle.de. Moderne Zimmer, familiäre Gastfreundlichkeit und die Lage am See machen den besonderen Charme des Strandhauses aus. Die Einrichtung im zeitgenössischen Design schafft eine luftige Atmosphäre, ohne unterkühlt zu sein. Unterkühlt ist auch die Gastgeberfamilie nicht, vielmehr kümmert sie sich herzlich um die Gäste. Ein üppiges Frühstücksbuffet, ein Hofladen mit frischem Obst und Gemüse und die preisgekrönten Obstbrände des Hausherrn sorgen fürs leibliche Wohl.

■ **Seehof**③, siehe „Essen und Trinken".

Camping

■ **Freizeitzentrum Schloss Helmsdorf,** Helmsdorfweg, 88090 Immenstaad, Tel. 07545-62 52, www.schloss-helmsdorf.org, FeWo ab 50 €, Camping Erw. 7 €, Kinder 3,70 €, Zelt ab 4,50 €. Die Anlage mit 350 Stellplätzen (davon zwei Drittel Dauercamper) liegt direkt am See rund um das Schloss Helmsdorf. Sie ist sehr gut ausgestattet und bietet ein großes Sportprogramm.

☒ Blick auf Immenstaad

Essen und Trinken

■ **Seehof**③, Am Yachthafen, Tel. 07545-93 60, www.seehof-hotel.de. Das hübsch am Yachthafen gelegene Hotel-Restaurant überzeugt mit exzellenter badischer Küche in der holzgetäfelten Gaststube oder im modernen, schicken Restaurant. Empfehlenswert: der Alemannische Teller mit Maultaschen, Lammwurst und Felchen! Es werden auch komfortable **Gästezimmer**③ angeboten.

■ **Reblandhof**②, siehe „Unterkunft". Badische Spezialitäten wie Krautschupfnudeln oder saurer Käse in der rustikalen Gaststube oder im Biergarten. Dazu trinkt man gutseigenen Wein.

■ **Café Puppenhaus**②, Kirchberger Str. 15, Ortsteil Kippenhausen, Tel. 07545-94 29 95. Selbstgemachte Kuchen, verschiedene Kaffee-Spezialitäten und badischer Wein im historischen Fachwerkhaus.

■ **Montfort**②, Montfortstr. 13, Ortsteil Kippenhausen, Tel. 07545-13 66. Allein das herrliche Fachwerkhaus ist einen Besuch wert. In ruhiger Atmosphäre kann man hier gutbürgerliche badische Spezialitäten genießen.

■ **Zur Felle**①, Frickenwäsele 4, Tel. 07545-34 33. Spezialität in der umgebauten Scheune zur „Tränke" sind Dingele, die lokale Variante des Flammkuchens, in verschiedenen Variationen (um 6 €). Köstlich und sehr beliebt!

Nachtleben und Kultur

■ **Wirtshaus am Gehrenberg und Theaterstadel,** Gehrenberg 1, Markdorf, Tel. 07544-72 289, www.gehrenberg.de. Das Gasthaus mit guter, multi-nationaler Küche und schönem Biergarten, etwa 8 km nördlich von Immenstaad, ist zugleich Kino, Kabarettbühne, Konzerthalle und Theater.

Einkaufen

■ **Eberles Destillate-Pavillon,** s. „Unterkunft". Feine Obstbrände aus eigener Produktion.
■ **Markt:** Mi vormittags auf dem Rathausplatz.

Feste und Veranstaltungen

■ **Maibaumsetzen:** Am 1. Mai in Kippenhausen mit Trachtengruppen und Musik.

Mit der Lädine über den Bodensee

Die im 14. Jh. entwickelten **Lastkähne** brachten dem Bodenseehandel große Kosten- und Zeitersparnis. Bis dahin wurden die Waren – Baumaterial aus den Rorschacher Steinbrüchen auf der Schweizer Seite, Wein, Getreide und aus Bayern herangebrachtes Salz – mühevoll mit Fuhrwerken um den See transportiert. Die bauchigen Frachtboote mit flachem Kiel besaßen ein großes Segel, mit dem sie vor dem Wind segeln konnten. Wenn Flaute herrschte, wurden sie durch Rudern oder Treideln vorangetrieben. Bei guten Windverhältnissen konnte eine Lädine den See in einem Tag auf seiner gesamten Länge durchqueren. Erst mit der Erfindung der Dampfschifffahrt fielen die Lädinen in Vergessenheit. Das heute auf dem See zu **Ausflugsfahrten** eingesetzte Boot ist 17 m lang und wurde 1999 in Dienst genommen. Rudern brauchen die Passagiere nicht; das Schiff wird von einem Dieselmotor angetrieben.

Fahrten: Im Frühjahr und Herbst nur an Wochenenden und Feiertagen, Juli bis Mitte August täglich. Infos unter www.laedine.de oder an den Aushängen am Landungssteg Immenstaad und der Touristeninformation.

Strände

■ **Aquastaad,** Strandbadstr. 1, Tel. 07545-90 13 13, Sommer tgl. 8.30–19 Uhr, Okt. bis April Mo 14–21 Uhr, Mi, Fr 8–21 Uhr, Sa 10–15 Uhr, So 8–17 Uhr, Erw. 3,90 €, Kind 1,90 €. Kiesstrand, Liegewiese, Abenteuer-Spielplatz und Beach-Volleyball sowie Hallenbad.

Segeln und Motorboot

■ **RePa Yachtschule,** Strandbadstr. 12, 88090 Immenstaad, Tel. 07541-97 13 841, www.segelschule-friedrichshafen.de. Segel- und Motorbootkurse, außerdem Bootsverleih.

Wandern

■ Mehrere **Themenwanderwege** erschließen Sehenswürdigkeiten und Natur, so der **Kreuzspazierweg** zu Kirchen, Kapellen und Wegkreuzen (2 Std.), der **Apfel- und Weinspazierweg** durch die Anbaugebiete nördlich des Ortes und auf den Hochberg mit Infotafeln zu Anbaumethoden, Obstsorten etc. (1½ Std.), oder der **Igelweg** durch Wiesen und Wald (2 Std.). Routenbeschreibungen gibt's bei der Touristinfo oder im Internet unter www.immenstaad-tourismus.de.

Klettergarten

■ **Abenteuerpark,** Am Klötzenen Forst, Tel. 07545-94 94 62, www.abenteuerpark.com, Ende Mai bis Mitte Sept. tgl. 9–19 Uhr, sonst siehe Website, Erw. 21 €, Kinder 15 €, günstige Familienkarten. Auf den Parcours mit verschiedenen Schwierigkeitsgraden haben Besucher aller Altersstufen ihren Spaß.

Skaten

■ Drei **Touren** für Inline-Skater zwischen 3 und 10 km Länge führen von Immenstaad ins Hinterland (Flyer bei der Touristeninformation). Eine 1300 m^2 große Skateranlage mit Quarterpipe und Snake Run befindet sich an der B 31 nahe der Hardstraße.

Hagnau

Knapp 1500 Einwohner zählt die kleine, 5 km nordwestlich von Immenstaad gelegene Nachbargemeinde, die vom See steil am Hang emporklettert und sowohl für ihre **Fischerei** als auch für den **Weinbau** berühmt ist. Mehr als 40 Winzer und fünf Bodensee-Fischer gehen hier ihrer Arbeit nach. Wie bedeutend der Weinbau von alters her war, belegen die sechs noch erhaltenen **Klosterhöfe,** in denen Klöster von Weingarten bis Irsee, die Güter in der Umgebung Hagnaus besaßen, ihren Wein lagerten. Sehenswert ist z.B. der in Fachwerk ausgeführte **Salmannsweilerhof,** der 1568 auf wesentlich älteren Steinquadern erbaut wurde und Kloster Salem (damals Salmannsweil) gehörte (Salmannsweilerweg, hinter der Kirche).

Das **Haus Löwen,** erbaut um 1730, gehörte dem Kloster Weingarten und danach dem Kloster Einsiedeln. Heute ist es ein zauberhaftes Hotel mit einem idyllischem Garten (Hansjakobstr. 2, siehe bei Unterkunft).

In der ehemaligen Hofmeisterei des Klosters Weingarten dokumentiert das **Hagnauer Museum** die Ortsgeschichte

☐ Blick auf das abendliche Hagnau mit der illuminierten Kirche

www.fotolia.de © Jan Schuler

und berichtet über berühmte Mitbürger wie den Volksschriftsteller, Pfarrer und Bürgermeister Dr. *Heinrich Hansjakob*, der 1881 den Winzerverein gründete.

■ **Hagnauer Museum,** Im Hof, Tel. 07532-91 39, www.hagnauer-museum.de, Do 16–18.30, So 15–17.30 Uhr, 3 €.

Einen Besuch lohnt auch die spätgotische, 1729 barockisierte **Pfarrkirche St. Johann Baptist,** vorläufig und bis zur nächsten Seegfrörne (siehe Exkurs „Seegfrörne in Hagnau") ohne Johannesbüste.

Ein Augenschmaus für Puppenliebhaber ist das **Kleine Museum** mit über 50 historischen Puppenstuben.

■ **Kleines Museum,** Neugartenstr. 20, Tel. 07532-99 91, www.puppen-und-spielzeugmuseum.de. Besichtigung April bis September Mi, Sa, So 14–17 Uhr.

Ohne geräuchertes **Felchenfilet** sollte man Hagnau nicht verlassen; mehrere Fischer verkaufen ihren Fang direkt, so etwa Familie *Waldvogel*, Seestr. 5, Tel. 07532-62 49.

Weinberge bei Hagnau

Praktische Tipps

Information

Tourist-Info, Im Hof 1, 88709 Hagnau, Tel. 07532-43 00 43, www.gemeinde-hagnau.de, Mo–Fr 9–12 Uhr.

Unterkunft

Mein Tipp: Gasthaus Der Löwen③, Hansjakobstr. 2, 88709 Hagnau, Tel. 07532-43 39 80, www.loewen-hagnau.de, DZ ab 90 €. Hier kann man romantisch wohnen im Herzen Hagnaus. Der Clou ist ein japanisch inspirierte Garten hinterm Haus, und zum Frühstück kommen die frischen Brötchen aus der hauseigenen Bäckerei.

www.fotolia.de © berndgertling

Essen und Trinken

Seeblick③, Seestr. 11, Hagnau, Tel. 07532-62 82. Man sitzt mit Blick auf den See und genießt sehr gute Bodenseeküche mit Fischgerichten und deftigen badischen Leib- und Magenspeisen.

Einkaufen

Hagnauer Winzerhaus, Strandbadstr. 7, Hagnau, Tel. 07532-10 30, http://hagnauerwein.de, Mo–Fr 8–18 Uhr, Sa 9–16 Uhr, April bis Okt. bis 18 Uhr. Verkostung und Verkauf von Hagnauer Weinen.

Feste und Veranstaltungen

Häfelefest: An Fronleichnam in Hagnau mit den prachtvollen Hagnauer Trachtenhauben, die viele Frauen bei der Fronleichnamsprozession tragen, danach Musik und Essen an der Schiffsanlegestelle.

Seegfrörne in Hagnau

Seegfrörne nennen die Bodenseebewohner das Ereignis, wenn im Winter **der gesamte See tragfähig zufriert.** Statistisch findet das alle 70 Jahre statt; die letzte Seegfrörne ist für 1963 verzeichnet; die erste historisch dokumentierte datiert von 875.

Für die Hagnauer hat die Seegfrörne eine besondere Bedeutung: Seit 1573 überqueren bei dieser Gelegenheit **Prozessionen** den See. Sie führen eine **Holzbüste** des **heiligen Johannes** mit sich, die so mit jeder Seegfrörne zwischen dem Schweizer Kloster Münsterlingen und der Hagnauer Pfarrkirche hin- und herwandert. Seit 1963 wartet die Büste in Münsterlingen auf ihren nächste Eiswanderung nach Hagnau.

2 DER ÜBERLINGER SEE

Der nordwestliche Finger des Bodensees ist mit rund 150 m Tiefe deutlich flacher als der Obersee. Mit seinen an der Halbinsel Bodanrück steil abfallenden **Felswänden** bietet er im Vergleich zum lieblich-hügeligen Nordufer des Obersees eine etwas rauere Art landschaftlicher Schönheit. Kulturelle Highlights sind hier die historischen Städte **Meersburg** und **Überlingen.** Ein sehr schönes Wander- und Radrevier ist die **Halbinsel Bodanrück.** Die Blumeninsel **Mainau** präsentiert sich nahezu das ganze Jahr über in bunter Blütenpracht.

011bo am

NICHT VERPASSEN!

- **Altes Schloss Meersburg:** Wie die alten Rittersleut und die Dichterin Annette von Droste-Hülshof lebten | 68
- **Pfahlbautenmuseum:** Eine Zeitreise in die Bronzezeit am Bodensee | 76
- **Wallfahrtskirche Birnau:** Spätbarocke Ausstattungs-Ekstase | 78
- **Überlingen:** Historie und Alltag in einem der hübschesten Orte am Bodensee | 82
- **Insel Mainau:** Blütenträume zu (fast) jeder Jahreszeit | 102

Diese Tipps erkennt man an der gelben Hinterlegung.

▷ Das malerische Meersburg gehöhrt zu den schönsten Orten am Überlinger See

Meersburg

Das 5400-Einwohner-Städtchen zählt dank seiner malerischen Lage am steilen Hang über dem Bodensee und der wunderbar erhaltenen historischen Altstadt mit Burg, Schloss und viel Fachwerk zu den reizvollsten Orten am Nordufer. Dass hier besonders guter **Wein** gedeiht, belegen die dicht bepflanzten Rebenreihen rund um Meersburg ebenso wie die vielen Weingüter.

Geschichte

Wenig ist über die frühe Geschichte Meersburgs bekannt. Eine erste Erwähnung der Burg stammt vom Ende des 10. Jh.; 1211 fielen Burg und Umgebung an die Bischöfe von Konstanz, die als geistig-weltliche Herren das Schicksal Meersburgs bis ins 19. Jh. bestimmen sollten. Bereits 1299 bekam die Siedlung **Stadtrecht,** Mitte des 15. Jh. gingen die Meersburger nach einem Bürgeraufstand ihrer Rechte auf Selbstverwaltung verlustig: der Fürstbischof übernahm nun auch die Funktionen des Bürgermeisters. 1526 zog der Konstanzer Bischof *Hugo von Hohenlandenberg,* vertrieben von der Reformation, endgültig nach Meersburg. Auf die Verwüstungen des Dreißigjährigen Krieges folgten **Pestepidemien,** die nur ein Sechstel der Bevölkerung überstand.

Im 18. Jh. erlebte Meersburg dann eine barocke **Blütezeit;** zahlreiche Bauvorhaben wurden realisiert, so das Neue Schloss. Die goldene Ära war bereits 1802 wieder vorbei: Die Säkularisation beraubte Meersburg seines Status' als fürstbischöflicher Sitz; es gehörte in der Folgezeit zum Erzherzogtum Baden.

Als **Erholungsort** wurde Meersburg bereits Mitte des 19. Jh. von der Dichterin *Annette von Droste-Hülshoff* geschätzt. Ab Beginn des 20. Jh. entwickelte es sich dann zu einem beliebten Ferienziel, seit 1994 mit eigenem Thermalbad.

Sehenswertes

Orientierung

Meersburg besteht aus **zwei Ortsteilen:** der am See gelegenen **Unterstadt** mit zahlreichen Restaurants und Hotels rund um den Fährhafen sowie der rund 50 m höher gelegenen **Oberstadt** mit den Hauptsehenswürdigkeiten. **Parkmöglichkeiten** gibt es am westlichen Rand der Unterstadt. In der teils verkehrsberuhigten Oberstadt ist es schwierig, einen Abstellplatz zu finden.

Burg/Altes Schloss Meersburg

Der Merowingerkönig *Dagobert I.* soll den Grundstein zu der imposanten Burg am Hang über dem Bodensee bereits im 7. Jh. gelegt haben. Überliefert ist ihre Existenz ab dem Jahre 988. In ihrer heutigen Gestalt ist sie das Ergebnis von zahlreichen Um- und Anbauten, die die wechselnden Besitzer – Konstanzer Fürstbischöfe und Badener Herzöge – vornehmen ließen. Seit 1877 gehört die Burg der Familie *Mayer von Mayerfels,* sie gilt als **älteste noch bewohnte Burg Deutschlands.** Bereits unter Ritter *Carl Mayer von Mayerfels* wurde in der Burg ein **Mittelaltermuseum** eingerichtet. Heute stehen im dort 30 teils mit Originalmobiliar ausgestattete Räume zur Besichtigung. Der Rundgang, den Besucher auf eigene Faust unternehmen können, führt durch die Waffenhalle, den Rittersaal, das Burgverlies, durch Gesinderäume und die Dürnitz, den einzigen beheizbaren Raum der Burg. Außerdem sind die Wohnräume und das Sterbezimmer der Dichterin *Annette von Droste-Hülshoff* (1797–1848) zu besichtigen, die hier ab 1840 bei Schwester und Schwager lebte. Die Besteigung des *Dagobertturms* eröffnet einen schönen Blick auf Stadt und See.

Die Meersburg ist ein spannendes Ziel für die ganze Familie, sie bietet **Burgleben zum Anfassen.** Anschaulicher wird die mittelalterliche Ritterwelt selten präsentiert!

■ **Burg/Altes Schloss Meersburg,** Schlossplatz 10, Tel. 07532-80 000, www.meersburg.com, März bis Okt. tgl. 9–18.30 Uhr, Nov. bis Feb. 10–18 Uhr, Erw. 9,50 €, Kinder 5,50 €, geführte Turmbesteigung im Sommerhalbjahr ca. alle 20 Min., 2,50 €, auch Familienkarten mit 15 % Ermäßigung auf Grundpreis.

☒ Blick auf Meersburg

Zeppelin-Museum

Die Privatsammlung mit zumeist technischen Exponaten von diversen Zeppelinen, so Propellern, Lenkrädern, einer Bombenabwurfzentrale, einem Echolot etc. ist eine der größten in Deutschland.

■ **Zeppelin-Museum,** Schlossplatz 8, Tel. 07532-7909, www.zeppelinmuseum.eu, April bis Nov. tgl. 10–18 Uhr, Erw. 4 €, Kind 2 €.

Neues Schloss

Im 18. Jh. war die Meersburg zu unbequem geworden, und die **Konstanzer Fürstbischöfe** gaben das Neue Schloss direkt gegenüber in Auftrag. Von 1712 bis 1760 dauerten die Bauarbeiten unter Federführung von *Christoph Gessinger; Balthasar Neumann* zeichnete die Pläne für das prunkvolle Barock-Treppenhaus mit seinen immer wieder wechselnden, überraschenden Perspektiven und erbaute die Hofkapelle, in der zwei weitere künstlerische Genies, *Joseph Anton Feuchtmayer* (Stuck, Plastik) und *Gottfried Bernhard Göz* (Fresken), schon mal miteinander übten, bevor sie sich an ihr Meisterwerk machten, die Klosterkirche Birnau (siehe dort). Das barocke Schloss erfüllte seine Funktion als Residenz nur knapp 50 Jahre. Nach der Säkularisierung ging es ans badische Großherzogtum über und wurde „geplündert", die Einrichtung verkauft oder auf andere Schlösser verteilt.

Heute beherbergt es die **Städtische Galerie** mit Werken von Künstlern, die in der ersten Hälfte des 20. Jh. im Raum Meersburg arbeiteten. Im zweiten Stock zeigt das **Fürstbischöfliche Schlossmuseum** die hochherrschaftlichen Apartments in all ihrer Pracht und mit der Einrichtung der Epoche. Von der Schlossterrasse hat man einen herrlichen Blick über Unterstadt und See.

052bo am

Meersburg
0 400 m
©Reise Know-How 2015
Bodensee06
Unteruhldingen, Seefelden, Birnau
Autofähre
Konstanz, Mainau, Friedrichshafen
Dr.-Zimmermann-Str.
Daisendorfer Str.
Dornerweg
Schützenstr.
Von-Laßberg-str.
Uhldinger Str.
Mesmerstraße
Kronenstraße
Baitenhauser Straße
Torenstraße
Riedelsweiler Straße
Am Weiher
Alte Landstraße
Landstraße
Hauptstraße
Stettener Str.
Töbelestr.
Uferpromenade
Höhenweg
Egelseeweg
Stetten
Ausschnitt
31
E54
33
Frei- und Strandbad, Meersburg Therme
Bodensee
Übernachtung
1 Zum letzten Heller
2 Landhaus Ödenstein
10 Aurichs
Essen und Trinken
5 Edi's Besenwirtschaft
7 Restaurant-Weinstube Haltnau
9 AL eins
10 Aurichs
12 Alemannen Torkel
14 Gutsschänke im Staatsweingut Meersburg
Nachtleben
3 Fährhaus
0 100 m
Daisendorfer Straße
ehemaliges Dominikanerkloster mit Bibelgalerie und Stadtmuseum
Kirchplatz
Winzerg.
Winzergasse
Am Stadtgraben
Mesmerstraße
Stettener Straße
Marktplatz
Obertor
Fürstenhäusle
Unteruhldinger Str.
Schnabelgiere-Brunnen
Zeppelin-Museum
Rathaus
Stefan-str.
Steigstraße
Schlossplatz
Weinbaumuseum
Vorburg
Höllgasse
Bismarckplatz
Unterstadttor
Burg/Altes Schloss Meersburg mit Mittelaltermuseum
Neues Schloss, Städtische Galerie, Fürstbischöfliches Schlossmuseum
Galerie Bodenseekreis
Lochner-Straße
Am Sentenhart
Seminar-
Rieschentreppe
Unterstadtstraße
Seepromenade
Gredhaus
Uferpromenade
Bodensee
Einkaufen
8 Weingut Aufricht
11 Kellerei des Winzervereins
13 Florentine
14 Staatsweingut Meersburg
Wassersport
4 Tauchschule Meersburg
6 Bodensee Yachtschule Meersburg

■ **Neues Schloss,** Mai bis Nov., tgl. 9–18.30 Uhr, Winter Sa/So 11–16 Uhr, 5 €, Infos: Tel. 07532-44 04 00, www.neues-schloss-meersburg.de.

Galerie Bodenseekreis

Zeitgenössische Kunst, Fotografie und Grafik am Schlossplatz: Vier Wechselausstellungen präsentieren jedes Jahr das Schaffen vor allem deutscher Künstler.

■ **Galerie Bodenseekreis,** Schlossplatz 13, Tel. 07532-49 41 29, www.bodenseekreis.de, April bis Okt. tgl. 11–17 Uhr, 6 €.

Weinbaumuseum

Im ehemaligen Heilig-Geist-Spital präsentiert das staatliche Weingut Meersburg Exponate aus 400 Jahren Weinbau, darunter das 50.000 l fassende **„Türkenfass“,** das der Deutschordenskommende Mainau als „Zehntgefäß“ diente, in dem die von den Bauern zu erbringende Abgabe gesammelt wurde. Der 1607 in Dienst genommene **Heilig-Geist-Torkel,** eine auch Baumkelter benannte Presse, war bis 1922 in Betrieb! Werkzeuge und andere landwirtschaftliche Geräte dokumentieren die Entwicklung des Weinbaus, der sicherlich bereits von Kelten und Römern betrieben wurde. Ein Raum ist für Weinproben vorgesehen.

■ **Weinbaumuseum,** Vorburggasse 11, Tel. 075 32-44 04 00, April bis Okt. Di, Fr, So 14–18 Uhr, 2 €.

Staatsweingut

In ebenso schöner Panoramalage wie das Neue Schloss steht das staatliche Weingut, ehemals Reithof der Fürstbischöfe, am Hang über dem See. Das Gut entstand aus den 1802/03 verstaatlichten Weingütern des Großherzogtums Baden, das wiederum 100 Jahre zuvor die Domänen der Konstanzer Fürstbischöfe übernommen hatte. Der Weinverkauf bietet einen guten Überblick über qualitativ hochwertige Bodensee-Weine wie Müller-Thurgau oder Weißburgunder.

Beliebter Anlaufpunkt ist die **Gutsschänke** mit ihrer herrlichen Sommerterrasse über den Weinreben (siehe „Essen und Trinken“).

■ **Staatsweingut,** Seminarstr. 6, Tel. 07532-44 67 44, www.staatsweingut-meersburg.de, Mo–Fr 9–18 Uhr, Sa 9–16 Uhr, Weinproben April bis Okt. Fr 19 Uhr, 13 €.

Stadtzentrum

Ausgehend vom im 16. Jh. erbauten **Rathaus** lohnt ein Bummel durch die von Fachwerkhäusern gesäumten Gassen des Stadtkerns, zum 1300 an der Handelsstraße nach Ravensburg erbauten **Obertor** und zum ehemaligen **Dominikanerkloster,** in dessen Räumen nun zwei Museen untergebracht sind. Die **Bibelgalerie** entführt in die 300-jährige Geschichte der Heiligen Schrift, vom Nomadenzelt Abrahams über das Lehmhaus der heiligen Familie bis zu Fragen der Bibel-Überlieferung und des -Drucks. Anschaulich gestaltet, spricht es auch Kinder an.

Bibelgalerie, Kirchstr. 4, Tel. 07532-53 00, www.bibelgalerie.de, März bis Nov. Di–Sa 11–13 und 14–17 Uhr, So 14–17 Uhr, Erw. 5 €, Kind 3 €.

Das **Stadtmuseum** beleuchtet Meersburgs Geschichte im 19. und 20. Jh. und ist vor allem wegen der wunderbar restaurierten **Klosterräume,** in denen es untergebracht ist, sehenswert. Das seit

012bo sk

dem 13. Jh. bezeugte Kloster erlebte seine Blüte im 16. Jh., als es ein ganzes Stadtviertel einnahm und von hohen Mauern geschützt war.

Stadtmuseum, Kirchstr. 4, Tel. 07532-44 02 60, April bis Okt. Mi, Do, Sa 14–18 Uhr, 2 €.

Unterhalb des Kirchplatzes mit dem im 19. Jh. neu erbauten Gotteshaus Mariä Heimsuchung (der Turm entstammt noch der mittelalterlichen Stadtmauer) nimmt der **Schnabelgiere-Brunnen** von 1964 Bezug auf einen alten Fasnetbrauch rund um die Figur des Schnabelgiere (siehe Exkurs Meersburger Fasnet), die seit dem 13. Jh. in der Fastenzeit auftritt.

Fürstenhäusle

Im 16. Jh. ließ Fürstbischof *Jacob Fugger von Kirchberg und Weißenhorn* ein putziges Gartenhaus in die Weinberge oberhalb Meersburgs setzen. Dieses Haus gefiel **Annette von Droste-Hülshoff** so gut, dass sie es 1843 erwarb und als Altersruhesitz vorsah. Das mit Biedermeiermöbeln eingerichtete Kleinod besitzt eine herrliche Aussicht über Meersburg zum See und erinnert mit Büchern, Büsten und Bildern an die Dichterin.

Fürstenhäusle, Stettener Str. 11, Tel. 07532-60 88, www. fuerstenhaeusle.de, Ostern bis Ende Okt. Di–Sa 10–12.30 und 14–18 Uhr, So 14–18 Uhr, 5 €.

< Die Burg ist ein tolles Ausflugsziel für die ganze Familie

Durch die Unterstadt

Gleich am Eingang der Unterstadt begrüßt das um 1250 erbaute **Unterstadttor** die Besucher. Die Fläche für den Bau der Unterstadt wurde dem See teils durch Aufschüttungen abgerungen. Hauptachse ist die Unterstadtstraße, gesäumt von historischen Häusern, die heute fast alle als Hotels, Restaurants oder Cafés Gäste bewirten.

Auch die **Kellerei des Winzervereins,** ein Zusammenschluss von 35 lokalen Winzerfamilien, ist hier angesiedelt und betreibt im Haus nebenan einen Kellereiverkauf (siehe „Einkaufen"). Dahinter beginnen die **Burgweganlagen,** eine Treppe, die zwischen Burg und Neuem Schloss in der Oberstadt endet.

Anfang des 16. Jh. wurde am Hafen das **Gredhaus** errichtet, in dem Korn und andere Waren gelagert wurden. Mit dem Bau des Speichers verlagerte sich auch der Schiffsverkehr vom ursprünglichen Hafen an der alten Lände (heute Seepromenade zwischen Hotel Wilder Mann und Hotel Schiff) zum heutigen Hafen für die Personenschifffahrt. Für Autofähren erhielt Meersburg dann 1929 einen dritten Hafen weiter westlich. Seit 2007 schmückt *Peter Lenks* **„Magische Säule"** die Hafenmole vor dem Gredhaus (siehe Exkurs „Kunst, Satire, Provokation – der Bildhauer Peter Lenk"). Satirisch sind berühmte Meersburger Persönlichkeiten dargestellt, so die *Droste* (als Möwe).

Meersburger Fasnet

Zentrale Maske der Fastnachtsbräuche in Meersburg ist eine **Schnabelgiere** genannte Gestalt, die mit weißem Kostüm und großem roten Schnabel entfernt an einen **Storch** erinnert und am Fastnachts-Sonntag aus seinem Korb Geschenke an die Kinder verteilt. In dieser Form tritt der Schnabelgiere erst seit dem 18. Jh. auf. Davor war er ebenfalls wie ein Vogel, aber schwarz gewandet und sollte einen **Raben** darstellen, ein **Sinnbild für Krieg, Elend und Pest.** Die Legenden erzählen, dass ein Fürstbischof die Wandlung von der Furcht einflößenden zur „guten" Maske verordnete.

Begleitet wird der Schnabelgiere von schwarz gekleideten und mit Maske und Schleier vermummten **Dominos,** die allzu freche Kinder mit *Suublodere,* Saublasen, verscheuchen, was recht schmerzhaft sein kann. Weitere Masken wie Glonke, Hänsele und Burghexen kamen erst im Zuge der Fastnet-Renaissance ab den 1950er Jahren dazu.

Praktische Tipps

Information

■ **Tourist-Information,** Kirchstr. 4, 88709 Meersburg, Tel. 07532-44 04 00, www.meersburg.de, Mo–Fr 9–12 und 14–16.30 Uhr. **Außenstelle,** Kronenstr. 19, im Wein- u. Kulturzentrum, Tel. 07532-44 04 012, Mai bis Sept.

Stadtführungen

■ **Allgemeine Führung:** April bis Okt. Mi 10,30 Uhr, weitere Termine s. www.meersburg.de, Dauer etwa 1½ Std., 5 €.

■ **Kinderstadtführung:** Juli und zu Ferienterminen in Baden-Württemberg, Mi 10.30 Uhr, kostenlos.

■ **Auf den Spuren der Droste:** Mai bis Okt. So 12 Uhr, Dauer ca. 2 Std., 8 €.

Verkehrsmittel

■ **Bus:** Seelinie 7395 von Friedrichshafen nach Überlingen, Haltestelle u.a. Fähranleger, Fahrtzeiten und weitere Linien unter www.bodo.de.

■ **Fähre:** Autofähre Meersburg – Konstanz, teils im 15-Minuten-Takt, Fahrpläne im Web unter http://stadtwerke.konstanz.de (Menüpunkt Mobilität).

■ **Rund- und Ausflugsfahrten** der Bodensee-Schifffahrtsbetriebe, Termine unter www.bsb-online.com.

Unterkunft

■ **Aurichs**②, Steigstr. 28, 88709 Meersburg, Tel. 075 32-44 59 855, www.aurichs.com. Das gediegene Haus in der Unterstadt hat rustikal eingerichtete Zimmer und ein ambitioniertes Restaurant (siehe „Essen und Trinken").

■ **Landhaus Ödenstein**②, Droste-Hülshoff-Weg 25, 88709 Meersburg, Tel. 07532-61 42, www.oedenstein.de. Ein kleines Idyll über dem See, Zimmer in einer historischen Villa, Terrasse mit schönem Fernblick und freundlicher Service.

■ **Zum letzten Heller**②, Daisendorfer Str. 41, 88709 Meersburg, Tel. 07532-61 49, www.zum-letzten-heller.de. Das Gasthaus am Stadtrand hat gemütlich-rustikale Zimmer.

Essen und Trinken

■ **Aurichs**③, siehe „Unterkunft". Das Felchenfilet wird hier mit Parmaschinken umwickelt und so zu einem mediterranen Bodenseegenuss. Anspruchsvolle Küche und hübsches Ambiente, natürlich mit Blick auf den See.

■ **Alemannen Torkel**③, Steigstr. 18, Tel. 07532-10 67. Hier tafelt man stilvoll in über 300 Jahre alten Kellergewölben. Die Küche ist gutbürgerlich, die Auswahl badischer Weine phänomenal.

■ **Gutsschänke**③, Seminarstr. 6, Tel. 07532-80 76 30. Aussicht und Essensqualität schlagen sich in den Preisen nieder, aber wer könnte dem delikaten Felchen-Matjes oder den Badischen Tapas schon widerstehen?

■ **Restaurant-Weinstube Haltnau**②, Uferpromenade 107, Tel. 07532-97 32, www.haltnau.de. Das beliebte Ausflugslokal, zwischen Meersburg und Hagnau am See gelegen, steht dank eigener Schlachterei für beste Fleischgerichte, und auch die Gaben des Sees kommen nicht zu kurz.

MEIN TIPP: **AL eins**②, Am Fährhafen, Unteruhldinger Straße 1, 88709 Meersburg, Tel. 07532-807 88 06, http://al-eins.de, Suppe um 5 €. Bauhaus-Architektur und Sterne-Patisserie ergeben zusammen ein Café, das wie ein Schiffsbug auf den See ragt und in dem feine, leichte Küche kredenzt wird. Seit Anfang 2015 wegen Pächterwechsels geschlossen, soll es im Frühjahr 15 wiedereröffnet werden.

■ **Edi's Besenwirtschaft**②, Baitenhauser Str. 3–3b, Tel. 07532-98 56, www.weingut-geiger.de. Das urige Lokal ist in der Region überaus beliebt, denn *Wolfgang „Edi" Geiger* ist nicht nur Besenwirt, sondern auch als preisgekrönter Winzer und ehemaliger Motorrad-Rennfahrer berühmt.

Nachtleben und Kultur

■ **Fährhaus,** Unteruhldinger Str. 3, Tel. 07532-80 84 55, www.faehrhaus-disco.de, Fr, Sa 21–4 Uhr. Auf zwei Floors Unterhaltung mit den laufenden Chart-Tops oder Oldies und Schlagern.

Einkaufen

■ **Florentine,** Höllgasse 6, Tel. 07532-80 75 064. Verführerische Chocolaterie in der Altstadt; die Pralinen und Schokoladen sind hausgemacht und schmecken köstlich!

■ **Weingüter:** Weinverkostung und -verkauf u.a. auf dem Staatsgut (siehe „Sehenswertes"). Hoch gelobt sind auch das Weingut *Aufricht,* Höhenweg 8, Stetten, Tel. 07532-24 27, www.aufricht.de, und das Weingut Geige.

■ **Kellerei des Winzervereins,** Unterstadtstr. 11, Tel. 07532-80 71 64, Sommerhalbjahr tgl. geöffnet ab 10 Uhr.

■ **Markt:** Wochenmarkt Fr auf dem Marktplatz.

Feste und Veranstaltungen

■ **Alte Musik auf der Meersburg:** Musik aus Mittelalter bis Renaissance auf Originalinstrumenten, gespielt von der Gruppe Carlina-Leut an jeweils an den Samstagen im August und September, Informationen unter Tel. 07532-80 000, Eintritt ab 13 €.

■ **Internationale Schlosskonzerte** im Spiegelsaal des Neuen Schlosses oder auf der Terrasse, Sommerhalbjahr, Programm: www.meersburg.de.

■ **Droste-Literaturtage:** Dichterinnen treffen sich im Mai zu Lesungen, Konzerten und Ausstellungen mit abschließender Vergabe eines Literaturpreises, www.meersburg.de.

- **Meersburger Weinfest:** zweites Wochenende im September, mit Weinverkostung, Besichtigung der Kellereien, Meersburger Spezialitäten und Live-Musik.

Strände und Bäder

- **Frei- und Strandbad,** Uferpromenade 10, Tel. 07532-44 02 850, Mitte Mai bis Mitte Sept. tgl. 9–20 Uhr, Erw. 4 €, Kind 3,50 €. Kiesstrand, mehrere Pools, Beachvolleyball.
- **Meersburg Therme,** Uferpromenade 10–12, Tel. 07532-44 02 850, www.meersburg-therme.de, Do 10–22 Uhr, Fr, Sa 10–23 Uhr, So 9–22 Uhr, Eintritt Erw. 9 €, Kind 6,50 €. Thermalbad mit 34 °C Wassertemperatur und Sprudelbecken; Erlebnisbad mit Wildwasserkanal, Rutschen und Kaskaden. Außerdem große Saunawelt mit Sauna, Sanarium und Hamam.

Segeln

- **Bodensee Yachtschule Meersburg,** Torenstr. 8, Tel. 07532-55 11, www.yachtcharter-bodensee.de. Segelkurse, Segelbootverleih.
- **Bootsverleih Frey,** Tel. 07532-77 41.

Tauchen

- **Tauchschule Meersburg,** Von Laßbergstr. 1, Tel. 07532-92 77, www.tauchschule-meersburg.de. Geführte Tauchgänge und Kurse.

Wandern

- Bei der Touristeninformation ist eine **Broschüre** mit empfehlenswerten Wander- und Radtouren durch die Umgebung erhältlich. Tipps finden sich auch auf der Website www.meersburg.de.

MEIN TIPP: Besonders schön im Herbst: der 6 km lange **Weinkunde-Panoramaweg** von Meersburg nach Hagnau durch Rebenpflanzungen und mit Besuch beim Gasthaus Haltnau.

Unteruhldingen

Pfahlbautenmuseum

Rund 4,5 km am See entlang nach Nordwesten liegt das **Pfahlbautenmuseum,** ein archäologisches **Freilichtmuseum,** in dem Wissenschaftler eine Rekonstruktion der bronzezeitlichen Pfahlbauten unternommen haben, die vor ca. 5000–6000 Jahren das Ufer des Bodensees säumten. Die Frage, ob diese Bauten am oder im Wasser errichtet wurden, löste heftige wissenschaftliche Kontroversen aus. Heute gilt es als gesichert, dass Menschen der Jungsteinzeit und der Bronzezeit bis etwa 800 v. Chr. ihre Dörfer am See mittels Pfählen gegen die Wasserstandsschwankungen des Sees sicherten. Diese können heute noch bis zu 3 m betragen und waren früher möglicherweise noch höher. An der Anlage wird seit 1922 mehr oder weniger kontinuierlich gebaut, sodass auch jüngste Forschungsergebnisse in die Architektur und Ausstattung der Häuser einfließen. 1922 wurden die ersten Pfahlbauten – diese waren Rekonstruktionen der Steinzeitsiedlung Riedschachen – noch auf Pfählen in den See gestellt, was den historischen Tatsachen nicht entsprach, da es sich um eine Ufersiedlung handelte. Im Jahr 2007 kamen die Häuser hinzu, in denen die Fernseh-Dokumentation „Steinzeit – Das Experiment“ gedreht wurde.

Das Museum teilt sich in eine historische, 1929 gegründete Abteilung mit Funden aus Unteruhldingen und Sipplingen sowie den modernen Museumsbau mit Sonderausstellungen, Museums-Shop und archäologischem Aquarium, in dem Taucher die Unterwasser-Archäologie vorführen. Zusammen mit anderen europäischen Pfahlbauten zählt Unteruhldingen zum **UNESCO-Weltkulturerbe.**

Pfahlbautenmuseum Unteruhldingen, Strandpromenade 6, Tel. 07556-92 89 00, www.pfahlbauten.de, April bis Sept. tgl. 9–18.30 Uhr, Okt. tgl. 9–17 Uhr, Nov. bis März Mo– Fr nur im Rahmen einer Führung um 14.30 Uhr, Nov. und März auch Sa, So 9–17 Uhr, Erw. 9 €, Kind 5,50 €.

Reptilienhaus

Exotische Schlangen, Echsen und Schildkröten bilden im **Reptilienhaus** das Kontrastprogramm zur Bronzezeit.

Reptilienhaus, Ehbachstr. 4, Uhldingen-Mühlhofen, Tel. 07556-92 97 00, www.reptilienhaus.de, April bis Nov. tgl. 9.30–18 Uhr, Winter Sa, So 11–17 Uhr, Erw. 6 €, Kind 3 €.

Traktormuseum

Über 150 Traktoren, dazu Arbeitsgerät und Einrichtung historischer Werkstätten hat ein Enthusiast in Gebhardsweiler auf einem Bauernhof gesammelt und für Besucher ausgestellt.

Traktormuseum Bodensee, Gebhardsweiler 1, 88690 Uhldingen-Mühlhofen, Tel. 07556-92 83 60, www.traktormuseum.de, April–Okt., tgl. 9.30–17.30 Uhr, Winter Di–So 10–17 Uhr, Jan. geschl., Erw. 9,50 €, Kind 5 €.

Im Pfahlbautenmuseum Unteruhldingen

013bo am

Seefelden

Eine Stichstraße führt von Oberuhldingen zu diesem Dorfidyll am See rund um die **Pfarrkirche St. Martin** mit romanischem Turm und gotischer Apsis. Wenn man sich in den Ort verliebt hat, bietet das Landhotel Fischerhaus eine gemütliche Bleibe. Bestens versorgt wird man im urigen Hofladen.

Praktische Tipps

Unterkunft

- **Landhotel Fischerhaus**③, Seefelden, 88690 Uhldingen-Mühlhofen, Tel. 07556-85 63, www.fischerhaus-seefelden.de. Am See gelegen, mit eigenem Strand, beheizbarem Pool und Zimmern im Landhausstil.
- **Bauernhof Möking**②, 88690 Uhldingen-Mühlhofen, Tel. 07556-60 10, www.bodenseebauernhof.de. Die geschmackvoll eingerichteten Ferienwohnungen im Holzhaus sind ideal für Familien, denn auf dem Hof tummeln sich viele Tiere, und der Bodensee ist nur einen kurzen Fußweg entfernt.

Einkaufen/Essen und Trinken

Hofladen Seefelden, Uhldingen-Mühlhofen, Tel. 07556-6010. Hier gibt's Schwarzwurst, Obstbrände, eine Bäckerei und von April bis Juni köstlichen Spargel. Der Hofladen fungiert von Mai bis Oktober auch als urgemütliche Besenwirtschaft mit origineller Mostzapfanlage.

▷ Das reich ausgestattete Innere der Wallfahrtskirche Birnau

Wallfahrtskirche Birnau

3,5 km weiter am See nach Nordwesten, präsentiert das Gotteshaus seine roséfarbene Schauseite stolz dem Bodensee. Um diesen Effekt zu erzielen, verzichtete der Bauherr, Kloster Salem, sogar auf die sonst übliche Ost-West-Ausrichtung der Kirche. Hinweise auf eine Wallfahrt an dieser Stelle reichen zurück bis zum 9. Jh. Seit dem 13. Jh. ist eine Marienkapelle verbürgt, die hier, auf Grund und Boden der Abtei Salem, zahlreiche Pilger anzog. Im 18. Jh. beschloss Salem den Neubau der Wallfahrtskirche in einiger Entfernung von der alten, woraufhin das Volk den Äbten den Diebstahl der wundertätigen Marienfigur unterstellte. Prompt starb der verantwortliche Abt – eine Strafe des Himmels! Das Projekt konnte dies nicht stoppen, und so wurde 1747 bis 1750 das **spätbarocke Schmuckstück** nach Plänen von *Peter Thumb* aus Vorarlberg errichtet, mit Fresken von *Gottfried Bernhard Göz* und Stuck- und Skulpturenschmuck von *Joseph Anton Feuchtmayer* im Stil des Rokoko. Das um 1420 entstandene Gnadenbild aus der alten Wallfahrtskirche wurde in den Hauptaltar integriert.

Die beiden **Künstler** haben übrigens in der Kirche jeder auf seine Art **persönliche Akzente** gesetzt: *Feuchtmayer* formte den berühmten „Honigschlecker", einen Putto mit Bienenkorb und einem mit Honig beschmierten Finger, den er in den Mund steckt. *Göz* malte sich als Pilger mit verbundenem Bein ins Deckenfresko des Langhauses. Er hatte sich tatsächlich bei einem Arbeitsunfall das Bein gebrochen.

Der Eindruck, den die Ausstattung hervorruft, ist der eines **ekstatischen Stuck- und Farbenrausches.** Ist die Vorhalle, die zum Klostergebäude gehört, durchschritten, eröffnet sich der Blick auf ein hell-duftiges Ensemble, in dem nur die Holzbänke und das in Blautönen leuchtende Deckenfresko für dunkle Kontraste sorgen. Am besten, man nimmt Platz und lässt die illusionistischen Freskenbilder und den Reichtum der Ausstattung in Ruhe auf sich wirken.

Wallfahrtskirche Birnau, Sommer 7.30–19 Uhr, Winter bis 17.30 Uhr, Mai bis Mitte Sept. Führung Do 15 Uhr.

014bo sk

Nur wenige Schritte entfernt ruhen rund 100 KZ-Häftlinge des **Dachau-Außenlagers Aufkirch,** die beim Bau der Stollen im Westen von Überlingen (siehe Ortskapitel) zu Tode gekommen waren, auf dem KZ-Friedhof Birnau.

Schloss Salem

Ein legendärer Name, sowohl was den kulturellen und wirtschaftlichen Einfluss des ehemaligen **Konvents** betrifft als auch die Exklusivität der darin untergebrachten **Internatsschule.** Der erste Eindruck der wie ein Riegel um das Münster gruppierten Schlossgebäude und der gepflegten Gärten ist denn auch sehr imposant.

1134 gründeten **Zisterziensermönche** in der Hügellandschaft des Linzgaus 12 km östlich von Überlingen ein Kloster. Ende des 13. Jh. wurde mit dem Bau des gotischen Münsters begonnen, und 1355 bekam Salem seine Anerkennung als freies Reichsstift. Ausgerechnet zu Beginn des Dreißigjährigen Krieges beschloss das Kloster einen Neubau: Der alte Konvent wurde abgerissen, der neue fiel bereits Ende des 17. Jh. den Flammen zu Opfer. In seiner heutigen, **barock-klassizistischen Architektur** wurde das Kloster schließlich um die Wende zum 18. Jh. errichtet und erlebte in dessen zweiter Hälfte eine neue Blüte. Die Säkularisierung 1802 vertrieb die Mönche; neuer Eigentümer wurde das **Haus Baden.** 1920 gründeten Prinz *Max von Baden* und *Kurt Hahn* in einem Teil des Komplexes die Internatsschule Salem. 2009 verkaufte die Familie einen Großteil der Anlage an das Land Baden-Württemberg.

Das **Münster** ist wie die Schloss- bzw. Klostergebäude nur im Rahmen einer Führung zu besichtigen. Inmitten der prunkvollen Barockflügel des Schlosses nimmt sich das gotische Gotteshaus von außen **schlicht** aus, wie dies ja auch den Regeln der Zisterzienser entsprach. Nur

017bo sk

Maßwerkfenster und die achtblättrige Rosette am Querhaus unterbrechen die Strenge der Architektur. Im **Inneren** erwartet Besucher das völlige Gegenteil: ein lichter, von Barock bis Klassizismus geprägter Kirchenraum, der gestaltet wurde, als man nach dem Brand das Kloster neu errichtete. Hier zeichnete *Franz Joseph Feuchtmayer,* Vater von *Joseph Anton,* dem man überall am Nordufer des Bodensees begegnet, für Stuck und Skulpturenschmuck verantwortlich. Der Sohn folgte dem Vater nach, doch ist im Salemer Münster von ihren Arbeiten kaum etwas erhalten: Abt *Anselm II.* (1748–1778) beschloss nach einer Paris-Reise 1765/66, die Kirche klassizistisch umzugestalten, und ließ den Weilheimer *Johann Georg Dirr* und *Johann Georg Wieland* aus Radolfzell, beide bei *Feuchtmayer* ausgebildet, ihr Werk tun: Klassizistische Eleganz aus Alabaster ersetzte barocken Schwung aus Gips. Ältestes erhaltenes Ausstattungsstück ist das 16 m hohe Sakramentshaus von 1495.

Wer sich der **„Kleinen Führung"** anschließt, besichtigt von der Kirche aus auch den Bernhardusgang genannten Trakt des Kreuzgangs und das barocke Sommerrefektorium. Im Rahmen der Großen Führung sehen die Besucher unter anderem **„Wunder des Stucks"**, die in Barock und Rokoko prunkenden Wohn- und Empfangsräume der Äbte – von zisterziensischer Zurückhaltung keine Spur.

◁ Blick auf Teile des Schlosses und das Münster von Salem

Nach so viel Kunst entspannt ein Spaziergang durch die **Gartenanlage,** wer mag, kann ein **Feuerwehrmuseum,** den **Sennhof** (Brennerei) oder den historischen **Torkel** (mit Weinverkostung) besichtigen.

■ **Schloss Salem,** Tel. 07553-91 653 36, www.salem.de, April bis Okt. Mo–Sa 9.30–18 Uhr, So 10.30–18 Uhr, Winter Museen Sa, So 11–16 Uhr, Führung So 15 Uhr, Schlossanlage und Museen Erw. 9 €, Kind 4,50 €, Kleine Führung 11 €, Große Führung 13 €, jeweils inklusive Eintritt.

Feste und Veranstaltungen

■ **Baden-Württemberg-Musiksommer:** Schloss Salem, Juni–Okt., Konzerte im Münster, www.pr2.de.
■ **Mozart-Sommer:** Schloss Salem, erste Augustwoche. Musik im historischen Ambiente des Schlosses, www.sw-mozartgesellschaft.de.

Affenberg Salem

In dem 20 ha großen Waldgelände tummeln sich 200 **Berberaffen** *(Macaca sylvanus).* Die in Marokko und Algerien beheimateten Tiere scheinen sich am Bodensee wohlzufühlen und vermehren sich prächtig, sodass immer wieder Gruppen in ihren Ursprungsländern ausgewildert werden können. Die meisten Tiere sind **zutraulich** und lassen sich füttern, ebenso der Damhirsch mit seinem Harem in der Damwild-Anlage. Im Sommerhalbjahr beziehen **Storchenpaare** die bis zu zwölf Nester auf den Wirtschaftsgebäuden und ziehen ihre Jungen groß. Am Storchenweiher leben

Graugänse, Schwäne und Blesshühner – kurzum, der Affenberg Salem bietet vor allem Kindern einen Riesenspaß.

■ **Affenberg Salem,** Tel. 07553-381, www.affenberg-salem.de, Mitte März bis Ende Okt. tgl. 9–18 Uhr, Erw. 8,50 €, Kind 5,50 €.

Überlingen

Überlingen (22.000 Ew.) präsentiert eine **Altstadt wie aus dem Bilderbuch:** Fachwerk und Giebel scharen sich um das mächtige Münster St. Nikolaus, in den schmalen Gassen herrscht geschäftige Einkaufsstimmung, an der Seepromenade elegantes Flair, und im Stadtgarten konkurrieren gepflegte Rabatten mit dem Wildwuchs an den Molassewänden entlang der ehemaligen Stadtgräben. Literaturfans verbinden Überlingen mit **Martin Walser,** dem prominenten Autor und Überlinger Bürger, dessen Novelle „Ein fliehendes Pferd" am Bodensee spielt, hier z.T. verfilmt wurde und im Kino in der Greth seine Premiere erlebte.

Geschichte

770 erstmals urkundlich erwähnt und 1211 mit dem Stadtrecht beliehen, war Überlingen vor allem unter der Herrschaft der Staufer ein wichtiger **Marktort.** Ende des 14. Jh. erhielt es den Status einer freien Reichsstadt. Bereits Ende des 12. Jh. wurde der heutige Stadtkern mit Münster, Rathaus und Stadtmauer errichtet. Den Wohlstand Überlingens begründete der **Weinbau,** Grundlage eines regen Handels mit den Nachbarregionen, aus denen die Stadt unter anderem Getreide bekam, das dann über den See weiterverkauft und -verschifft wurde. Noch zu Beginn des 19. Jh. war Überlingen größter **Kornmarkt** Süddeutschlands; auch die mächtige, klassizistisch überformte **Greth,** das Kornhaus, spricht für die Bedeutung als Handelsplatz.

Überlingens in die weichen Molassefelsen gegrabenes **Verteidigungssystem**

Operation Magnesit

Im Oktober 1944 erkor das Reichsministerium für Rüstung und Kriegsproduktion Überlingen zum **Ersatz-Standort** für die schwer bombardierten **Rüstungsbetriebe in Friedrichshafen.** Sie sollten in eigens gegrabene Schächte der Molassefelsen einziehen und unterirdisch weiter produzieren. Das Bauvorhaben trug den Decknamen „Magnesit".

800 Häftlinge des Dachauer Außenlagers **Aufkirch** sprengten und gruben in sieben Monaten 4 km Stollen; zwischen 170 und 190 Menschen kamen dabei aus Entkräftung oder durch Krankheiten ums Leben.

Bezogen wurden die Stollen nie, denn im April 1945 befreiten die Franzosen das Außenlager kurz vor der Fertigstellung der Schächte.

■ **Stollen Überlingen,** Eingang Obere Bahnhofsstr. 8, Tel. 07551-99 11 22, www.stollen-ueberlingen.de, öffentliche Führung jeden ersten Freitag im Monat 17 Uhr.

war so effektiv, dass die **Schweden** die Stadt im Dreißigjährigen Krieg lange belagern mussten, bevor sie sie 1643 schließlich einnehmen konnten. Auf Verwüstungen und Epidemien folgte wirtschaftlicher Niedergang und, 1803 von *Napoleon* dekretiert, der Verlust der Reichsunmittelbarkeit. Überlingen, nun Teil des Großherzogtums Baden, entdeckte dank eigener Mineralquellen neue Qualitäten als **Kurort** und Sommerfrische. In der NS-Zeit sollte es als Ersatzstandort für die Friedrichshafener Rüstungsbetriebe dienen (siehe Exkurs „Operation Magnesit"). 2002 ereignete sich im Überlinger Luftraum ein tragischer **Zusammenstoß** zwischen einem **Frachtflugzeug** und einer **Passagiermaschine,** bei dem 71 Menschen starben. Ein Denkmal im Überlinger Ortsteil Brachenreuthe erinnert an das Unglück.

Sehenswertes

Orientierung

Ein Großteil der Altstadt ist Fußgängerzone. Drei **Parkhäuser** (Parkhaus Post, Mühlenstr. 4, Stadtmitte, Wiestorstr. 25, West, Christophstr. 3, Parken die erste Stunde gratis) bieten ausreichend Stellplätze. **Bahnhof** und **Busbahnhof** befinden nahe dem Ortszentrum. Ausgangspunkt für den Rundgang ist der Landungsplatz an der Seepromenade.

Greth

Bauteile des **ehemaligen Kornhauses,** das heute Überlingens Uferpromenade mit seiner klassizistischen Architektur schmückt, lassen sich auf das 14. Jh. datieren. Zwischen Hafen und Marktplatz gelegen, diente es als Lager- und Handelshaus für Getreide und andere Güter; drei mächtige Tore öffneten sich zum See und konnten mit Booten passiert werden. 1788 wurde es im heutigen Stil klassizistisch umgebaut, 1936 unter Denkmalschutz gestellt und 1998 in ein **Ladenzentrum** mit Restaurants und Kinos umgewandelt.

Den Platz davor schmückt ein **Brunnen** des Bildhauers *Peter Lenk* mit dem umstrittenen **„Bodenseereiter",** der den Schriftsteller *Martin Walser* als müden Reiter auf einer alten Mähre abbildet (siehe auch Exkurs „Kunst, Satire, Provokation – der Bildhauer Peter Lenk").

Städtische Galerie Fauler Pelz

Einen ehemaligen Ballsaal und das daran angrenzende Patrizierhaus aus dem Mittelalter belebt die Städtische Galerie mit Wechselausstellungen prominenter Künstler wie *William Turner* oder *Edgar Degas.*

■ **Städtische Galerie Fauler Pelz,** Seepromenade 2, Tel. 07551-99 10 71, www.staedtischegalerie.de, Öffnungszeiten und Eintritt wechselnd.

Rathaus

Im 14. und 15. Jh. entstand das Überlinger Rathaus oberhalb der Hofstatt, dem ehemaligen Fischmarkt mit der **„Pfennigturm"** genannten Münze. Eine Kostbarkeit wird im Inneren gehütet: *Jakob Russ* schnitzte für den Rathaussaal von 1490 bis 1494 einen **Arkadenfries** aus

Holz mit 41 Statuen, die teils Vertreter der Stände des Heiligen Römischen Reiches Deutscher Nation darstellen.

Rathaus, Besichtigung nur im Rahmen einer Führung, Mai bis Sept. Mo–Fr 11 Uhr, Mo–Do auch 14 Uhr, Okt. bis April, Mi, Do 11 Uhr, Eintritt frei.

016bo sk

Münster St. Nikolaus

Etwas erhöht über der Münsterstraße beherrscht das hochgotische Münster die Überlinger Altstadt. Ein erster Kirchenbau ist bereits für das 10. Jh. belegt; im 12. Jh. wurde dieser durch eine dreischiffige **Säulenbasilika** ersetzt, die nach der Erhebung Überlingens zur Reichsstadt erweitert wurde. Im 15. Jh. folgten komplizierte Um- und Neubauten, die mehrere Baumeister verschlissen und erst 100 Jahre später ihren Abschluss fanden. Etwa zur gleichen Zeit wurde der angrenzende Friedhof verlegt und damit der große Platz geschaffen, der das Münster umgibt.

Im **Inneren** ist das fünfschiffige Gotteshaus von einem auf schlanken, zweifarbig gemauerten Pfeilern ruhenden Rautensterngewölbe überspannt. Dank der besonderen Lichtführung wirkt es wie von unten und oben durch Strahler erleuchtet. Alles strebt auf ein wahres Meisterwerk zu, den 1616 geweihten **Hochaltar,** den die Bildhauer um *Jörg Zürn* aus Überlingen in nur drei Jahren mit 23 lebensgroßen und 50 kleineren Figuren aus Lindenholz in ein bewegtes Kunstwerk verwandelten. Auch das Sakramentshaus aus Kalkschiefer neben dem Hochaltar stammt von *Jörg Zürn* und verbindet wie der Altar gotischen Aufbau mit dem Dekor der Renaissance. Dies setzt sich auch an den Seitenaltären fort, alle aus der Zürnschen Werkstatt, was das Münster zu einem einzigartigen Beispiel für den Übergang der Gotik zur Renaissance macht. In der Adventszeit werden zwei kostbare Barockkrippen im Münster aufgestellt.

■ **Münster St. Nikolaus,** tgl. 8–18 Uhr.

Stadtarchiv

Die Südostseite des Münsterplatzes nimmt das um 1600 errichtete Stadtarchiv ein, dessen Giebel ein Überlinger **Stadtwappen** in Stein schmückt.

Städtisches Museum

Sehenswert ist alleine schon das mittelalterliche, 1462 von einem Arzt erbaute **Reichlin-von-Meldegg-Haus,** dessen Fassade mit Rustikalquadern nach Florentiner Vorbild verblendet wurde. Im Inneren überstrahlt der barocke Festsaal mit seiner Pracht beinahe die Wirkung der Exponate zur Geschichte Überlingens und der Region. Ein Augenschmaus ist die Sammlung von **Puppenstuben** von der Renaissance bis zum Jugendstil, ein weiteres Vergnügen bietet der **Panoramagarten,** von dem aus der Blick über die Altstadt schweift.

Ein hübscher Spazierweg führt nördlich des Museums von der Gradebergstraße an der Stadtmauer entlang bis zum **Rosenobelturm.** Er markiert den

◁ Das Münster St. Nikolaus

Mein Tipp: Orgel- und Chorkonzerte

Ein besonderer Genuss sind die sporadisch stattfindenden Münsterkonzerte auf der 1761 von *Johann Philipp Seufert* geschaffenen **Marien-Orgel,** die sich seit 1975 im Münster befindet. Programminfos auch zu den ebenfalls hörenswerten Chorkonzerten unter www.ueberlinger-muensterkonzerte.de.

Überlingen
0 200 m
©Reise Know-How 2015
Bodensee05
Golfclub Owingen-Überlingen
Meersburg
E54
31
Hildegardring
Am Schättlisberg
Neilenbachstraße
Am Bergle
Härlenweg
Aufkircher Straße
Bodman-Ludwigshafen, Sipplingen
Goldbach
Härlenweg
Schreibersbildstraße
Goldbach
Säntisstraße
Goldbach
Obere Bahnhofstraße
Bahnhofstraße
Sylvester-Kapelle
Bodensee-Therme, Strandbad West

0 100 m
Zahnstr.
Hochbildstraße
Friedhofstraße
Schlachthaustr.
Friedhofstraße
Kesselbachstr.
Aufkirchertor
Bahnhof
Aufkircher Straße
Jodokstr.
Hizlerstraße
Obertorstraße
Breitlestraße
St. Jodok
Rosenobelturm
Wiestorstraße
Stadtgarten
Franziskanertor
Krummeberg-straße
Gradebergstraße
Sankt-Ulrich-Str.
Gallerturm
Franziskanerkirche
Spitalgasse
Städtisches Museum
Steinhausg.
Turmg.
Franziskaner-str.
Pfarrhofstr.
Lindenstr.
St.-Johann-Turm
Garten-str.
Münster-platz
Stadt-archiv
Münsterstr.
Bahnhofstraße
Christophstraße
Rathaus
Hofstatt
Jakob-Kessenring-Str.
Hafenstr.
Mühlenstraße
Zeughaus
Landungspl.
Seepromenade
Greth
Städtische Galerie Fauler Pelz
Mantelhafen
Seestraße
Überlinger See
Marienschlucht, Meersburg, Dingelsdorf

Übernachtung
1 Höhengasthof Haldenhof
2 Campingpark Überlingen
4 Naturata
7 Parkhotel St. Leonhard
8 Pension Haus Seefrieden
9 Martin Buber Jugendherberge
14 B&B Seesternschnuppe
16 Villa Rosengarten
17 Seehotel Schäpfle
18 Seegarten

Einkaufen/Sonstiges
4 Naturata
10 2-Rad-Sport Wehrle
12 Reliquio
25 Blankenstein

ii 27 Münster St. Nikolaus

Essen und Trinken
1 Höhengasthof Haldenhof
4 Naturata
5 Restaurant des Romantik-Hotels Johanniter-Kreuz
6 Landgasthof Keller
13 Bürgerbräu
18 Seegarten
20 Aran
21 Löwenzunft
23 Wirtshaus zum Gundele
24 EssKultur Bio Restaurant & Café

Nachtleben
15 Cazaro Cocktailbar
19 Galgenhölzle
22 Café Walker

Wassersport
3 Segelschule und Yachtcharter
11 Surfschule Bodensee

Verlauf der inneren Stadtbefestigung, die Überlingen im 14. Jh. schützte.

■ **Städtisches Museum,** Krummebergerstr. 30, Tel. 07551-99 10 79, www.museum-ueberlingen.de, Di–Sa 9–12.30 und 14–17 Uhr, April bis Okt. auch So 10–15 Uhr, 5 €.

Franziskanerkirche und -tor

Als lichter, hoher Raum mit goldglänzendem Schnitzwerk präsentiert sich die im 14. Jahrhundert erbaute und im 18. Jahrhundert barockisierte Kirche des Franziskanerklosters. Bemerkenswert sind zwei von *Joseph Anton Feuchtmayer* geschaffenen **Figuren am Hochaltar.**

Von Überlingens Mauern und Toren

Bis Mitte des 13. Jh. war Überlingen durch ein System von Wällen und Gräben gesichert; erst um **1250** wurde eine **Mauer** mit Türmen und Toren errichtet, deren Verlauf heute noch in der Altstadt erkennbar ist, so zwischen Mantelhafen und St.-Johann-Turm und zwischen Gradebergstraße und Rosenobelturm. Von dort verlief die Mauer nach Südwesten, etwa dem Verlauf der Wiestorstraße folgend, zum Franziskanertor. Zwischen 1450 und 1630 integrierte ein **zweiter Mauerring** die weiter außerhalb liegenden Siedlungen. Sein Verlauf ist in der Linie Badturm (beim heutigen Kurhaus), Aufkirchertor und Wagsauterturm ein Stück nordöstlich der Friedhofstraße erhalten. Besonders eindrucksvoll ist die Verteidigungsanlage im Bereich des **Stadtgartens** mit dem natürlich wirkenden und üppig bewachsenen **Stadtgraben,** der mit seinen 22 m Tiefe wie die anderen „Gräben" auch ein Werk von Menschenhand ist.

Wenige Schritte weiter erhebt sich das gotische Franziskanertor, 1494 als Stadttor errichtet.

■ **Franziskanerkirche,** Mo–Sa 10–17 Uhr.

Kirche St. Jodok und Aufkirchertor

Stadtauswärts gehend, erreicht man an der Aufkircher Straße die Kapelle St. Jodok, ein schlichtes, innen mit zarten Fresken geschmücktes **gotisches Gotteshaus** aus der zweiten Hälfte des 15. Jh., das Überlingen einem privaten Stifter verdankt (Schlüssel im Laden *Reliquio* gleich nebenan, siehe „Einkaufen"). Ein Stück weiter markiert das Aufkirchertor (1470) die nördliche Stadt- und Befestigungsgrenze, die noch bis 1802 Bestand hatte.

Stadtgarten

Spazierwege führen durch die Grünanlage, einen herrlichen Park, dem der Kakteengarten und exotische Pflanzen **mediterranes Flair** verleihen. Er folgt dem Verlauf des **Stadtgrabens,** der ehemaligen Befestigung, die in das weiche Molassegestein gegraben wurde. Eine üppig grüne, romantische Gartenlandschaft ist so entstanden. Der **Gallerturm** (1503) markiert den westlichen Verlauf der Stadtfestung.

Seepromenade/Fußgängerzone

Die angeblich längste Seepromenade am Bodensee verläuft vom Westbad zum Ostbad und ist gesäumt von schönen historischen Bauten wie dem **Zeughaus** aus dem 15. Jh., unter dessen Staffelgiebel bis zum 19. Jh. Waffen gelagert wurden. Cafés und Restaurants reihen sich aneinander, und auf der Hofstatt wird Mittwoch- und Samstagvormittag Markt gehalten. Die meisten durch die Altstadt führenden Gassen sind Fußgängern vorbehalten. Wenn man genau hinsieht, kann man in der Münsterstraße einen ungewöhnlichen **Straßenbelag** erkennen: einen Weg aus **Tessiner Gneisfliesen.** Den spendete Medizinalrat *Eduard Würth* 1905 seiner Stadt, allerdings nicht ganz uneigennützig, denn er führte von *Würths* Wohnhaus in der Münsterstraße, wo sich heute das Park-Café befindet, zu dessen Stammkneipe Christophkeller in der Christophstraße. Weil der Medizinalrat diesen Weg häufig recht angetrunken einschlug, nennt ihn der Volksmund das „Würth'sche Saufwegle".

Haustierhof Reutemühle

Ein ideales Familienziel, denn unter den Kaninchen, Lamas, Erdmännchen, Nasenbären, Kängurus, Mini-Schweinchen, Rentieren oder Maras (Pampashasen) sind auch besonders zutrauliche Genossen, die man streicheln darf.

■ **Haustierhof Reutemühle,** Reuteweg 71, Überlingen-Bambergen, Tel. 07551-646 49, www.haustierhof-reutemuehle.de, tgl. 10–20 Uhr, im Winter bis Einbruch der Dunkelheit, Erw. 7,50 €, Kind 4,50 €.

Praktische Tipps

Information

■ **Kur und Touristik Überlingen,** Landungsplatz 5, 88662 Überlingen, Tel. 07551-94 71 522, www.ueberlingen-bodensee.de, April–Mitte Okt., Mo–Fr 9–18 Uhr, Sa 9–13 Uhr, Juli–Sept. So auch 10–13 Uhr, Winter Mo–Fr 9–12.30, 14–16.30 Uhr, Do bis 18 Uhr.

Stadtführungen

■ April bis Okt. Di 10, Fr 15 Uhr, Nov. bis März Fr 15 Uhr, Mai bis Sept. zusätzlich jeden zweiten Sa 13.30 Uhr, Treffpunkt Touristeninformation (siehe oben).

Frühromanische Fresken in Goldbach

Ein Abstecher in den Stadtteil Goldbach lohnt sich wegen der aus dem 9. Jh. stammenden **Sylvester-Kapelle.** Erst im 19. Jh. wurden unter dem Putz **Malereien** und **Inschriften** gefunden, darunter ein Gedicht, das den alemannischen Grafen *Alpger* als Stifter der Kapelle nennt, die damals dem heiligen *Marcianus* geweiht war. Die **ottonischen Fresken,** die wohl rund 150 Jahre nach dem Bau durch Mönche von der Reichenau aufgetragen wurden, sind nur teilweise erhalten, aber dennoch von großem kunsthistorischen Wert, stellen sie doch eines der ältesten christlichen Zeugnisse im gesamten Bodenseeraum dar.

■ **Sylvester-Kapelle,** am Bodensee westlich des Campingplatzes, Ecke Goldbach/Obere Bahnhofstraße, Mo, Mi, Sa 11–17 Uhr, Eintritt frei.

Verkehrsmittel

Bahn: Bahnhof Wiestorstr. 9, www.bahn.de, stündlich Verbindung nach Radolfzell, Lindau.

Bus: Seebus 7395 nach Friedrichshafen; weitere Busverbindungen nach Norden z.B. 7381 nach Salem. Haltestelle u.a. am Bahnhof, Infos unter www.bodo.de.

Schiff: nach Konstanz über Mainau und Meersburg. Infos unter www.bsb-online.de.

015bo sk

Unterkunft

Parkhotel St. Leonhard③, Obere-St.-Leonhard-Str. 71, 88662 Überlingen, Tel. 07551-80 81 00, www.parkhotel-st-leonhard.de. Das zurückhaltend-modern gestaltete Hotel besitzt einen wunderbaren Wellness-Bereich und liegt in einem großen Park, in dem man spazierengehen oder seine Jogging-Runden drehen kann.

Seehotel Schäpfle②, Jakob-Kessenring-Str. 12+14, 88662 Überlingen, Tel. 07551-83 070, www.schaepfle.de. Schön ist die zum See gerichtete Dependance des Traditionshotels. Gutbürgerliche Einrichtung mit wenig Schnickschnack, freundlicher Service.

Seegarten③, Seepromenade 7, 88662 Überlingen, Tel. 07551-91 88 90, www.seegarten.eu. Wenn Sie in diesem Traditionshaus absteigen, dann unbedingt in einem Zimmer zum See, der Sie sanft plätschernd in den Schlaf wiegen wird. Auch gutes **Restaurant.**

Villa Rosengarten③, Bahnhofstr. 12, 88662 Überlingen, Tel. 07551-92 820, www.hotel-villa-rosengarten.de. Romantische Unterkunft in einer Jugendstilvilla zwischen See und Stadtgarten – etwas verkitscht, aber wirklich hübsch.

Pension Haus Seefrieden②, Untermaurach 1, 88662 Überlingen-Nußdorf, Tel. 07551-62 016, www.seefrieden-ueberlingen.de. Ein großes Plus ist die wunderschöne Lage, direkt am See mit eigenem Strand, umgeben von Weinbergen und unterhalb der Klosterkirche Birnau.

B&B Seesternschnuppe①, Aufkircher Str. 11, 88662 Überlingen, Mobil-Tel. 0173-87 51 943, www.seesternschnuppe.de. Herzlich geführte Unterkunft in der Altstadt, teilweise Küchenmitbenutzung, Garten, Dachterrasse.

Höhengasthof Haldenhof, siehe Essen und Trinken.

◁ Der Pfennigturm beim Rathaus beherbergte einst die Überlinger Münze

Martin Buber Jugendherberge①, Alte Nußdorfer Str. 26, 88662 Überlingen, Tel. 07551-42 04, www.jugendherberge-ueberlingen.de, Übernachtung um 25 €. Der Clou an diesem modernen Haus am östlichen Stadtrand ist das Hallenbad für kühle Tage; im Sommer lockt der nahe See. Bis September 2015 wegen Renovierung geschlossen.

Camping

Campingpark Überlingen, Bahnhofstr. 57, 88662 Überlingen, Tel. 07551-64 583, www.campingpark-ueberlingen.de, Erw. ab 6 €. Der große Platz bietet auch Unterkunft in Mobilheimen. Er liegt direkt am See und besitzt neben anderen Freizeitangeboten auch eine Tauchschule.

Essen und Trinken

Restaurant des Romantik-Hotels Johanniter-Kreuz④, Johanniterweg 11, Überlingen-Andelshofen, Tel. 07551-93 70 60, http://johanniter-kreuz.de. Küchenchef *Andreas Liebich* gilt als einer der besten Köche der Region. Es gibt exotisch-kreative Gerichte ebenso wie heimische Bratkartoffeln.

Landgasthof Keller③, Riedweg 2, Überlingen-Lippertsreute, Tel. 07553-82 72 90, www.landgasthofbrauereikeller.de. Der Küchenchef hat sich der Kunst des „Slow Food" verschrieben und kocht mit lokalem Fisch, Fleisch und Kräutern.

Mein Tipp: Linzgau-Köche

Ein außergewöhnliches Genuss-Erlebnis versprechen die Restaurants, die unter dem Label **„Linzgau-Köche"** besonders kreative und anspruchsvolle Küche bieten. Die angeschlossenen Küchenchefs findet man unter www.linzgau-koeche.net.

■ **Bürgerbräu**③, Aufkircher Str. 20, Tel. 07551-92 740, www. buergerbraeu-ueberlingen.com. Da verwirklichen sich zwei junge Wilde hinter den altehrwürdigen Mauern des Bürgerbräus. Folglich lernt der Gast, dass badische Tradition und Thai-Curry durchaus eine Symbiose eingehen können.

■ **Höhengasthof Haldenhof**②, Haldenhof 1, Tel. 07551-56 13, www.gasthaus-haldenhof.de. Den Ausflugsgasthof kann man per Auto oder auf Wanderwegen ab Überlingen oder Sipplingen zu Fuß erreichen. Vielen gilt er als schönster Aussichtspunkt über dem Bodensee. Zum Panorama schmecken Käsespätzle oder Rehbraten.

■ **Wirtshaus zum Gundele**②, Hafenstr. 15, Tel. 07551-30 89 68, www.gundele.de. Neben anderen Traditionsgerichten serviert das Wirtspaar in seinen gemütlichen Gewölben Rösti in allen Variationen.

■ **Löwenzunft**①, Hofstatt 7, Tel. 07551-94 90 25, www.knoblauch-gbr.de. Das Geschäft verkauft im Imbiss verschiedene leckere Fischgerichte, so Fischbrötle in allen Variationen.

■ **Aran**①, Münsterstr. 15–17, Tel. 07551-94 71 284, www.aran.coop. Frisches Holzofenbrot, leckere Aufstriche, Kaffee, Kuchen und Eis.

EssKultur Bio Restaurant & Café②, Gradebergstr. 2, Tel. 07551-94 74 411, www.esskultur-ueberlingen.de. Vegetarische und vegane Gerichte von bester Qualität, tgl. wechselnde Karte, auch glutenfreie Zubereitung möglich. Toll ist das große, knackige Salatbüffet.

Essen, Schlafen, Einkaufen – alles öko!

■ **Naturata**②, Rengoldshauser Str. 21, 88662 Überlingen, Tel. 07551-95 16 15, www.naturata-gmbh.de. Ein Naturkost-Paradies: Verkauf von Produkten aus umliegenden Demeter-Höfen sowie von Öko-Artikeln wie Briefpapier, Postkarten etc., dazu ein sehr gutes Restaurant mit Vollwertküche und auch Fleischgerichten. Und zu guter Letzt ein Öko-Hotel, eingerichtet ausschließlich mit Naturmaterialien.

Nachtleben und Kultur

■ **Galgenhölzle,** Münsterstr. 10, Tel. 07551-91 99 33, www.galgen-ueberlingen.de. Die Kneipe mit Irish-Pub-Touch im Gasthof Krone ist bei allen Generationen beliebt. Es gibt Unmengen von Biersorten, gute Stimmung und Musik.

■ **Cazaro Cocktailbar,** Turmgasse 6, Mobil-Tel. 0170-98 23 901. Bunte Drinks und Partyvolk im Gewölbekeller.

■ **Café Walker,** Hafenstr. 2/Seepromenade, Tel. 07551-63 492. Nicht nur abends, auch tagsüber ein entspannter Ort für kleine Snacks, Kaffee, Drinks und Bodensee-Panorama. 14-tägig Jam-Sessions, DJ-Partys.

Einkaufen

■ **Reliquio,** Aufkircher Str. 34, Tel. 07551-69 921. Sakrales aus dem Christentum und anderen Religionen; Kerzen, Bücher und der Schlüssel zu St. Jodok!

■ **Blankenstein,** Münsterplatz 9, Tel. 07551-94 74 061, www.blankenstein-schmuck.de. Wunderschöne Goldschmiede-Unikate, ein ganz besonderes Geschenk.

■ **Märkte:** Mi und Sa bis 14 Uhr auf der Hofstatt; Sa Bauernmarkt auf dem Münsterplatz.

Feste und Veranstaltungen

■ **Schwedenprozessionen in Überlingen:** zweiter Sonntag im Mai und im Juli (dann mit anschließendem Schwertlestanz), in Erinnerung an den Dreißigjährigen Krieg. Nach dem Hochamt im Münster (8 Uhr) ziehen die Überlinger – viele in kostbarer Tracht – durch die Stadt, wo Altarstationen an Ereignisse der Schwedenbelagerung erinnern. Der nach der zweiten Prozession aufgeführte Schwertlestanz hat seinen Ursprung in Fasnet-Bräuchen des 15. Jahrhunderts.

Strände und Bäder

■ **Ostbad,** Strandweg 32, Tel. 0176-61 71 94 05, Mai bis Sept. tgl. 8–21.30 Uhr, Erw. 3 €, Kind 1 €. Renoviertes Kultbad mit 1920er-Jahre-Flair. Sand-/Kiesstrand, Liegewiese, Beachvolleyball.

■ **Strandbad Nußdorf,** Zur Forelle 14, Tel. 07551-91 53 29. Mai–Sept. tgl. 9.30–20 Uhr. Sandstrand, Nichtschwimmerbereich, große Liegewiese, Eintritt Erw. 3 €, Kind 1 €.

■ **Strandbad West,** Bahnhofstr. 27, Tel. 07551-30 19 90, www.strandbad-west.de, Mai bis Sept. tgl. 9–20 Uhr. Sandstrand, Badesteg, Nichtschwimmerbereich, Liegewiese. Eintritt Erw. 3 €, Kind 1 €.

■ **Bodensee-Therme Überlingen,** Bahnhofstr. 27, Tel. 07551-30 19 90, So–Do 10–22 Uhr, Fr, Sa bis 23 Uhr. Thermalwasser (Temperaturen von 33 bis 36 °C), Sportbecken, Strand, Seezugang, Wellnessbereich mit Kaskadenbädern und Unterwassermusik, Saunawelt. Eintritt Therme Erw. ab 9 €, Kind ab 4,50 € (2 Std.).

Segeln und Surfen

■ **Segelschule und Yachtcharter,** Bahnhofstr. 35, Tel. 07551-3218, www.segelschule-ueberlingen.de.

■ **Surfschule Bodensee,** Strandweg 32b, Tel. 0174-62 86 981, http://surfschulebodensee.de, zweistündiger Schnupperkurs 35 €, auch SUP-Kurse und Geräteverleih.

Golf

■ **Golfclub Owingen-Überlingen,** Hofgut Lugenhof, Tel. 07551-83 040, www.golfclub-owingen.de, März bis Okt. tgl. 9–18 Uhr. 18-Loch-Green mit Blick über den See.

Überlinger Fasnet

Die Überlinger können ihren Fastnachtsbräuche offiziell bis zum späten 15. Jh. zurückverfolgen – bereits damals besaß die Stadt eine „Vastnachtordnung", die im Ratsbuch verzeichnet war. Das Brauchtum selbst ist natürlich älter und verbindet **christliche Traditionen** – den Übergang zur Fastenzeit – mit **heidnischem Brauchtum** wie der Austreibung des Winters und der Beschwörung der Fruchtbarkeit der Natur.

Zentrale Figur in Überlingen ist der **Überlinger Hänsele,** eine in schwarzes Leinen und bunten Filz wild gewandete und vermummte Gestalt, deren herausragendes Merkmal die am Häs, dem Gewand, angebrachten Glocken sind. Seine ebenfalls aus Filz gefertigte und mit Pailletten dekorierte Maske trägt einen Rüssel anstelle der Nase und am Hinterkopf einen Fuchsschwanz. Wichtigstes Utensil ist die **Karbatsche,** eine Art Peitsche aus Seilen, die geschickte Hänsele so schwingen können, dass sie ohrenbetäubend laut knallt. Ihren großen Auftritt haben die Mitglieder der Hänselezunft zum **Hänselejuck** am Fastnachts-Samstag, wo sie nachts durch die Altstadt ziehen. Außerdem treten sie beim Fasnetumzug am Fastnachts-Sonntag auf (Infos unter www.haenselezunft-ueberlingen.de).

Joseph Anton Feuchtmayer

Rund um den Bodensee und bis nach St. Gallen taucht der Name dieses **Ausnahmekünstlers** überall dort auf, wo es um die Ausgestaltung von Kirchen und Klöstern geht. *Feuchtmayer* wurde 1696 als Sohn eines Bildhauers und Stuckateurs in Linz geboren, wuchs in Schongau (Allgäu) auf und kam mit seinem Vater *Franz Joseph Feuchtmayer* 1706 nach Mimmenhausen, wo sich der Vater Aufträge vom Kloster Salem versprach. Nach dessen Tod 1718 setzte Joseph Anton die Arbeit des Vaters fort und übernahm Aufträge von Salem sowie anderen kirchlichen und weltlichen Auftraggebern.

Den nachhaltigsten **Einfluss** auf seinen künstlerischen Werdegang hatte der Italiener **Diego Francesco Carlone,** von dem er um 1720 beim Bau der Basilika zu Weingarten die Stuck-Technik der **„Glanzarbeit"** erlernte. Dabei wird der Stuck so poliert, dass seine Oberfläche an **Marmor** erinnert. Dieser Stuckalabaster sollte zu *Feuchtmayers* Markenzeichen werden.

Der Künstler war aber nicht nur Stuckateur, sondern auch **Holzbildhauer,** von ihm stammen z.B. die Chorgestühle in Weingarten und St. Gallen. Als sein Meisterwerk gilt die Wallfahrtskirche in Birnau.

Feuchtmayer starb 1770 in Mimmenhausen; in seinem ehemaligen Wohnhaus und der Werkstätte ist ein **Museum** untergebracht, das u.a. seine Berechnungen und Studien zu den einzelnen Projekten zeigt.

■ **Feuchtmayermuseum,** Tüfinger Str. 10, Salem-Mimmenhausen, Tel. 07553-96 910, www.feuchtmayermuseum.de, April bis Okt. Sa, So 11–17 Uhr, 2 €.

Fahrrad

■ **Fahrradverleih:** 2-Rad-Sport Wehrle, Zum Hecht 4, Tel. 07551-57 37.

Wandern

■ Erlebniswege haben mehrere Linzgaugemeinden zusammen mit Überlingen erarbeitet und ins Netz gestellt. Unter **http://erlebnisweg.de** findet man lohnenswerte Touren zu Natur- und Kultursehenswürdigkeiten mit detaillierter Beschreibung, Abkürzungs- und Einkehrmöglichkeiten.

Trekking mit Ziegen

■ **Jörg Jacobi,** Riedbachstr. 6, 88662 Überlingen, Tel. 07551-93 64 93, www.ziegentrekking.de. Familien- und kindgerechte Wandertouren im Raum Überlingen und am Sipplinger Steilufer führt *Jörg Jacobi,* begleitet von einigen seiner Ziegen, die das Gepäck tragen. Es gibt terminlich festgelegte Wanderungen wie etwa die Tour „Sipplinger Steiluferlandschaft erleben", aber auch individuell maßgeschneiderte Ausflüge. Bei individuellen Touren 30 € für die ersten beiden Stunden, unabhängig von der Teilnehmerzahl.

Sipplingen

Das hübsche Fachwerkdorf 7 km nordwestlich von Überlingen führt seine Geschichte bis in die **Steinzeit** zurück. Pfahlbaufunde belegen, dass bereits um 4000 v. Chr. Menschen im flachen Uferbereich siedelten. Spätere Generationen bevorzugten den steilen Südhang als hochwassergeschützten Standort und gründeten zwischen dem 6. und 8. Jh. die heutige Siedlung. Ab dem 14. Jh. ist der **Weinbau** um Sipplingen belegt, und wie in Hagnau wetteiferten auch hier Adelsgeschlechter und Klöster um Grundbesitz, sodass der Grund um den Ort 1609 alleine 13 Klöstern gehörte. Anfang des 20. Jh. veränderte sich die Agrarstruktur; **Obstbau** (hier vor allem Kirschen) löste den Wein ab, der von einfacher Qualität war.

Die **Spuren des Weinbaus** sind im historischen Ortskern noch lebendig, so am Winzerbrunnen, in den schmalen Rebwegen und in der Architektur der Häuser, von denen viele heute noch als ehemalige Torkelgebäude erkennbar sind.

Die seit dem 12. Jh. verbriefte, im 18. Jh. barockisierte **Pfarrkirche St. Martin und Georg** birgt zwei wertvolle Skulpturen der Kirchenpatrone von *Joseph Anton Feuchtmayer.*

Gegenüber steht mit dem **Rebleutehaus** (Rathausstr. 9) ein typisches Beispiel für die durch den Weinbau bedingte Hausarchitektur: Das um 1700 errichtete Fachwerkhaus bot in seinem als Gewölbe ausgebauten Erdgeschoss Platz für den Torkel und die Weinfässer.

Ein in Entstehung befindliches Biotop ist die **Steiluferlandschaft** im Osten des Ortes, durch die schöne Wanderwege führen, so zu den pfeilerartig erodierten Sandsteinfelsen der **Sieben Churfirsten** oder durch die wildromantische Schlucht des **Hödinger Tobels.** Ursprünglich wurde hier Wein angebaut, später die Hangwiesen für die Mahd genutzt, und schließlich verbuschte das für die Landwirtschaft zu steile Gelände. Heute lässt die Gemeinde darauf Schafe und Ziegen weiden, die das Unterholz verbeißen und so Räume schaffen, in denen sich seltene Pflanzen wie Orchideen ausbreiten können (Tourenbeschreibungen auf www.sipplingen.de/tourismus).

Praktische Tipps

Information

- **Tourist-Information Sipplingen,** Seestr. 3, 78354 Sipplingen, Tel. 07551-94 99 370, www.sipplingen.de, Mo–Fr 9–12 Uhr, April bis Juli und Sept. auch 14–17 Uhr, Aug. bis 18 Uhr und Sa, So 10–12 Uhr.

Essen und Trinken

- **Restaurant-Café Seehaus**②, Seestr. 5, Sipplingen, Tel. 07551-94 74 247, www.seehaus-sipplingen.de. Schön ist die Lage der Terrasse, die wie ein Holzdeck auf den See ragt. Serviert werden regionale Spezialitäten und Mittagsmenüs.

Feste und Veranstaltungen

- **Fronleichnamsprozession in Sipplingen:** Nach dem Gottesdienst zieht die Prozession entlang eines 800 Meter langen Blütenteppichs durch das Ortszentrum.

Strände

- **Naturstrandbad Sipplingen,** schöner, naturbelassener Kiesstrand westlich des Ortes.

Bodman-Ludwigshafen

Am westlichen Ende des Überlinger Sees liegen sich die Städtchen Ludwigshafen und Bodman gegenüber, seit 1975 eine Gemeinde mit rund 4000 Einwohnern, getrennt durch das Mündungsgebiet der Stockacher Aach. Im Vergleich zum lebhaften Überlingen sind Ludwigshafen und Bodman sehr **ruhige,** beschauliche **Ferienorte** mit zahlreichen schönen Wanderwegen im Hinterland.

Zu den prominentesten Bürgern Bodmans zählt der Bildhauer *Peter Lenk* (siehe Exkurs „Peter Lenk – Kunst, Satire, Provokation"), dessen „Imperia" den Konstanzer Hafen schmückt.

Geschichte

Auch im Bereich des Ortsteils Bodman gibt es stein- und bronzezeitliche Funde von Pfahlbauten. Im 9. Jh. ist hier eine Königspfalz der **Karolinger** belegt. Bodman gilt als **Namenspate des Sees,** der zuvor **Lacus Brigantinus** hieß, nach der römischen Urbs Brigantium (Bregenz): Aus „Bodman-See" wurde schließlich „Bodensee". Im 13. Jh. erwarben die Herren *von Bodman,* ein alemannisches Adelsgeschlecht, das Land und ließen 1307 die Burg Alt-Bodman errichten, nachdem der Vorgängerbau abgebrannt war.

Auch Ludwigshafen besitzt eine lange Geschichte, die bis zur ersten urkundlichen Erwähnung des damals noch **Sernatingen** genannten Ortes 1145 zurückreicht. Knapp 100 Jahre später wurde Sernatingen an die Reichsstadt Überlingen verkauft und blieb 500 Jahre in deren Besitz. Als Grenzort nach Österreich und in die Schweiz gewann es im 20. Jh. Bedeutung, woran Kran und Zollhaus erinnern. Den **neuen Namen** erhielt es 1826, als ein neuer Hafen erbaut und nach dem badischen Großherzog benannt wurde. Kurze Zeit danach stimmte die Gemeinde dafür, den ganzen Ort entsprechend umzubenennen.

Landschaft bei Bodman

Sehenswertes

Zollhaus

Das Zollhaus Ludwigshafen hat, wie der ganze Ortsteil, eine **bewegte Geschichte** hinter sich. Auf die Idee, hier einen Zoll- und Handelsplatz einzurichten, von dem aus Getreide, Salz und andere Waren über den See verschifft werden sollten, war der junge Lehrer *Carl Zyriak Hamma* gekommen. 1818 erhielt er das Recht, in Sernatingen eine Spedition zu betreiben. Das Geschäft florierte zunächst, doch *Hamma* hatte kein Glück und musste alles, was er aufgebaut hatte, wieder verkaufen. Das heutige Zollhaus, das Großherzöglich-Badische Hauptzollamt, wurde danach erbaut und hatte keine Zukunft, denn der Anschluss Ludwigshafens, wie es dann schon hieß, an die Bahnstrecke Überlingen – Radolfzell brachte den Schiffsverkehr zum Erliegen.

Heute dient der hübsche klassizistische Bau als Rathaus, Kulturzentrum und Aufreger. Denn seit 2008 schmückt (oder verunziert, je nach Lesart) es ein **Triptychon** des Bodmaner Künstlers *Peter Lenk* mit dem Titel: „Ludwigs Erbe“, auf dem u.a. *Hans Eichel, Gerhard Schröder, Angela Merkel, Edmund Stoiber* und *Guido Westerwelle* als Nackedeis einen fröhlichen Genitalienreigen tanzen.

■ **Zollhaus Ludwigshafen,** Hafenstr. 5, Tel. 077 73-933 90, www.zollhaus-ludwigshafen.de.

Kunst, Satire, Provokation – der Bildhauer Peter Lenk

Der 1947 in Nürnberg geborene Bodmaner Wahlbürger *Peter Lenk* sorgt am Bodensee und an vielen anderen Orten in Deutschland regelmäßig für Aufregung und **kontroverse Diskussionen.** Ist das, was der öffentlichkeitsscheue Künstler macht, nicht einfach eine billige Provokation mit geschmacklosen Mitteln? Oder ist *Peter Lenk* ein Genie, der Satire und Gesellschaftskritik in bizarre Plastiken umsetzen kann? Wogende Brüste und mal mehr, mal weniger erigierte Penisse, das Ganze mit Vorliebe an Skulpturen, die prominente Köpfe tragen, sind seine Spezialität. Auftragsarbeiten erledigt er ohne Absprache mit dem Auftraggeber, sodass die Enthüllung des Werkes für manch einen zu einem herben Schock wurde. Über den Bodenseekreis hinaus berühmt wurde er mit seiner Skulptur der **„Mauerkieker"**, mit der er Kaiser *Wilhelm II.*, *Lenin* und Herrn Jedermann, im Gegensatz zu vielen sonstigen Arbeiten vollständig bekleidet, auf sechs Meter hohen Stelzen über die Berliner Mauer „kieken" ließ (1986). Die neun Meter hohe **„Imperia"** (1993) im **Konstanzer Hafen,** heute das Wahrzeichen der Stadt, war nicht weniger umstritten und sollte sogar wieder abgebaut werden (s. Ortskapitel). In Überlingen sorgte 1999 der „Bodenseereiter" mit einer Karikatur des Schriftstellers *Martin Walser* für einen Eklat; doch *Walser* scheiterte mit dem Versuch, sein Zerrbild am Landeplatz gerichtlich verhüllen zu lassen. 2007 wurde die „Magische Säule" in Meersburg enthüllt und rief dieses eine Mal nur milde Proteste hervor. Die Dichterin *Annette von Droste-Hülshoff*, die mit dem Werk geehrt werden sollte, hatte Lenk als Möwe dargestellt. 2008 folgte das Triptychon in Ludwigshafen, das der Gemeinde in den ersten Wochen Einnahmen von 6000 Euro einbrachte, kassiert bei falsch parkenden Autos. Wenig zimperlich war *Lenks* Umgang mit BILD-Chef *Kai Diekmann*, den er 2009 samt 16 m langem Riesenpenis an der Wand des taz-Verlagsgebäudes anbrachte, dem Springer-Verlagshaus und damit *Diekmanns* Büro gegenüber. Wie so häufig, wussten die Auftraggeber (hier die taz-Redaktion) nicht, was *Lenk* liefern würde, waren dann letztendlich empört und forderten den Abbau des Werks. Eine Rückzieher machte 2010 auch die Touristeninformation Konstanz, für die *Lenk* eine Kopie des Papstes anfertigte, den seine „Imperia" in der Hand hält. Eigentlich sollte der nackte Papst als Merchandising-Produkt in unzähligen Varianten die 600-Jahr-Feier des Konstanzer Konzils zu einer lukrativen Angelegenheit für die Stadt machen. Stattdessen wurde er jedoch klammheimlich aus dem Konstanzer Bahnhof entfernt.

Über den Provokateur *Peter Lenk* als Privatperson ist kaum etwas bekannt. Er legt keinen Wert auf öffentliche Auftritte und kommentiert die Skandale und Vorwürfe genüsslich auf seiner Homepage (www.peter-lenk.de).

Wilde Gärten

Weitere Arbeiten von **Peter Lenk** kann man aus der Entfernung in seinem Anwesen in der Kaiserpfalzstraße 20 bestaunen: Dass er seine Skulpturen im eigenen Garten aufstellen durfte, musste *Lenk* jedoch erst einmal **gerichtlich** durchsetzen.

Schlosstorkel

Dass der **Weinbau** auch in Bodman große Bedeutung hatte, belegt der große Fachwerkbau des Schlosstorkels (Am Torkel 4). Die Reben für die Presse kamen aus dem nahen Königsweingarten, der angeblich bereits zu Zeiten der karolingischen Pfalz hier angelegt wurde. In den historischen Räumen residiert heute das Restaurant Torkelstube.

Schloss Bodman

Die Herren *von Bodman* zogen im 18. Jh. von ihrer Burg an den See in das Schloss Bodman, dessen heutige, klassizistische Architektur Umbauten im 19. Jh. und zu Beginn des 20. Jh. zuzuschreiben ist. Da die Familie das Schloss nach wie vor bewohnt, ist nur der akkurat angelegte Englische Garten für Besucher zugänglich.

■ **Schlossgarten,** Mai bis Okt. 9–18 Uhr.

Burgruine Alt-Bodman

Nachdem ihre ursprüngliche Burg auf dem Frauenberg (heute Wallfahrtskapelle und Kloster) durch Blitzschlag und Feuer zerstört worden war, ließen die Herren *von Bodman* eine Kuppe weiter westlich die heute nur noch als Ruine erhaltene Burg Alt-Bodman erbauen und mehrfach neu und stärker befestigen. Vom Parkplatz oberhalb des Königsweingartens führt ein etwa 45-minütiger **Wanderweg** zur romantischen Ruine. Mit dem Auto fährt man bis zum Hofgut Bodenwald, von wo es nur noch wenige Schritte zur Burg sind.

Praktische Tipps

Information

■ **Ludwigshafen:** Tourist-Info, Hafenstr. 5 78351 Bodman-Ludwigshafen, Tel. 07773-93 00 40, http://bodenseepur.de, März–Sept., Mo–Fr 9–12, 14–17, Okt., Nov., Mo–Fr 9–12, Do auch 14–17, Winter geschlossen.

■ **Bodman:** Seestr. 5, 78351 Bodman-Ludwigshafen, Tel. 07773-93 00 48, http://bodenseepur.de, März–Sept., Mo–Fr 9–12, 14–17, Okt., Mo–Fr 9–12, Mi auch 14–17, Nov., Mi 9–12, 14–17 Uhr, Winter geschlossen.

Verkehrsmittel

■ **Busverbindungen** von Bodman-Ludwigshafen nach Überlingen, Radolfzell, www.bodo.de.

Unterkunft

■ **Bodenseehotel Immengarten**③, Überlinger Str. 26–28, 78351 Ludwigshafen, Tel. 07773-93 74 20, www.bodenseehotel-immengarten.de. Modernes Haus mit eleganter Einrichtung im zeitgenössischen Design. Das Restaurant verbindet sehr

Die Namensgeschichte des Bodensees

Die ältesten Erwähnungen des Bodensees stammen von römischen Geschichtsschreibern, die ihn als **Lacus Venetus** (um 43 n. Chr., *Pomponius Mela*) und **Lacus Brigantinus** (um 75 n. Chr., *Plinius der Ältere*) bezeichneten. Ob sich *Melas* Namensgebung auf das Volk der Veneter bezieht, ist umstritten; zweifelsohne geht jedoch *Plinius'* Brigantinus auf das keltische Volk der **Brigantier** zurück, denen auch das römische Brigantium, Bregenz, seinen Namen verdankt. Spätestens ab 833 wechselte die Namensgebung, weil der Ort **Bodman** am heutigen Überlinger See als Sitz der karolingischen Königspfalz alle anderen an Bedeutung überstrahlte. Der See hieß nun **Lacus Potmanicus, Bodman-See,** was später zu „Bodensee" werden sollte.

Damit war die Namensfindung aber noch nicht abgeschlossen, denn das Konzil zu Konstanz rückte im 15. Jahrhundert nun **Konstanz** in den Fokus und machte den See zum **Lacus Constantinus.** Letztendlich aber setzte sich der Bodensee im Sprachgebrauch durch.

schmackhaft badische Traditionen mit Weltküche-Touch.

■ **Fischerhaus**③, Am Torkel 9, 78351 Bodman, Tel. 07773-55 01, www.hotel-fischerhaus.de. Das am See gelegene Haus hat helle, freundliche Zimmer und ein gutes Restaurant mit Schwerpunkt Fisch.

■ **Café Hasler**③, Hotel Garni, Kaiserpfalzstraße 65, 78351 Bodman, Tel. 07773-93 070, http://cafe-hasler.de. Hübsche Zimmer mit Seeblick, verführerisch-köstliche Kuchenauswahl im alteingesessenen Café.

Essen und Trinken

■ **Blauer Affe**②, Sematingenstr. 16, Tel. 07773 938373, www.blauer-affe-ludwigshafen.de. Leckere regionale und saisonal geprägte Küche mit badischen Spezialitäten.

■ **Pferdehof**③, Untere Kapellenäcker 4, Bodman, Tel. 07773-54 10, http://restaurant-pferdehof.de. Schöner Fachwerkbau, dazu delikate Küche aus der Provence.

■ **Bisonstube Bodenwald**②, Bodman, Tel. 077 73-50 90, www.bisonstube-bodenwald.de. Hauptattraktion des Ausflugslokals unweit der Ruine Alt-Bodman ist das Bison-Gehege. Auf der Karte Steaks in allen Variationen.

■ **Torkelstube**②, Am Torkel 4, Tel. 07773-93 74 74, www.torkelstube.de. Fisch und Wild sind die Spezialitäten des Restaurants in historischem Ambiente. Für den kleinen Hunger gibt's Flammkuchen oder Salatteller.

■ **Weitere Restaurants** siehe Unterkunft.

Nachtleben und Kultur

■ **Zollhaus Ludwigshafen,** Hafenstr. 5, Tel. 077 73-933 90, www.zollhaus-ludwigshafen.de. Das Kulturhaus dient als Veranstaltungsort für Lesungen, Diskussionen und den überaus beliebten Jazzfrühschoppen, der einmal im Monat musikalische Prominenz nach Ludwigshafen bringt.

■ **Bodenseebar,** Hauptstr. 3, Tel. 07773-93 81 16, www.bodenseebar.de, Mi–Mo 19.30–2 Uhr, Fr/Sa bis 3 Uhr. Dart, Pool-Billard und Sportfernsehen.

Einkaufen

■ **Obsthof Specht,** Hauptstr. 32, Tel. 07773-92 08 80, www.obsthof-specht.de. Äpfel, Kartoffeln, Honig, Obstsäfte und -brände.

Strände

■ **Natur-Strandbad,** In Neustückern 4, Bodman, Tel. 07773-54 08, www.strandbad-bodman.de, Mai bis Sept. 9.30–20 Uhr, Erw. 2 €, Kind 1 €. Liegewiese, Beachvolleyball, Wassertrampolin, Surfschule. SUP und Kanuverleih.

■ **Natur-Strandbad,** Seehalde 6, Ludwigshafen, Tel. 07773-51 16, www.strandbad-ludwigshafen.de, Mai bis Sept. 9– 20 Uhr, Erw. 2, Kind 1 €. Liegewiesen um ein 100-jähriges Holzhaus, außerdem Flöße, Sprungturm, Beachvolleyball und auch Currywurst.

Wakeboard und Wasserski

■ **Crazywake,** Seestraße, Bodman, Tel. 01512-12 37 914, www.crazywake.com. Kurse in Bodman, Mitte April bis Sept. Mi, Fr ab 17 Uhr, Sa Vormittag, ab 150 €/Std.

Segeln und Kanu

■ **Surfschule Bodman,** In Neustückern 4, Tel. 0152-56 30 54 02, www.strandbad-bodman.de, Schule und Boardverleih.

Halbinsel Bodanrück und die Marienschlucht

Zwischen Überlinger See und Untersee schiebt sich die Halbinsel Bodanrück zwischen die beiden Wasserarme. Mit bis zu 693 m Höhe bildet sie einen hügeligen Bergrücken aus Molassefels, dessen südöstliche Spitze die größte Stadt des Bodensees, Konstanz, dominiert. Auf der Halbinsel, deren nördliche Küstenlinie steil in den Bodensee abfällt, gibt es neben der Marienschlucht weitere, tief eingeschnittene Scharten wie das Echotal oder den Katharinen-Tobel. **Wanderungen** und **Fahrradtouren** für Tourenräder oder Mountainbikes sind u.a. auf www.hikr.org beschrieben. Auch der Bo-

Mein Tipp: Mit dem Kanu zur Marienschlucht

Am schönsten ist die Annäherung vom Wasser her, z.B. mit Kanus von Wallhausen bis zum Bootssteg der Marienschlucht. Unterwegs passiert man den **„Teufelstisch“,** eine rund 90 m hohe Felsnadel, die bei Niedrigwasser etwa 1,50 m unter der Wasseroberfläche endet.

■ **Kanuverleih im Strandbad,** Uferstr. 39, Wallhausen, Tel. 07531 95 95 95, www.lacanoa.de, Kajak 18 €/Person, bis zu 3 Std.

densee-Radweg (siehe „Reisetipps A–Z", „Radfahren") passiert die Halbinsel.

Marienschlucht

Rund 100 m tief hat sich ein Bach in dieser Schlucht ins weiche Felsgestein eingeschnitten, um nach seinem Weg zwischen bis zu 30 m hohen Felswänden in den Bodensee zu münden. Seit Ende des 19. Jahrhundert mittels **230 Stufen** begehbar gemacht, zählt die Marienschlucht zu den beliebtesten Ausflugszielen am Bodensee.

Immer wieder hat Hochwasser die Einrichtungen beschädigt, doch seit einer umfassenden **Erneuerung 2008** kann die Schlucht auch von Kindern und Senioren gefahrlos begangen werden. Ausgangspunkte für die **Wanderung** ist Bodman, von wo aus man am Ufer des Überlinger Sees 7 km bis zum Ausgang der Schlucht läuft und sie dann hinaufsteigt; Alternative ist die Anfahrt bis zum Parkplatz oberhalb der Schlucht und dann der Weg bergab.

Ein regelmäßiger **Bootsservice** pendelt im Sommer zwischen Bodman und dem Steg an der Marienschlucht (www.schifffahrtbodensee.de).

MEIN TIPP: Karolingische Klosterstadt Meßkirch

Wie bauten die Menschen im Mittelalter? Nach Plänen des St. Gallener Klosterplans bauen Mittelalter-Enthusiasten und Wissenschaftler in der Nähe von Meßkirch (26 km nördlich von Ludwigshafen-Bodnan) ein Kloster in Techniken des 9. Jhs. nach. Der St. Gallener Klosterplan ist die Skizze einer idealen Klosteranlage, wie man sie sich im 9. Jh. vorstellte. Es dauerte beinahe zehn Jahre, bis die Initiatoren dieses Projektes ihre Idee in die Tat umsetzen konnten. Seit 2013 wird in einem Waldstück gefällt, gedrechselt und gebaut. Ein Schmied, ein Korbmacher, Drechsler und Töpfer sind in Originalkostümen bei der Arbeit. Besucher können an einem geführten Rundgang teilnehmen oder die Baustelle auf eigene Faust erkunden. Auch Mitmachen ist erlaubt.

■ **Karolingische Klosterstadt Meßkirch,** K8279, 88605 Meßkirch, Tel. 07575-92 53 02, www.campus-galli.de, April–Okt., Di–So 10–18 Uhr, Erw. 9 €, Kind 6 €, Führung Mai–Sept. So 15 Uhr, 2,50 €.

Insel Mainau

Auch hier wurde eine Pfahlbausiedlung ausgegraben, die um 3000 v. Chr. am Südufer der Insel existierte und heute zum UNESCO-Weltkulturerbe zählt. Seit dem 13. Jh. besaß der Deutschherrenorden das Eiland; 1647–49 war die Insel kurzzeitig von den **Schweden** besetzt, die alles Wertvolle plünderten. Im 18. Jh. erfolgte der Wiederaufbau von **Deutschordensschloss und -kirche** in barockem Stil. Nach der Säkularisierung wechselten die Eigentümer: Bereits einer der ersten, Fürst *Esterházy*, begann 1827 damit, **seltene Pflanzen** auf der Insel heimisch

☒ Schwelgen in Farben und Düften auf der Blumeninsel Mainau

zu machen. 1853, unter *Friedrich von Baden,* erfolgten der systematische Ausbau der Parkanlagen und die Pflanzung exotischer Gewächse. Graf *Lennart Bernadotte,* Enkel des Großfürsten, übernahm die Insel 1932, öffnete sie für das Publikum und baute sie zu einem erfolgreichen Geschäftsunternehmen aus. Nach dem Tod des Grafen führen nun dessen Kinder *Bettina* und *Björn* die Geschäfte.

Neben dem nicht zugänglichen Schloss und der barocken Kirche gibt es eine Reihe weiterer Attraktionen: die zauberhafte **Schlosskirche St. Marien,** von *Johann Caspar Bagnato* errichtet und nach einigen Bauverzögerungen 1739 eingeweiht, ebnete den Siegeszug des Barock am Bodensee. Ausgestattet ist sie mit Arbeiten *Joseph Anton Feuchtmayers,* dessen Skulpturen auch viele Barockkirchen in Bayern und Baden-Württemberg schmücken. Das mit teils 100-jährigen Exemplaren bestückte **Palmenhaus,** birgt über 20 verschiedene Palmenarten. Man hört Papageien schnattern und kann in diesem exotischen Ambiente im Café eine Cappuccino zu sich nehmen. Zur Orchideenschau im Frühjahr verwandelt es sich in ein duftendes Blütenmeer. Aber auch sonst gibt es viel zu entdecken, so

die 1888 gepflanzte Kanarische Dattelpalme.

Im **Schmetterlingshaus** mit tropischen Gewächsen und frei flatternden Faltern aus aller Herren Länder haben vor allem Kinder ihre Freude. Bei 90 % Luftfeuchtigkeit, Temperaturen bis 30° C und wild wuchernder Vegetation fühlt man sich als Besucher in die Tropen versetzt, erst recht, wenn einem exotische Falter mit bis zu 30 cm Flügelspannweite begegnen. Das bereits 1853 gegründete **Arboretum** hingegen ist eine Oase der Stille und Ruhe: Mammutbäume, Atlaszedern, Metasequoien und Tulpenbäumen sowie viele andere exotische Gehölze sind in den vergangenen eineinhalb Jahrhunderten zu imposanten Baumriesen herangewachsen, in deren Schatten Besucher wunderbar ausruhen können.

Hauptdarsteller auf der Mainau sind natürlich die **Blütenpflanzen,** welche die Insel je nach Jahreszeit einfärben und mit Duft erfüllen. Den Frühling begrüßt die Insel ab März mit einem wahren Meer von Tulpen in allen Farben des Regenbogens. Berühmt ist die Rosenblüte an der Promenade der Wild- und Strauchrosen an der zahlreiche Wildrosenarten, einige mit einer bis zu 3000-jährigen Geschichte, erblühen. Die gezähmte und kultivierte Kunst des Rosenanbaus können Besucher im **Italienischen Rosengarten** beim Schloss (ab Mai, Höhepunkt im Juni) bewundern, wo Beet- und Edelrosen ihre verführerischen Düfte verströmen. Ein weiteres saisonales Highlight ist die Dahlienschau (Herbst). Mehr als 12.000 Pflanzen überziehen den südlichen Inselhügel ab September mit einem Farben- und Formenfeuerwerk. Über 270 Sorten entfalten dann ihre ganze Pracht.

Wenn die Kinder genug haben von den Blumen, können sie auf dem großen **Abenteuerspielplatz** toben, wo der Wasserspielplatz mit Seilfähre und Floß die große Attraktion darstellt. Gleich nebenan befindet sich auch ein **Bauernhof** mit seinem Angebot wie Ponyreiten oder Streicheltieren.

■ **Insel Mainau,** Tel. 07531-30 30, www.mainau.de, tgl. Sonnenauf- bis -untergang, Schmetterlingshaus Winter 10–17, Sommer 10–19 Uhr, Palmenhaus tgl. 9–21 Uhr, Winter Erw. 9 €, Schüler ab 13 Jahre 5 €, jüngere Kinder frei; Sommer Erw. 19 €, Schüler 11 €.

3 KONSTANZ UND KREUZLINGEN

Die Stadt, die sich am Westufer des Obersees auf der Ostspitze der **Halbinsel Bodanrück** ausbreitet und mit dem Schweizer Ort **Kreuzlingen** zusammengewachsen ist, bewacht die durch den Seerhein gebildete, schmale Zufahrt vom Obersee zum Untersee sowie zum Zeller See und Gnadensee.

019bo am

> Peter Lenks berühmte Statue „Imperia" überragt den Konstanzer Hafen

NICHT VERPASSEN!

- **Rosgartenmuseum, Konstanz:** Ein ebenso liebenswertes wie faszinierendes Sammelsurium der Paläontologie | 109
- **Münster Unserer Lieben Frau, Konstanz:** Die Mauritiusrotunde beeindruckt durch das im 14. Jh. angefertigte „Heilige Grab" | 114
- **Seemuseum Kreuzlingen:** Schiffsmodelle und Arbeitsgerät der Fischer rund um den Bodensee | 119

Diese Tipps erkennt man an der gelben Hinterlegung.

Konstanz

Konstanz (81.000 Ew.) ist eine **lebhafte Stadt** mit geschäftiger Atmosphäre, schöner Uferpromenade und einem bezaubernden, historischen Kern. Als **Messestadt** ist sie gut besucht und gebucht, sodass man seine Unterkunft **zeitig reservieren** oder aber in die umliegenden und preiswerteren Gemeinden ausweichen sollte.

Geschichte

Bis etwa 3500 v. Chr. reichen die ältesten Siedlungsspuren in Konstanz zurück. Zahlreiche stein- und bronzezeitliche Siedlungen auf Pfählen sind dokumentiert. Um 200 v. Chr. siedelten sich keltischstämmige Venetier an; erst um 300 n. Chr. ist ein römisches Kastell bezeugt, das 350 nach dem amtierenden römischen Kaiser den Namen Constantia erhielt. 590 wurde das **Bistum Konstanz** gegründet, und um 900 bekam die Stadt **Marktrecht.** Ende des 12. Jh. wurde Konstanz durch einen Erlass Kaiser *Heinrichs VI.* freie **Reichsstadt** und baute für den florierenden Handel 1388 ein

Warenhaus am Hafen. Während des Konstanzer Konzils (siehe Exkurs „Das Konzil zu Konstanz") 1414 bis 1418 wurde hier die Konklave für die Papstwahl abgehalten. Rund 100 Jahre später stellte sich Konstanz auf die Seite der **Reformation,** was es letztendlich auf Druck der *Habsburger* 1548 seinen Status als freie Reichsstadt kostete. Konstanz wurde Vorarlberg zugeschlagen; der Bischof, mit Beginn der Reformation nach Meersburg geflohen, kehrte zwar zurück, behielt aber seine neue Residenz bei. Im **Dreißigjährigen Krieg** wurde Konstanz zwar belagert, jedoch nicht erobert; mit der Säkularisierung fiel das Hochstift Konstanz 1803 ans Herzogtum Baden.

Das 19./20. Jh. kennzeichnet eine **rasante industrielle Entwicklung:** die erste Dampfschiffverbindung 1824, 1863 die Eröffnung der Bahnlinie nach Schaffhausen, 1928 die Inbetriebnahme der ersten Autofähre nach Meersburg.

Da Konstanz vor den Verwüstungen des Dreißigjährigen Kriegs weitgehend verschont geblieben war und zugleich der wirtschaftliche Boom, der viele andere Bodenseestädte im 17./18. Jh. durch rege Bautätigkeit veränderte, durch Verlagerung von Handelswegen in Konstanz fehlte, präsentiert die Stadt ein überraschend **intaktes mittelalterliches Stadtbild.** Leider hat ein **Großbrand** im Dezember 2010 vier historische Gebäude im Bereich Kanzlei-/Hussenstr. zerstört. Der Wiederaufbau ist weitgehend abgeschlossen.

Sehenswertes

Orientierung

Von der Halbinsel mit den modernen Stadtvierteln führen zwei Brücken über den Seerhein auf das Südufer des Bodensees, wo die historische Altstadt von Konstanz übergangslos ins schweizerische Kreuzlingen übergeht. Im Altstadtbereich stehen mehrere **Parkgaragen** zur Verfügung, so am Fischmarkt. Wer den großstädtischen Verkehr scheut, kann in den Nachbargemeinden wie etwa Allensbach parken und mit der S-Bahn „Seehas" in die Konstanzer Innenstadt fahren.

Konzilsgebäude und Imperia

Wie bedeutend der Umschlagplatz Konstanz im Mittelalter war, belegt der mächtige Fachwerkbau des **Kaufhauses am Hafen,** das seinen weitaus bekannteren Namen „Konzilsgebäude" dem darin 1414–18 zeitweise tagenden Konzil verdankt, mit dem das **Abendländische Schisma** beendet und erste Ansätze zur Reformation durch die Hinrichtung von *Jan Hus* und *Hieronymus von Prag* im Keim erstickt wurden. Heute dient das Haus als Konzert- und Veranstaltungssaal.

An das Konzil knüpft auch die von dem Bodmaner Bildhauer *Peter Lenk* (s. Exkurs „Kunst, Satire, Provokation – der Bildhauer Peter Lenk") angefertigte **Riesenstatue** der „Imperia" an, die sich in regelmäßigen Abständen dreht und den beiden auf ihren Handflächen sitzenden „Passagieren" das Konstanzer Panorama präsentiert, zwei nackten

Gauklerfiguren, die König *Sigismund* und Papst *Martin V.* darstellen sollen. „Imperia" nannte der französische Romancier *Honoré de Balzac* eine **Edelhure,** der er in seinen „Tolldreisten Geschichten" Affären mit hohen kirchlichen wie weltlichen Würdenträgern während des Konstanzer Konzils andichtete und sie zur heimlichen Herrin des Konzils erklärte – ein Seitenhieb auf die **Doppelmoral von Klerus und Adel.**

Marktstätte

Der **Marktplatz** von Konstanz wurde durch **Aufschüttung** dem See abgetrotzt. In dem klassizistischen Haus an seiner Nordseite zählen Inschriften prominente Gäste auf, die hier im ehemaligen Hôtel de l'Aigle abgestiegen waren, so Geheimrat *von Goethe* und der spätere Kaiser *Napoleon III.*

Der **Kaiserbrunnen,** 1897 von Bildhauer *Hans Baur* geschaffen, wurde 1990 von Prof. *Gernot Rumpf* mit neuem Figurenschmuck versehen, nachdem die vier alten Kaiserbüsten 1942 als Metallspende des Deutschen Volkes abmontiert und der kriegerischen Umnutzung zugeführt worden waren. So nimmt sich der Kaiserbrunnen denn ebenfalls ironisch des Konstanzer Konzils an, beispielsweise in Gestalt eines dreiköpfigen, mit päpstlichen Tiaras gekrönten Pfaus.

Auffällig ist das **Haus Zum Wolf** dank seines üppigen Rokoko-Dekors an der Fassade. Als es 1774 errichtet wurde, war Konstanz längst keine reiche Stadt mehr – umso ungewöhnlicher, dass so gebaut werden konnte.

Rosgartenmuseum

Vom mittelalterlichen Zunfthaus der Metzger zu einer der bedeutendsten kulturgeschichtlichen Sammlungen des Bodenseeraums: Das 1870 gegründete Museum vereint in seinen Räumen Ausstellungen zu allen Epochen der Stadtgeschichte, und dies auf sehr anschauliche Weise. Unbedingt sehenswert ist der **Historische Saal,** der Zunftsaal von 1454, in dem auf eine wunderbar altmodische Weise die paläontologische und frühgeschichtliche Sammlung des Museumsgründers *Ludwig Leiner* und seiner Nachfolger präsentiert wird, nämlich so, wie *Leiner* sie angelegt hatte. Die Exponate reichen von 180 Mio. Jahre alten Fossilien bis zu Mammut-Stoßzähnen.

Ebenfalls faszinierend ist das **Stadtmodell** des mittelalterlichen Konstanz; eindrucksvoll ist die Sammlung mittelalterlicher Ausstellungstücke, darunter eine anrührende **Pietà** von 1330. Auch die jüngste Vergangenheit wird in Bildern und Dokumenten gewürdigt.

■ **Rosgartenmuseum,** Rosgartenstr. 3–5, Tel. 07531-90 02 46, www.rosgartenmuseum-konstanz.de, Di–Fr 10–18, Sa, So 10–17 Uhr, Erw. 3 €, Kind 1,50 €.

Dreifaltigkeitskirche und Schnetztor

Ecke Rosgartenstraße und Neugasse steht die spätgotische, später barockisierte Dreifaltigkeitskirche, im Mittelschiff mit **Fresken,** die während der Konzilszeit im Auftrag von König *Sigismund* angebracht wurden. Direkt daneben befand sich bis 1938 die Synagoge der Konstanzer Israelitischen Gemeinde.

Konstanz und Kreuzlingen

Übernachtung
1 Volapük
2 Campingplatz Klausenhorn
3 Jugendherberge Konstanz
7 Gerry's Backpacker
11 ABC Hotel
12 Riva
13 Jugendherberge Kreuzlingen
23 Gretel

Nachtleben
8 BeatBox
20 Wessenberg
24 K9
26 Hafenmeisterei

Essen und Trinken
4 Fischhaus am Fährehafen
5 Schiff am See
6 Staader Fährhaus
14 Sol.
15 Stadtkind Konstanz
16 Weinstube Hintertürle
17 Weinstube Niederburg
19 Münsterhof
20 Wessenberg
21 Das Voglhaus
22 Weinstube Pfohl
25 Museumscafé im Rosgartenmuseum
26 Hafenmeisterei

Einkaufen/ Sonstiges
18 Spitalkellerei
27 Kultur-Rädle

Wassersport
9 Kanuverleih La Canoa
10 Der Surf Bauch
28 Segelschule Konstanz

Ausschnitt
0 200 m
©Reise Know-How 2015
Bodensee01
Ebertplatz
Am Rheinufer
Rhein
Benediktiner-platz
Th.-Heuss-Str.
Mainaustr.
Archäologisches Landesmuseum Baden-Württemberg
Webersteig
Alfred-Wachtel-Straße
C. Gröbelstr.
Seestr.
Rheingutstraße
Rheinsteig
Rheintor u. Niederburg
Konzilstr.
Untere Laube
Bodensee
Gartenstraße
Schreiberg.
Konradig.
Niederburgg.
Rheingasse
Schottenstraße
Brückeng.
Inselgasse
Insel mit ehem. Dominikanerkloster
Gerichtsgasse
St.-Johann-G.
Brauneggerstraße
Wallgutstraße
Münsterplatz
Katzgasse
Kulturzentrum am Münster
Münster Unserer Lieben Frau
Torg.
Stadtgarten
St. Stephan
Schulstraße
Hofhalde
Hohes Haus und Goldener Löwe
Zollernstr.
St. Stephans-Platz
Salmannsweilerg.
Obere Laube
Münzgasse
Lutherplatz
Konzilsgebäude
Obermarkt
Kaiserbrunnen, Haus zum Wolf
Hus-Herberge und Zum Delphin
Imperia
Kanzleistr.
Marktstätte
K9
Hussenstr.
Rathaus
Rosgartenmuseum
Dammg.
Augustinerplatz
Hus-Museum
Bruderturmg.
Rosgartenstr.
Sigismundstr.
Bahnhofplatz
Bahnhof
Neugasse
Bahnhofstr.
Schnetztor
Bodanstr.
Dreifaltigkeitskirche
Falkeng.
Hafenstraße
Kreuzlinger Str.
Scheffelstr.
Stadelhofg.
Huetlinstr.
Wiesenstr.
Sea Life
14 15 16 17 18 19 20 21 22 23 24 25 26 27 28

Ecke Bodan- und Hussenstr. erhebt sich das mittelalterliche Schnetztor (14. Jh.) als eines der wenigen Zeugnisse der mittelalterlichen **Stadtbefestigung.** Von hier führte die Straße nach Süden in Richtung St. Gallen.

Hus-Museum, Hus-Herberge und Zum Delphin

Das Fachwerkhaus neben dem Schnetztor galt lange Zeit als das Haus, in dem der böhmische **Reformator** *Jan Hus* bis zu seiner Gefangennahme während des Konstanzer Konzils lebte; ein Museum erinnert an ihn.

■ **Hus-Museum,** Hussenstr. 64, Tel. 07531-29 042, April bis Sept. Di–So 11–17 Uhr, sonst 11–16 Uhr, Eintritt frei.

Heute scheint allerdings gesichert, dass *Jan Hus* in der ehemaligen **Herberge Zur roten Kanne** (Hussenstr. 22) wohnte, gleich neben dem Haus **Zum Delphin,** in dem sein Mitstreiter *Hieronymus von Prag* abgestiegen war.

Rathaus

Der Komplex erstreckt sich zwischen Hussen- und Kanzleistraße über mehrere Gebäude aus unterschiedlichen Epochen. Den Mittelpunkt bildet das im 16. Jh. erbaute **Zunfthaus der Leinweber,** die in Konstanz dank ihres wertvollen und in Italien begehrten Produktes Ansehen genossen. Dieses Haus **Zur Salzscheibe** ist von der Kanzleistraße aus zugänglich, während der zweite mittelalterliche Bau, **Zum Thurgau,** in dem sich auch der Ratssaal befindet, von der Hussenstraße betreten werden kann. Verbindendes Element ist ein zauberhafter Innenhof im Stil der italienischen Renaissance. Aus dem 19. Jh. stammen die **Fassadenmalereien** mit Szenen aus der Stadtgeschichte.

Obermarkt

Ein romantisch-historisches Ensemble bilden die Fassaden des Obermarktes, der früheren Gerichtsstätte, wo der Pranger aufgestellt war. Die Häuser **Zum Egli** und **Zum Kemlin** stammen aus dem frühen 15. Jh. (heute *Hotel Barbarossa*), das spätgotische Haus **Zum Hohen Hafen** nebenan ist mit Fresken von 1900 bemalt, die an die Belehnung des Burggrafen von Hohenzollern mit der Mark Brandenburg erinnern. Ende des 13. Jh. wurden **Malhaus** und **Fischgrat** (seit dem 14. Jh. eine Apotheke) errichtet.

Hohes Haus und Goldener Löwe

Ein Stück weiter sollte man an der Salmannsweilergasse einen Abstecher zur Hohenhausgasse unternehmen, denn hier finden sich gleich zwei spektakuläre Bauten des Mittelalters: Der Goldene Löwe hat durch seinen hohen und turmartigen Charakter eindeutig eine defensive Wirkung, bekam aber durch das Auftragen farbenfroher Fresken im 16. Jh. einen verspielten Touch. Das Hohe Haus Ecke Zollernstraße wurde 1294 erbaut und ist ebenfalls mit bunten Wandmalereien (aus dem 20. Jh.) geschmückt. Mit sieben Etagen Höhe war

020bo sk

das Wohnhaus des damaligen Bischofs das höchste Gebäude der Stadt.

St. Stephan

Die Ursprünge der **Pfarrkirche** gehen aufs 7. Jh. zurück; wahrscheinlich diente sie damals als Friedhofskirche vor den Toren der Stadt. Ihre Bedeutung aber wuchs, und so diente sie während des **Konzils** als Tagungsort des päpstlichen Gerichts. 1527 wurden Konstanz und die Kirche protestantisch und blieben dies bis zur Gegenreformation 1549. In den gut 20 Jahren wurde das Gotteshaus im **Bildersturm** eines Großteils seiner Altäre und seines Schmucks beraubt.

Später barockisiert und im 19. und 20. Jh. umgebaut, zeigt sich die Kirche Besuchern heute erstaunlich **farbenfroh.** Auf den ersten Blick irritierend wirkt die im 19. Jh. nach romanischem Vorbild eingezogene Holzdecke. Auffallend sind die in der Renaissance angefertigten Fresken mit Apostelfiguren, mit denen die Pfeiler zur Langhausmitte bemalt sind, eindrucksvoll das aus dem 13. Jh. stammende Chorgestühl.

Kulturzentrum am Münster

Das rote Haus Ecke Wessenberg- und Katzgasse ist nicht zu übersehen. Ein gelungenes **architektonisches Ensemble** ist aus dem spätgotischen Haus Zur Katz, einem frühgotischen Wohnturm, dem Wessenberghaus (19. Jh.) und modernen Um- und Anbauten entstanden. Neben diversen städtischen Kultureinrichtungen residiert hier auch das *Café-Restaurant Wessenberg.* In der Eingangshalle der Stadtbücherei sind mittelalterliche Wandmalereien erhalten.

⌃ Das Haus Zur Salzscheibe

Münster Unserer Lieben Frau

Wo sich der ehemalige Dom des 1821 aufgelösten Bistums Konstanz erhebt, stand im 4. Jh. das spätantike **römische Kastell.** Durch eine Glaspyramide auf dem Münsterplatz kann man in den römischen Untergrund sehen.

Der wuchtige, **dreitürmige Aufbau** des **Westportals** ist von Weitem auffällig, eine missglückte Mischung gotischer und neugotischer Elemente. Ursprünglich waren es nach einem Brand im 16. Jh. drei etwa gleich hohe Türme, die äußeren gekrönt durch Maßwerkkuppeln, der etwas höhere Mittelturm mit Spitze versehen. Der neugotische Umbau ließ die Kuppeln verschwinden, überlagerte gotisches Maßwerk und führte den mittleren Turm in 76 m Höhe.

Auch das **Innere** der seit dem 7. Jh. bezeugten Kirche war zahlreichen Veränderungen unterworfen, wurde nach dem Konzil spätgotisch umgebaut, nach der Reformation seiner Ausstattung weitestgehend beraubt und mit der Gegenreformation im Stil des Barock neu ausgestattet. Im 18. Jh. erlebte das Münster wie die Klosterkirche Salem (siehe dort) eine Umgestaltung im Geiste des **Klassizismus,** die besonders Chor und Hochaltar betraf, und zu guter Letzt kamen mit der Regotisierung des 19. Jh. die Bauformen der Neugotik zum Tragen.

Das erstaunlich helle, schlichte Langhaus führt, gestützt von romanischen

©21bo sk

Das Innere des Konstanzer Münsters ist detailreich ausgeschmückt

Säulen, fast sogartig auf Vierung und Chor zu. Hier zeigt sich im Deckenschmuck der Einfluss des Klassizismus in der Kassettendecke und dem Dekor aus weißem Marmor. Auch der Altar ist ein Entwurf des klassizistischen Architekten *Michel d'Ixnard.* Im nördlichen Querhaus hat sich mit dem Schnegg ein sechseckiges Treppenhaus der Hochgotik erhalten.

Die **Krypta** unterhalb ist der älteste Bauteil des Münsters. Um 800 sollen hier Reliquien des heiligen Pelagius beigesetzt worden sein. Größter weltlicher Schatz der Krypta sind vier **vergoldete Kupferscheiben,** die ursprünglich an der Außenwand des Chores angebracht waren und zwischen dem 11. und 13. Jh. angefertigt wurden.

Ein gotischer Kreuzgang leitet über zur im 10. Jh. erbauten **Mauritiusrotunde,** deren Vorbild die Grabeskirche Christi in Jerusalem war. In der Mitte steht das mit französischem Maßwerk und Skulpturen geschmückte „Heilige Grab" aus hellem Sandstein, das um 1360 angefertigt wurde. Die Rotunde ist heute noch eine bedeutende Station auf dem schwäbischen **Jakobsweg.**

■ **Turmbesteigung** bis zur Plattform des Südturms, 40 m, Mai bis Okt. Mo–Sa 10–17, So 12.30–17 Uhr, 2 €.

Insel

Die Inselgasse führt nördlich des Münsterplatzes zur Insel mit dem **ehemaligen Dominikanerkloster,** das heute als Hotel genutzt wird. 1235 wurde der Konvent gegründet, die **Wandmalereien** des ehemaligen Kirchenschiffs aus Früh- und Hochgotik zählen zu den wertvollsten Bilderzyklen des Mittelalters in Deutschland, auch der mittelalterliche Kreuzgang ist unbedingt sehenswert. Leider lassen sich diese Kulturschätze nur im Rahmen einer **Sonderführung** besichtigen (bei der Touristeninformation erfragen). Übrigens wurde hier im Jahre1838 Graf *Ferdinand von Zeppelin* geboren.

Rheintor und Niederburg

Bevor man den Rhein überquert lohnt ein Abstecher zum 1200 errichteten Stadttor und zum Pulverturm (14. Jh.) ein Stück weiter, Reste der nördlichen und norwestlichen Stadtbefestigung. Hier liegt der **Stadtteil Niederburg,** die Keimzelle von Konstanz. Beim Bummel durch die schmalen, von Fachwerkhäusern gesäumten Gassen lässt sich noch etwas Atmosphäre der historischen Stadt erspüren.

Archäologisches Landesmuseum Baden-Württemberg

Das Museum in den Räumen des im 10. Jh. gegründeten Klosters Petershausen präsentiert in einer sehenswerten Dauerausstellung auf zwei Etagen archäologische Fundstücke, darunter ein sensationelles **alamannisches Reitergrab,** und widmet sich besonders der mittelalterlichen Geschichte der Region. Sonderausstellungen vertiefen besondere Aspekte der Archäologie, in einem Anbau ist eine 600 Jahre alte Lädine (siehe Exkurs „Mit der Lädine über den Bodensee") zu sehen.

■ **Archäologisches Landesmuseum Baden-Württemberg,** Benediktinerplatz 5, Tel. 07531-98 040, www.konstanz.alm-bw.de, Di–So 10–18 Uhr, Erw. 4 €, Kind 0,50 €.

Klein Venedig und Aquarium Sea Life

Das „Klein Venedig“ genannte Gelände an der Grenze zur Schweiz und zwischen Bahnhof und Hafen diente lange Jahre als Mülllagerstätte; Pläne, den Platz durch den Bau eines Konzert- und Kongresshauses aufzuwerten, scheiterten 2010 an einem Bürgerbegehren. So bleibt es dem Aquarium *Sea Life* überlassen, Leben in die Bude zu bringen. Die Anlage mit ihren verschiedenen thematischen Becken (Bodenseeufer, Nordseegrund, Kraken, Seepferdchen) besitzt einen untertunnelten Riesentank mit der Unterwasserwelt des Roten Meeres und ein attraktives Areal für die Pinguine.

■ **Sea Life,** Hafenstr. 9, 78467 Konstanz, Tel. 07531-12 82 70, www.visitsealife.com/konstanz, Juli und Aug., tgl. 10–18 Uhr, Sept.–Juni tgl. 10–17 Uhr, Erw. 16,50 €, Kinder 12,95 €, Online-Tickets sind günstiger.

Praktische Tipps

Information

■ **Tourist-Information Konstanz,** Bahnhofsplatz 13, 78467 Konstanz, Tel. 07531-13 30 30, www.konstanz.de/tourismus, www.konstanz-tourismus.de, April bis Okt. Mo–Fr 9– 18.30 Uhr, Sa 9–16 Uhr, So 10–13 Uhr, Nov. bis März Mo– Fr 9.30–12.30 und 14–18 Uhr.

Stadtführungen

■ Konstanz bietet zwischen April und Oktober verschiedene **thematische Stadtführungen** wie z.B. „Auf den Spuren des Konzils“ oder „Nachtwächter-Rundgang“ an, Preis 8 €, Info und Treffpunkt bei der Touristeninformation.

Verkehrsmittel

■ **Bahn:** Nach Schaffhausen über Singen; nach St. Gallen vom Bahnhof Kreuzlingen, www.bahn.de.
■ **S-Bahn „Seehas“:** Konstanz – Reichenau – Allensbach – Radolfzell – Singen. Auskunft: Tel. 07531-91 51 09, www. sbb-deutschland.de, alle halbe Stunde bis Stunde.
■ **Schiff:** Auto- und Personenfähre Konstanz – Meersburg, Katamaran Konstanz – Friedrichshafen, die Linien Konstanz – Bregenz und Konstanz – Überlingen halten auf der Insel Mainau. Juli bis Mitte Sept. auch Kreuzlingen – Konstanz – Schaffhausen. Auskunft: Bodensee-Schiffsbetriebe, Hafenstr. 6, 78462 Konstanz, Tel. 07531-36 400, www.bsb-online.com.

Kreuzlingen/Konstanz – Schaffhausen, April bis Okt. Sa, So mehrere Abfahrten, ab Juli tgl. Auskunft: Schweizerische Schifffahrtgesellschaft Untersee und Rhein, Tel. (Schweiz) 052-63 40 888, www.urh.ch.
■ **Bus:** Verbindungen in Richtung Allensbach, Reichenau und Radolfzell, Haltestelle u.a. Konstanz-Bahnhof, Auskunft www.suedbadenbus.de.

Unterkunft

■ **Riva**④, Seestr. 25, 78467 Konstanz, Tel. 07531-36 30 90, www.hotel-riva.de. Historisches Haus und moderner Annex mit lichten, luftigen Zimmern mit Seeblick und einem Spa inklusive Zen-Garten und Pool auf dem Dach. Im Restaurant wirkt ein Sternekoch.

■ **ABC Hotel**③, Steinstr. 19, 78467 Konstanz, Tel. 07531-89 00, www.abc-hotel.de. Eine ehemalige Kaserne auf Bodanrücker Seite mit modernem Innenleben. Wer sich länger in Konstanz aufhält, wird die geräumigen, modern und hell eingerichteten Zimmer schätzen.

■ **Gretel**②, Zollernstr. 6–8, 78462 Konstanz, Tel. 07531-45 58 25, www.hotel-gretel.de. DZ und auch preiswertere Zimmer mit Etagendusche, die in dem historischen Komplex einfach eingerichtet sind; zum Haus gehört eine beliebte Weinstube.

■ **Gerry's Backpacker**①, Byk Gulden Str. 33, Tel. 07531-67 676, http://gerry.as. Das Hostel am Stadtrand bringt seine Gäste in fünf fantasievoll gestalteten Zimmern unter. Außerdem Rad-, Quad- und Bikeverleih.

■ **Volapük**③, Im Loh 14, 78465 Konstanz-Litzelstetten, Tel. 07531-94 400, www.volapuek.de. Das familiär geführte und romantisch eingerichtete Hotel liegt unweit der Brücke zur Insel Mainau und ist besonders familienfreundlich.

■ **Jugendherberge Konstanz**①, Zur Allmannshöhe 16, 78464 Konstanz, Tel. 07531-32 260, www.jugendherberge-konstanz.de. Das moderne Haus im ehemaligen Wasserturm bietet auch ein breites Freizeitprogramm.

Camping

■ **Campingplatz Klausenhorn,** Hornwiesenstr. 40/42, 78465 Konstanz-Dingelsdorf, Tel. 07533-63 72, www.camping-klausenhorn.de, Stellplatzpauschale ab 24 €. Ein richtiges Dorf mit Service-Einrichtungen und Öko-Strom, hübsch am See gelegen.

Essen und Trinken

■ **Schiff am See**④, William-Graf-Platz 2, Tel. 07531-31 041, www.ringhotel-schiff.de. Im Hotelrestaurant arbeitet ein Meister seines Fachs an regionalen Spezialitäten, für die fast ausschließlich Produkte aus der Umgebung verwendet werden.

Sol. Caffebar. Vegifood②, Ebertplatz 4, Tel. 07531-93 64 990, http://sol-konstanz.de. Vegane Küche wie Veggie-Burger, auch zum Mitnehmen. Wer mag, kann Sahne oder Käse dazubestellen.

■ **Stadtkind Konstanz**①, Brauneggerstr. 31, www.stadtkind-konstanz.de. Fröhlich-buntes Tagescafé mit süßen Leckereien, Salaten und Panini.

Mein Tipp: **Fischhaus am Fährehafen**①, William-Graf-Platz 4–6, Tel. 07531 8076961, www.fischhaus-konstanz.de. In dem Fischladen können Sie tagsüber 11–20 Uhr an der Theke auswählen und sich die Fische zubereiten lassen. Außerdem gibt's Gerichte wie Fischsuppe oder Knusperle.

■ **Staader Fährhaus**③, Fischerstr. 30, Tel. 07531-36 16 763, www.staaderfaehrhaus.de. Nicht nur (aber durchaus prominent präsentierte) vegetarische Küche, die mit ebensoviel Anspruch zubereitet wird wie der Rest des Speisenangebots.

■ **Münsterhof**②, Münsterplatz 3, Tel. 07531-36 38 427, www.muensterhof-konstanz.de. Mittagsmenü. Draußen auf dem imposanten Münsterplatz

Mein Tipp: Weinstuben

Kein Konstanz-Besuch ohne Weinstube: In den **oft in uralten Gewölben** untergebrachten Lokalen rücken die Menschen zusammen, man setzt sich zu Wildfremden an den Tisch, soziale oder Altersunterschiede spielen keine Rolle bei einem Glas badischen Weins. Besonders viele Weinstuben sind im Stadtteil Niederburg zu finden. Versuchen Sie's mal hier:

■ **Weinstube Niederburg,** Niederburggasse 7, Tel. 07531-29 7479.

■ **Weinstube Pfohl,** Salmannsweilergasse 9–11, Tel. 07531-21 367.

■ **Weinstube Hintertürle,** Konradigasse 3, Tel. 07531-23 953.

oder in der modernen Gaststube wird gutbürgerliche Spezialitätenküche serviert; für den kleinen Hunger gibt's verschiedene Dünnele (Flammkuchen).

■ **Museumscafé im Rosgartenmuseum**①, siehe „Rosgartenmuseum". Angenehmer Ort zum Ratschen und Kaffeetrinken.

■ **Das Voglhaus**②, Wessenbergstr. 8, Tel. 07531-91 89 520, www.das-voglhaus.de. Kaufhaus und Café, gelegentlich Kleinkunst und Konzerte.

■ **Hafenmeisterei**②, und **Wessenberg,** siehe unter „Nachtleben und Kultur".

Nachtleben und Kultur

■ **Hafenmeisterei,** Hafenstr. 8, Tel. 07531-36 97 212, www.hafenmeisterei-konstanz.de. Restaurant, Bar, Lounge, die übliche Mischung mit leichter Wok- und Pastaküche, DJs und Drinks.

■ **Wessenberg,** Wessenbergstr. 41, Tel. 07531-91 96 64, www.wessenberg.eu. Der schöne Innenhof ist im Sommer *der* abendliche Treff in der Altstadt; zu essen gibt es die üblichen Verdächtigen: Garnelen, Wok-Gemüse, Kokossüppchen. Die Stimmung ist angenehm.

■ **K9,** Hieronymusgasse 3, Tel. 07531-16713, www.k9-kulturzentrum.de. Im Konstanzer Kulturzentrum ist immer etwas los: Lesungen, Kabarett, Musik oder die Splitter Nacht, bei der Amateure ihr Bestes geben. Davor oder danach kann man es sich in der Café-Bar Le Sud gut gehen lassen.

■ **BeatBox,** Maybachstr. 8, Mobil-Tel. 0176-67 24 72 61, www.beat-box-konstanz.de. Fr und Sa tobt hier die Jugend zu House, Elektro und Hip Hop.

Einkaufen

■ In der **Altstadt** findet sich eine große Auswahl an Geschäften, darunter auch aller großen Filialisten.

■ **Spitalkellerei,** Brückengasse 16, Tel. 07531-12 87 60, www.spitalkellerei-konstanz.de. Verkostung und Verkauf der Konstanzer Weine.

■ **Markt:** Di und Fr Vormittag am St.-Stephans-Platz.

Feste und Veranstaltungen

■ **Konstanzer Seenachtfest,** an einem Samstag Mitte August: Musik, kulinarische Genüsse und das größte Seefeuerwerk Europas, Infos unter www.seenachtfest.de.

■ **Rock am See:** Leider nicht am See, sondern im Konstanzer Stadion, dafür aber jedes Jahr prominent besetzt. Infos unter www.rock-am-see.de.

022bo sk

< Die Figuren am Kaiserbrunnen beziehen sich satirisch auf die Stadtgeschichte

Strände

Strandbad Horn, Eichhornstr. 100, Tel. 07531-36 78 93, Mitte Mai bis Mitte Sept., Eintritt frei. Liegewiesen, vier Beachvolleyballplätze und 600 m Strand auf dem Bodanrück. Außerdem Strandbäder in **Dingelsdorf, Wallhausen** und **Litzelstetten,** http://stadtwerke.konstanz.de.

Bodensee-Therme Konstanz, Zur Therme 2, Tel. 07531-36 30 70, www.bodensee-therme-konstanz.de, tgl. 9–22 Uhr, Sauna 10–22 Uhr, Eintritt Thermalbad Erw. ab 8 €, Kind ab 6 €, Sauna und Bad 16,50 € (ab 6 Jahren). Moderne Badelandschaft am See mit Sportbecken, warmen Außen- und Innenpools, Thermalbecken, Quelltopf und Liegewiese mit Seestrand sowie großer Sauna- und Relaxlandschaft.

Segeln, Kanu und Surfen

Segelschule Konstanz, Hafenstr. 7, Tel. 07531-91 91 15, www.segelschule-konstanz.de. Hier kann man das Bodenseeschifferpatent für Motor- und Segelboote erwerben.

La Canoa, Robert-Bosch-Str. 4, Tel. 07531-95 95 99, Kanuverleih, Zweier-Kanu 14 €/Std.

Der Surf Bauch, Wollmatinger Str. 77, Tel. 075 31-53 911, www.surfbauch.de. Surf-, SUP-kurse und Ausrüstungsverleih.

Fahrrad

Konstanz liegt am Bodensee-Radweg. **Kultur-Rädle,** Radverleih und Radtouren in der Umgebung, Bahnhof, Tel. 07531-27 310, www.kulturraedle.de, Fahrrad 12 €/Tag.

Abstellmöglichkeit für Fahrräder: Indigo Bike Parking Konstanz, Kreuzlinger Str. 2, Tel. 07531-28 46 664, www. indigo-konstanz.de, Fahrrad 1 €/Tag.

Kreuzlingen

Konstanz' Altstadt geht nach Süden ins **schweizerische Kreuzlingen** (20.000 Ew.) über. Die ehemalige Grenze ist heute als **Kunst-Grenze** mit 22 **Skulpturen** des Bildhauers *Hans Dörflinger* markiert. Die im Wesentlichen moderne Stadt besitzt mit dem **Seeburgpark** ein reizvolles Erholungsgebiet mit altem Baumbestand am See.

Das **Seemuseum** im Kornhaus des Augustiner-Chorherrenstifts präsentiert Schiffsmodelle, Infos zur historischen Fischerei und traditionelle Boote.

Seemuseum, Seeweg 3, Tel. 071-68 85 242, www.seemuseum.ch, Juli bis Sept. Di–So 11–17 Uhr, April bis Juni, Okt. Mi, Sa, So 14–17 Uhr, Nov. bis März So 14–17 Uhr, Erw. 8 SFr., Kinder 5 SFr.

Praktische Tipps

Information

Kreuzlingen Tourismus, Hauptstr. 39, Tel. 071-67 23 840, www.kreuzlingen-tourismus.ch, Mai–Sept., Mo–Fr 10–12.30, 13.30–18 Uhr, Sa 10–12.30 Uhr, Winter Mo–Fr 10–12.30, 13.30–17 Uhr.

Unterkunft

Jugendherberge Kreuzlingen①, Promenadenstr. 7, CH-8280 Kreuzlingen, Tel. 071-68 82 663, www.youthhostel.ch/kreuzlingen. Eine Jugendstilvilla mit modernem, komfortablen Innenleben, an einem Hang mit Blick über den See.

4 DAS DEUTSCHE UNTERSEE-UFER

047bo am

Alles Große, Meerähnliche fällt vom Bodensee spätestens westlich von Konstanz ab, wo er sich in seinem durch den Rheingletscher geschaffenen Becken des Untersees in **drei Finger** verzweigt. Der nördlichste mit der Insel Reichenau und Allensbach heißt **Gnadensee.** Der mittlere, eingerahmt von der kleinen Halbinsel Mettnau bei Radolfzell und der legendären und viel besungenen Höri, ist der **Zeller See.** Der südlichste Seearm geht über in den aus dem Bodensee westwärts fließenden **Hochrhein,** der offiziell in Stein am Rhein beginnt. Der Fluss bildet in seinem weiteren Verlauf die Grenze zwischen **Deutschland** und der **Schweiz.** Bei Schaffhausen formt er einen eindrucksvollen **Wasserfall.**

NICHT VERPASSEN!

- **Insel Reichenau:** Kirchen und Kapellen führen zurück in die Zeiten der christlichen Missionierung | 121
- **Wollmatinger Ried:** Ein Schutzgebiet für Zehntausende von Wasservögeln | 130
- **Festungsruine Hohentwiel:** Ein Aussichtsbalkon auf die Vulkanlandschaft des Hegau | 137
- **Hermann-Hesse-Höri-Museum, Gaienhofen:** Wie sah der Alltag des Dichters aus – hier bieten sich Einblicke | 139

Diese Tipps erkennt man an der gelben Hinterlegung.

[>] Das Münster St. Maria und Markus auf der Klosterinsel Reichenau gehört zum Weltkulturerbe

Insel Reichenau

Geschichte

Das Jahr 724 gilt als Gründungsdatum des **Benediktinerklosters** Reichenau. Ein Wanderbischof, der heilige *Pirmin,* nahm mit Zustimmung des Hausmeiers des Frankenreichs, *Karl Martell,* die Insel in Besitz. Dass er diese Aufbauarbeit ohne die Zustimmung der damals bereits bestehenden Diözese Konstanz und alemannischer Fürsten hätte leisten können, mutet unwahrscheinlich an. Die Insel jedenfalls war unbewohnt und eine Wildnis, die *Pirmin* und seine Begleiter rodeten und unter der behütenden Hand der Frankenkönige zu geistiger, künstlerischer und botanischer Blüte führten. Äbte wie *Waldo, Heito* oder *Walahfrid Strabo* berieten *Karl den Großen,* erzogen die Prinzen und erfüllten diplomatische Missionen für den König und späteren Kaiser und dessen Nachfolger. Die Zeit vom 8. bis zum 11. Jh. gilt als **Goldene Ära** der „Reichen Au". Mehr als 20 Kirchen und Kapellen soll es zu jener Zeit gegeben haben, um 850 lebten 130 Mönche auf der Insel.

Im 13. Jh. folgte der **Niedergang** – ein **Brand** vernichtete einen Teil der Gebäude. Doch was noch schlimmer war: Die mittlerweile in erster Linie von Adeligen gestellten Klosterherren hatten ihre religiöse Bestimmung vergessen und gaben sich weltlichen Genüssen hin, was den **Bischof von Konstanz** zum **Eingreifen** bewegte. Er stellte das Kloster unter seine Jurisdiktion, und im 16. Jh. trat Abt *Markus von Knörigen* Kloster und Insel vollständig an Konstanz ab. Im 17. Jh. ließ *Jakob von Fugger* einige Gebäude in Mittelzell neu errichten, auch ein bescheidenes Klosterleben setzte wieder ein, konnte aber bis zur Säkularisierung nicht an die große Tradition anknüpfen.

Eine strenger **Frostwinter** vernichtete 1928 einen Großteil der Weinreben; dies hatte nach einer Reihe von Problemen mit dem Weinbau den endgültigen Wechsel zum **Gemüseanbau** zur Folge, den viele Bauern bereits im 19. Jh. in kleinerem Umfang betrieben hatten.

Sehenswertes

Orientierung

Vom Festland führt eine Pappelallee über einen Damm auf die Insel mit den drei Siedlungen **Oberzell, Mittelzell** und **Niederzell.** Jeder Ort wuchs um einen klösterlichen/kirchlichen Bau: Oberzell im Osten um die Kirche St. Georg, Mittelzell um den Konvent und das Münster, Niederzell an der Nordwestspitze an der Kirche St. Peter und Paul.

Schiffsanlegestellen befinden sich an der Nordküste (nach Allensbach) und gegenüber an der Südküste (Konstanz, Schaffhausen, Radolfzell).

Da die Orte doch ein gutes Stück voneinander entfernt liegen, empfiehlt es sich, die Insel mit dem **Auto** oder per **Fahrrad** zu erkunden.

Eingeschränkte **Öffnungszeiten** gelten nur für die Museen; die Kirchen sind täglich 9–17 Uhr zugänglich.

Historische Gartenkultur

1991 wurde im Klosterhof am Münster ein **Kräutergarten** nach dem Vorbild des von *Walahfrid Strabo* beschriebenen **Hortulus** angelegt (siehe „Museum Reichenau"). Der Text aus dem 9. Jh. nennt in 444 Versen 24 Heilkräuter, Küchen- und Zierpflanzen und gilt als ältestes Beispiel für Gartenkultur in Deutschland.

St. Georg und Museum

Die Gründung der **romanischen Kirche** wird Abt *Hatto* (9./10. Jh.) zugeschrieben, der, vom Papst in Rom mit Reliquien von St. Georg beschenkt, diesen ein Gotteshaus errichtete. Die Gebeine wurden wohl in der Krypta unter dem Hochaltar gebettet, die leider nicht zugänglich ist. Das Kirchenschiff besitzt eine rare Kostbarkeit: **Wandfresken** aus dem 10. Jh., welche die acht Wunder Jesu darstellen. Über den Säulenbögen blicken Äbte der Reichenau ernst auf das Geschehen. Eine originelle Ergänzung bildet das Fresko an der nördlichen Wand vor dem Chor mit der Kuhhaut, auf der Teufel „Weibergeschwätz" aufschreiben (14. Jh.).

Im modernen **Museum** nebenan sind Baugeschichte und Fresken ausführlich und anschaulich dokumentiert (Öffnungszeiten und Eintritt siehe „Museen Reichenau").

Münster St. Maria und Markus

Erbauer der Basilika zu Ehren der Reliquien des heiligen *Markus* (die auf der Reichenau fälschlich für die eines anderen Heiligen gehalten worden waren und deren wahre Identität Ende des 9. Jh. wiederentdeckt wurde) war **Abt Berno** (1008–1048). Bauteile älterer, bis ins 8. Jh. zurückreichender Gotteshäuser sind im nördlichen Schiff und im Ostquerhaus nachgewiesen. Als ein Brand im 13. Jh. große Schäden anrichtete, erhielt die Kirche ihren bis heute erhaltenen Dachstuhl in Form eines umgedrehten Schiffsrumpfes. Im 15. Jh. wurde der gotische Ostchor angefügt, der Bau durch Bemalung Mitte des 16. Jh. vollendet. Aus dem 18. Jh. stammt das barocke Chorgitter, das anlässlich der Rückführung der Heiligblut-Reliquie ins Münster zusammen mit dem in Rottönen gehaltenen Heiligblutaltar aufgestellt wurde. So ist in diesem erstaunlich schlicht wirkenden Gotteshaus **fast jede bedeutende Epoche der Inselgeschichte** vertreten. Zwei Gemälde beleuchten diese Geschichte zusätzlich: Auf dem Pirminbild (Seitenschiff) von 1624 ist die Klosterinsel so dargestellt, wie sie im 17. Jh. war. Das Bild der Reliquien-Rückführung zeigt Insel und Kloster im 18. Jh. (nördliches Seitenschiff). Die meisten kostbaren Ausstattungsstücke des Münsters werden in der Schatzkammer aufbewahrt; eine anrührende Pietà von 1330 wurde im nördlichen Seitenschiff belassen.

Die **Schatzkammer** ist vom gotischen Chor des Münsters aus zugänglich. Die wertvollsten Exponate bilden hier die **drei Reliquienschreine** des Münsters: der Markusschrein, 1303 angefertigt und mit einer Darstellung des „Kesselfangs" geschmückt, mit dem der Verkäufer einer Reliquie deren Echtheit zu beweisen hatte (indem er seine Hand in kochendes Wasser steckte); der Krug der Hochzeit von Kana, in dem Christus erstmals Wasser in Wein verwandelte, und dic Heiligblutreliquie mit Blutstropfen und einem Splitter von Christi Kreuz. Um die Beschaffung der Reliquien spinnen sich abenteuerliche Legenden (siehe Exkurs „Wie die Reichenau zu ihren Reliquien kam"). Das romanische Oberzeller Kreuz (1120/1140) aus der Kirche St. Georg zeigt Christus als „göttlichen Menschen" in karolingischer Tradition, der die Gläubigen gütig anblickt: Anders als später in der Romanik üblich, trägt er keine Königskrone.

Museen Reichenau

Drei Museen, jeweils direkt neben den drei Kirchenbauten der Reichenau gele-

UNESCO-Weltkulturerbe Reichenau

Das einzige UNESCO-Weltkulturerbe direkt am See, die Kloster- und Gemüseinsel Reichenau, präsentiert sich auf den ersten Blick recht enttäuschend, denn **Gewächshäuser** und **romanische Kunstwerke,** das passt eigentlich nicht recht zusammen. Dabei hat es aber von Anbeginn an zusammengehört, denn auf der Insel wurden nicht nur Wissenschaft, Kunst und Literatur gepflegt, sondern auch die Landwirtschaft. Lange Zeit wurde Wein gepflanzt, denn der Bedarf des Klosters an geistigem Getränk war groß; erst im 19./20. Jh. begann die Nutzung für den Gemüsebau.

Wie die Reichenau zu ihren Reliquien kam

Reliquien waren vor allem im Mittelalter ein wichtiges Element der **Legitimation** einer Kirche oder eines Klosters und ein nicht unbedeutender Beitrag zum **Einkommen** der Institution. Je klangvoller die Herkunft der Reliquie, desto größer der Ruf des Gotteshauses und der Zustrom von Wallfahrern, die wiederum Geld in die Klingelbeutel schwemmten.

Die **Markusreliquie** gelangte über die Republik **Venedig** nach Reichenau. Kaufleute hatten den mumifizierten Leichnam des Heiligen 829 aus Alexandria in die Lagunenstadt entführt. Ein Jahr später erhielt Bischof *Radolf von Verona* einen Teil der Reliquie und spendete sie Reichenau, im Tausch für das Recht auf eine Kirchengründung im Klostergebiet beim heutigen Radolfzell. Ob er sie offiziell vom Dogen bekam oder bei einem Händler erwarb, wie es das Relief auf dem Markusschrein darstellt, ist nicht geklärt. Tatsache ist, dass die Reliquie unter **falschem Namen** auf die Reichenau gebracht wurde und dort zunächst für einen anderen Heiligen gehalten wurde. Erst Ende des 9. Jh. gab sich St. Markus zu erkennen.

Im 10. Jh. stieß die **Heiligblutreliquie** zu den in Reichenau versammelten Schätzen. Das nur 6 cm hohe Gefäß mit Splittern des Kreuzes Christi und Tropfen von dessen Blut stammt angeblich aus Jerusalem und war ein Geschenk an *Karl den Großen,* der es seiner Gattin weiterreichte. Die wurde schließlich mit sanftem Druck überzeugt, die Reliquie dem Münster in Reichenau zu schenken. Um 925 erreichte das Gefäß die Insel, wo es in einer eigens errichteten Rotunde (heute Teil des Münsters) aufgestellt wurde. 1630 brachten die Mönche die Reliquie vor den Schweden in Sicherheit, erst 1738 kehrte sie in feierlicher Prozession zurück und wurde in eine barocke Monstranz gefasst. Die Reichenauer Heiligblutprozession, alljährlich am Montag nach dem Dreifaltigkeitssonntag (Sonntag nach Pfingsten) vollzogen, erinnert an dieses Ereignis.

Ebenfalls im 10. Jh. gesellte sich der **Krug der Hochzeit von Kana** zu den anderen Reliquien. Im Jahr 993 wurde er auf dem Hochaltar präsentiert. Das Gefäß aus Marmor ist tatsächlich der Spätantike zuzuordnen; wie die Reichenau in seinen Besitz kam, ist ungeklärt. Zum Schutz erhielt er um das 12. Jh. eine metallene Hülle und wurde im 14. Jh. in der eigens dafür gebauten und mit gotischen Fresken ausgemalten Nische im Chor aufgestellt. Alle drei Reliquien befinden sich heute in der Schatzkammer des Münsters.

gen, vertiefen die Kenntnis über das kulturelle wie auch künstlerische Umfeld, in dem die jeweiligen Gotteshäuser errichtet bzw. ausgestattet wurden. Die Museen in Oberzell (Museum St. Georg), Niederzell (Museum St. Peter und Paul) und Mittelzell (Museum Reichenau) werden generell unter dem Begriff Museen Reichenau zusammengefasst. Mittelzell neben dem Münster gilt zugleich als zentrales und bedeutendes Ausstellungshaus. Es enthält kostbare Zeugnisse des **wissenschaftlichen, literarischen** und **künstlerischen Klosterlebens,** so ein Faksimile des 825–30 für St. Gallen angefertigten „Klosterplans", der in Fortsetzung römischer Architekturtradition das Idealbild einer Klosteranlage (s. dazu auch „Der Überlinger See, Halbinsel Bodanrück und die Marienschlucht, Karolingische Klosterstadt Meßkirch") entwirft, und das Gartenbuch des *Walahfrid Strabo,* „Hortulus", das der Abt wohl um die Mitte des 9. Jh. verfasste. Auch dem **Wein- und Gemüsebau,** der **Fischerei** und schließlich dem **Kunst-Tourismus,** der im 19. Jh. zahlreiche Maler auf die Reichenau brachte, sind Räume gewidmet.

Das Museum residiert im ab dem 13. Jh. errichteten ehemaligen **Amtshaus,** in dem der Ammann wohnte, der Verwalter der nicht-geistlichen Bewohner der Reichenau. Der dreieckige, mit Gras und Bäumen bestandene Vorplatz, die Ergat, war der Dorfplatz von Mittelzell.

■ **Museen Reichenau,** Ergat 1+3, Tel. 07534-99 93 21, www.museumreichenau.de, April bis Okt. Di–So 10.30–16.30 Uhr, Juli/Aug. bis 17.30 Uhr, Nov. bis März Sa, So 14–17 Uhr, Erw. 3 €, Kind 1,50 €, Öffnungszeiten gelten auch für die anderen beiden Museen.

St. Peter und Paul

Die Kirche in Niederzell zählt zu den jüngsten Bauten der Insel, was ihre Bedeutung nicht schmälert. Ihre Errichtung wird auf das 12. Jh. datiert, mit Ergänzungen im 15. und 16./17. Jh. Direkt unter ihr liegen die Fundamente eines älteren, im 8. Jh. erbauten Gotteshauses. Die verschiedenen Bauphasen spiegeln sich auch in Erneuerungen im Inneren, sodass **Fresken** vom 12. bis zum 17. Jh. erhalten sind. Das zentrale Fresko in der Apsis zeigt Christus in byzantinischer Tradition als Pantokrator, umringt von Aposteln und Symboltieren der Evangelisten. Vom Vorgängerbau fand ein mit Ornamenten verziertes Bruchstück der Chorschranke ins Gotteshaus.

Im **Museum** nebenan werden Baugeschichte und Ausstattung erläutert (Öffnungszeiten und Eintritt s. Museen Reichenau).

Hochwart

Mit 40 m über Inselniveau ist dies die höchste Erhebung auf der Reichenau, ein netter **Aussichtspunkt** und ein kleiner Weinberg.

Praktische Tipps

Information

■ **Tourist-Information Reichenau,** Pirminstr. 145, 78479 Insel Reichenau, Tel. 07534-92 070, www.reichenau.de, Mai bis Sept. Mo–Fr 9–18 Uhr, Sa 10–14 Uhr, April, Okt. Mo–Fr 9–12.30 und 13.30–17 Uhr, Nov. bis März Mo–Fr 9–12.30 und 13.30–16 Uhr.

Insel Reichenau

Stadtführungen

■ Über Führungen informiert die **Tourist-Information** auf ihrer Website unter „Veranstaltungen".

Verkehrsmittel

■ **Bahn/Bus:** Mit dem Regionalbahn „Seehas" bis Bahnhof Reichenau/Baden, www.vhb-info.de, weiter mit Bus Nr. 7372, per Fahrrad oder zu Fuß.

■ **Auf der Insel:** Inselbus mit den Stationen Schiffslände, Hochwart, St. Georg/Oberzell, Ergat/Museum, Münster/Mittelzell, St. Peter und Paul/Niederzell, Campingplatz, Schiffslände nur im Sommerhalbjahr.

■ **Schiff:**

Kreuzlingen/Konstanz – Reichenau – Schaffhausen: Juli bis Mitte Sept., Bodensee-Schiffsbetriebe, Hafenstr. 6, 78462 Konstanz, Tel. 07531-36 400, www.bsb-online.com.

Kreuzlingen/Konstanz – Reichenau – Schaffhausen: April bis Okt. Sa, So mehrere Abfahrten, ab Juli tgl., Schweizerische Schifffahrtgesellschaft Untersee und Rhein, Tel. (Schweiz) 052-63 40 888, www.urh.ch.

Allensbach – Insel Reichenau: Schifffahrt Baumann, Brunnengasse 3, 78476 Allensbach, Tel. 07533-98 848, www.schifffahrtbaumann.de.

Mannenbach – Reichenau: Solarfähre, Fahrtzeiten unter www.solarfaehre-reichenau.de.

Unterkunft

■ **Mohren**③, Pirminstr. 141, 78479 Insel Reichenau, Tel. 07534-994 40, www.mohren-bodensee.de. Das zentral gelegene Hotel bietet modern eingerichtete Zimmer, im historischen Haupthaus etwas kleiner und preiswerter als im Neubau. Auch das **Restaurant** gibt sich weltläufig und zeitgemäß.

■ **Insel-Hof**②, Pirminstr. 156, 78479 Insel Reichenau, Tel. 07534-246, www.inselhofreichenau.de. Der historische Klosterhof verfügt über einen angenehmen Garten zum See.

Camping

■ **Insel-Camping Sandseele**②, Bradlengasse 24, 78479 Insel Reichenau, Tel. 07534-73 84, www.sandseele.de, Erw. 7,50 €, Kind 3 €, Stellplatz ab 4,50 €. Der schattige Platz an der Westküste bietet einen eigenen Strand, einen Kinderspielplatz, ein Restaurant und moderne Serviceeinrichtungen.

Essen und Trinken

Reichenauer Salatstube①, Untere Rheinstr. 21, Tel. 07534-73 39, www.reichenauer-salatstube.de. Salat nach Gewicht pro 100 g. Was liegt näher, als das frische Gemüse gleich vor Ort, in einem hübschen Wintergarten, zu verzehren? Knackige Salate zum Sattessen.

■ **Bei Riebels**①, Seestr. 13, Tel. 07534-76 63, Fischsemmeln. Im Sommer baut Familie *Riebel* einen kleinen Imbiss vor ihrer Fischhandlung auf.

■ **Fischerstube**②, Berggässle 1, Tel. 07534-75 73. Das gemütliche Lokal ist auf Bodenseefisch spezialisiert.

■ **Mohren**③, siehe „Unterkunft“.

Feste und Veranstaltungen

■ Die **drei großen Inselfeiertage** stehen im Zeichen der Kirchenpatrone und Reliquien. Nach einem Hochamt (9 Uhr) im Münster zieht die Prozession mit den Reliquienschreinen, begleitet von der historischen Bürgerwehr in rot-weißen Uniformen, durch den Ort **Mittelzell** (10.30 Uhr). Das Fest endet mit einer Parade der Bürgerwehr (11.30 Uhr). **Termine:** Markusfest 25.4., Heiligblut-Fest am Mo nach Pfingstmontag, Mariä Himmelfahrt 15.8.

■ **Augia-Konzerte:** Musikabende in den drei romanischen Kirchen im Sommerhalbjahr, Infos bei der Touristeninformation.

■ **Reichenauer Wein- und Fischerfest:** erstes Augustwochenende am Yachthafen Herrenbrücke.

024bo am

Strände

■ **Strandbad Baurenhorn,** Strandbadstr. 5, Tel. 07534-74 48, Erw. 2 €, Kind 0,50 €. Mit Liegewiese, Badefloß und Restaurant.

Wassersport und Fahrrad

■ **Freizeitcenter Reichenau,** Bradlengasse 24, Mobil-Tel. 0177-873 17 84, www.freizeitcenter-reichenau.de. Verleih von Kanus, Kajaks, Motor-, Ruder- und Tretbooten sowie von Fahrrädern.

Die Kirche St. Peter und Paul ist das jüngste Gotteshaus auf der Insel Reichenau – doch „jung" ist hier relativ, denn sie stammt aus dem 12. Jh.

Allensbach

Das Attribut, Mekka der **Demoskopie** zu sein, wird dem kleinen Bodenseeort, am Südufer des Bodanrück und damit am Gnadensee genannten Seearm gelegen, wohl ewig erhalten bleiben, auch wenn Frau *Noelle-Neumann,* Grande Dame des Allensbacher Instituts und überhaupt der Meinungsforschung in Deutschland, nur noch vom Himmel aus über ihre Mitarbeiter wacht.

Den Namen **Gnadensee** verdankt der Seearm übrigens der Tatsache, dass auf der Insel Reichenau zum Tode Verurteilte nur auf dem Festland hingerichtet werden durften und daher per Boot übergesetzt wurden. Läutete auf dieser Passage eine Glocke, war der Verurteilte begnadigt.

Reichenau, das man von Allensbachs Lände stets im Blick hat, stand auch am Anfang der Ansiedlung und förderte ihr Wohlergehen: 724 wurde der Ort in der Gründungsurkunde des Klosters Reichenau erwähnt und diente fortan als Hafen für den **Schiffsverkehr zur Insel** und als Marktort der Reichenau. Im 17. Jh. wechselte der Besitzer, nun gehörte Allensbach zum Fürstbistum Konstanz.

Sehenswert sind vor allem die spätgotische **Pfarrkirche St. Nikolaus** (im 17./18. Jh. barockisiert) und das kleine **Heimatmuseum** mit seinen Exponaten zur Stadtgeschichte.

- **Heimatmuseum,** Rathausplatz 2, Mai bis Okt. Di 17–19, Sa 10–12 Uhr, Mitte Juni bis August Do 10–12 Uhr, Eintritt frei.

Im Ortsteil **Freudental** steht das gleichnamige **Barockschloss,** welches mittlerweile als Tagungszentrum dient.

Praktische Tipps

Information

- **Kultur- und Verkehrsbüro Allensbach,** Konstanzer Str. 12, im Bahnhof, 78476 Allensbach, Tel. 07533-80 134, www.allensbach.de, Juni bis Sept. Mo–Fr 9–18, Sa 10– 13 Uhr, sonst Mo–Fr 9–12 und 14–17 Uhr.

Verkehrsmittel

- **Bahnhof Allensbach,** Konstanzer Str. 12, Tel. 07533-99 73 19, S-Bahn „Seehas" und „Seehäsle" in Richtung Radolfzell/Singen und Konstanz, www.vhb-info.de.
- **Busverbindungen:** von Bodman-Ludwigshafen über Radolfzell, www.bodo.de; von Allensbach in Richtung Radolfzell, Singen, Konstanz, Halbinsel Höri, Stein am Rhein, www.suedbadenbus.de.

Unterkunft

- **Gasthaus Rose**②, Konstanzer Str. 23, 78476 Allensbach, Tel. 07533-31 00, www.haus-rose.de. Eine gemütliche Atmosphäre zeichnet dieses kleine Hotel-Restaurant in Allensbach aus.

Camping

- **Camping am See,** Strandweg 34, 78476 Allensbach, Tel. 07533-99 76 565, http://campingamsee.com, Erw. 5,80 €, Kind 2,80 €, Stellplatz ab 6 €. Modern ausgestatteter Platz am See mit Strandbad, Mietzelten und rustikalen Hütten und Buffet-Restaurant.
- **Camping Hegne,** Nachtwaid 1, 78476 Allensbach-Hegne, Tel. 07533-94 93 913, http://camping-hegne.de. Erw. 4,50 €, Kind 2 €, Stellplatz ab 2,50 €. Einfacher Platz mit etwas veralteten Sanitäranlagen in schöner Lage am See.

Steinzeit-Kleber

2003 wurde bei Grabungen auf dem Allensbacher Campingplatz Spuren eines Pfahlbaudorfes (um 3000 v. Chr.) entdeckt. Sensationsfund war ein aus Feuerstein gearbeiteter **Dolch,** dessen Klinge mittels **Birkenharz** im hölzernen Schaft fixiert war. Das wertvolle Stück wird zur Zeit noch im baden-württembergischen Landesdenkmalamt aufbewahrt und soll Ende 2016 im Archäologischen Landesmuseum Konstanz ausgestellt werden.

Essen und Trinken

■ **Zum Weinbrunnen**②, Brunnengasse 2 b, Tel. 07533-31 13, www.zumweinbrunnen.de. Das gemütliche Weinlokal in einem historischen Fachwerkhaus überzeugt mit guter regionaler Küche und einer breiten Weinauswahl.
■ **Alet-Stüble**②, Konstanzer Str. 7, Tel. 07533-21 99. Gutbürgerliche, regionale Küche im historischen Fachwerkhaus.
■ **Gasthaus Rose,** s. „Unterkunft".

Einkaufen

■ **Markt:** Do Vormittag auf dem Rathausplatz.

Feste und Veranstaltungen

■ Feierliche **Bootsprozession zur Insel Reichenau** am ersten Sonntag im Juli.
■ **Jazz am See** im Sommerhalbjahr, Konzerte prominenter Jazz-Musiker in der evangelischen Gnadenkirche, Infos unter www.allensbach.de.

Strände

■ **Badeplätze** bei den beiden **Campingplätzen** in Allensbach und in Hegne.

Mein Tipp: Birding mit dem Kanu

Das NABU-Naturschutzzentrum organisiert auch reizvolle **Vogelexkursionen** mit dem Kanu. Termine siehe Website oder telefonisch erfragen, Preis ca. 35 Euro pro Person.

In der Umgebung von Allensbach

Wollmatinger Ried

767 ha groß ist die unter **Naturschutz** stehende Uferlandschaft gegenüber der Klosterinsel Reichenau. Riedflächen, Streuwiesen und Auwälder bergen eine erstaunliche Artenvielfalt, und um diese vor Störungen zu bewahren, ist das Ried nur im Rahmen von **Führungen** des NABU zugänglich. Ausnahmen: ein Infopfad und **Beobachtungsplattformen,** die vor allem „Birder" begeistern werden. Denn in den flachen Buchten des Rieds überwintern jedes Jahr Zehntausende **Wasservögel,** so Reiher-, Tafel- und Kolbenenten, Singschwäne, Haubentaucher und Blesshühner.

Der **Infopfad** besteht aus zwei Teilen: Der erste beginnt im Naturschutzzentrum im ehemaligen Reichenauer Bahnhof und führt auf den Reichenauer Damm und zur Beobachtungsplattform Schopflen, wo man neben den Wasservögeln mit etwas Glück auch die im Schilf verborgene Rohrammer sichten kann. Der zweite Teil führt von der Kläranlage Konstanz bis zum Rhein gegenüber dem schweizerischen Gottlieben.

Im Frühsommer blühen Schwertlilien, Orchideen und Enziane auf den Wiesen; Stockenten, Schwarzhalstaucher und Blesshühner bevölkern den Klärkanal. Im Herbst erfüllen große Schwärme von Zugvögeln das Ried. Schwalben, Strandläufer und Große Brachvögel gesellen sich zu den einheimischen Vögeln. Einen guten Standort zur Vogelbeobachtung bietet auch die Plattform auf dem **Campingplatz Hegne.**

Im NABU-Naturschutzzentrum präsentiert eine **Ausstellung** die Tier- und Pflanzenwelt des Schutzgebiets und widmet sich besonders dem Thema Sonne als Lebensspender.

■ **NABU Wollmatinger Ried,** Kindlebildstr. 87, Reichenau, Tel. 07534-78 870, www.nabu-wollmatingerried.de, Mo–Fr 9–12 und 14–17 Uhr, Sa, So 13–15.30 Uhr, öffentliche Führungen jeden 1. und 3. So im Monat um 8.30 Uhr, April bis Sept. zusätzlich Mi, Sa 16 Uhr, Dauer 3 Std., Erw. 7 €, Kind 5 €.

Kloster Hegne

Die im 16. Jh. als Schloss errichtete und mehrmals, zuletzt im 19. Jh., massiv umgebaute Anlage im Ortsteil Hegne dient seit Ende des 19. Jh. den **Barmherzigen Schwestern vom heiligen Kreuz** als Rückzugsort. Das angeschlossene **Hotel** zählt zu den reizvollsten der Region.

■ **Haus Elisabeth**②, Kloster Hegne, Konradinstr. 1, 78476 Allensbach-Hegne, Tel. 07533-93 66 20 00, http://st-elisabeth-hegne.de. Das moderne Haus neben dem Kloster bietet Unterkunft in hellen Zimmern, viele davon mit Blick auf den See. Die Gäste dürfen die Meditationsräume nutzen und an den Gebeten der Schwestern teilnehmen.

Wild- und Freizeitpark Allensbach

Im Ortsteil Kaltbrunn sorgt diese 75 ha große Anlage dafür, dass es Kindern garantiert nicht langweilig wird. Sie können nicht nur auf einem **Abenteuerspielplatz** mit Riesenrutschen toben und Kettcar fahren, sondern auch mit der **Bimmelbahn** den Park erkunden, im **Kleintierhaus** Hasen und Meerschweinchen streicheln oder am **Bären-Freigehege** nach Meister Petz Ausschau halten. Wisente, Damwild und Sikahirsche haben kaum Scheu vor Besuchern.

■ **Wild- und Freizeitpark Allensbach,** Gemeinmärk 7, Tel. 07533-93 16 19, www.wildundfreizeitpark.de, Mai bis Sept. 9–17 Uhr, Okt. bis April 10–17 Uhr, Erw. 9 €, Kind 7 €, Familienkarten.

⌃ Das im Kloster Hegne untergebrachte Hotel zählt zu den schönsten Unterkünften der Region

Radolfzell

Die Große Kreisstadt (30.000 Ew.) am Nordbogen des Zeller Sees besitzt eine hübsche **Altstadt** um das ehrwürdige Marienmünster sowie einen lebhaften **Wochenmarkt.** Dass es hier nicht nur Kultur und See zu tanken gibt, dafür sorgt das Factory Outlet Center *seemaxx.*

Geschichte

Siedlungsspuren führen in die Mittlere Steinzeit zurück; ab dem 6. Jh. bestand wahrscheinlich ein alemannisches Dorf. Nach Gründung des Klosters Reichenau (8. Jh.) gehörte das Gebiet zur Abtei, die es im Tausch gegen Markusreliquien (siehe Exkurs „Wie die Reichenau zu ihren Reliquien kam") dem Veroneser Bischof *Radolf* überließ, der eine Kirche erbaute und hier seinen Lebensabend verbrachte. „Radolfs Celle" war Keimzelle der Stadt, die 1100 **Marktrechte** erhielt und sich zu einem bedeutenden Handelsplatz entwickelte. Ende des 13. Jh. wurde Radolfzell an das Haus *Habsburg* verkauft und blieb bis auf eine kurze Unterbrechung (Reichsfreiheit von 1415 bis 1455) bis 1805 österreichisch. Die Stadt florierte bis zu den Verwüstungen des Dreißigjährigen Krieges, kam danach aber nicht mehr zu neuer Blüte und hatte in der ersten Hälfte des 19. Jh., unter badischer Herrschaft, gerade einmal 1400 Einwohner. Durch Anschluss an die **Eisenbahn** 1863 siedelten sich **Industriebetriebe** an, die den Charakter des mittelalterlichen Städtchens stark veränderten und ihn auch heute noch prägen.

025bo sk

Sehenswertes

Orientierung

Schiffsanlegestelle, Busbahnhof und **Bahnhof** sowie die **Touristeninformation** befinden sich direkt am See südlich der Altstadt. Hier gibt es auch **Parkmöglichkeiten.**

Stadtmuseum

Aus dem Jahr 1688 stammt das behäbige Gebäude der **Stadtapotheke** mit seinem schönen, bemalten Erker, in der heute dieses Museum die Stadtgeschichte lebendig werden lässt. Prunkstück ist die Einrichtung der ehemaligen Apotheke im Stil des **Biedermeier.** Ein Spitzweg-Kabinett – passend, da der Maler ursprünglich Apotheker war – ergänzt das Ausstellungsangebot.

■ **Stadtmuseum,** Seetorstr. 3, Tel. 07732-815 30, Di–So 11–17 Uhr, 4 €.

Das Haus jenseits der Seestraße ist das 1609 erbaute **Ritterschaftsgebäude,** in dem sich bis 1805 die Hegauer Ritter versammelten; daneben das neugotische **Rathaus.** In der Lücke dazwischen kann man einen Blick auf die im 16. Jh. erbaute **Domprobstei** werfen, Radolfzells ältestes Fachwerkhaus.

Münster Unserer Lieben Frau

Von 1436 bis 1520 dauerten die Arbeiten an der gotischen Basilika, die sicherlich Vorgängerbauten hatte, die aber noch nicht dokumentiert sind. Errichtet wurde sie dort, wo Bischof *Radolf von Verona* seine Cella gründete und 846 verstarb. Sein Gotteshaus hatte er mit Reliquien des heiligen Zeno sowie der heiligen Theopont und Senesius zu einem bedeutenden **Wallfahrtsziel** gemacht, das die Entwicklung der Siedlung zum Markt förderte. Die Grundsteinlegung der Basilika fiel sicherlich nicht zufällig in die Phase, in der Radolfzell für kurze Zeit freie Reichsstadt war.

◁ Das Radolfzeller Münster hat den höchsten Turm der Region

Der mit 82 m **höchste Kirchturm** am Bodensee bekam sein heutiges Aussehen erst nach Umbauten Anfang des 20. Jh.

Im **Inneren** empfängt Besucher ein schmaler, hoher und erstaunlich heller Kirchenraum mit gotischen Bauformen und sparsamer Barockausstattung, so dem 1632 angefertigten **Marienaltar.** An romanischem Vorbild orientiert sich die Gestaltung des **Radoltgrabes** (1538) im Südschiff. Die Reliquien der heiligen Hausherren, der Kirchenheiligen also, ruhen in einem kostbaren **Dreiturmreliquiar** in der Hausherrenkapelle, die *Johann Caspar Bagnato* und *Joseph Anton Feuchtmayer* zusammen mit anderen Künstlern in ein Rokoko-Kleinod verwandelt haben. *Zeno, Theopont* und *Senesius* beten am Altar das Jesuskind im Stil der Heiligen Drei Könige an.

Ölberggruppe

Östlich des Münsters steht die in den 1950er Jahren angefertigte Kopie der im Gotteshaus aufbewahrten gotischen Ölberggruppe, die früher auf dem Friedhof aufgestellt war. Mit Verlegung des Gottesackers zog die **Skulpturengruppe** in die Kirche um.

Untere Hölle und Fürstenberger Torkel

Alt und Neu: Die Häuser Fürstenberger Torkel (13./14. Jh., Umbau 17. Jh.) mit Speichertor im Giebel und Untere Hölle (1389) begrenzen die moderne **Höllturmpassage.** Beide Häuser sind mit Wappen ihrer fürstlichen Besitzerfamilien geschmückt.

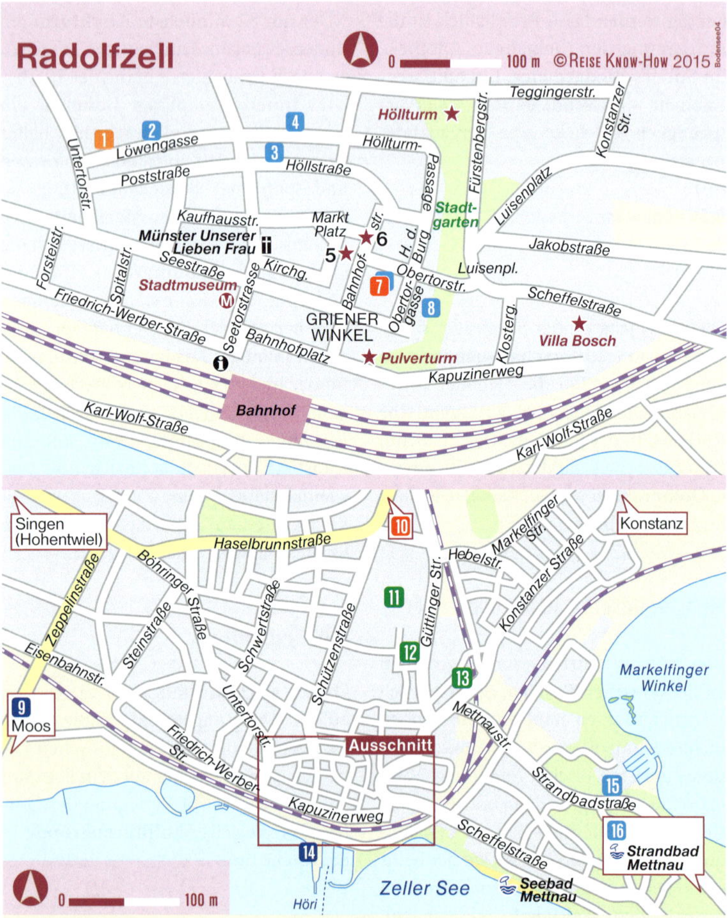

Übernachtung
7 Krone am Obertor
10 NaturFreundehaus Bodensee

Essen und Trinken
2 Safran
3 Liesele
4 Alte Zunft
7 Krone am Obertor
8 Villa Windschief
15 Mettnaustube
16 Strandcafé Mettnau

Nachtleben
1 Tankstelle

Wassersport
9 Wassersportzentrum Radolfzell
14 Surfschule Radolfzell

Einkaufen/ Sonstiges
11 seemaxx Factory Outlet Center
12 DAV Kletterwerk
13 Spezialradverleih Martin Hampel

★ 5 Ölberggruppe
★ 6 Österreichisches Schlösschen

Österreichisches Schlösschen

Das 1619 begonnene Österreichische Schlösschen gegenüber sollte eigentlich den neuen Habsburger Herren als städtische Unterkunft dienen, wurde aber erst ein gutes Jahrhundert später fertig. Es wurde in der Folgezeit als **Rathaus** und **Schule** genutzt.

Stadtmauer und Stadtgarten

Jenseits der Passage ist die östliche Begrenzung der mittelalterlichen Stadt erreicht. Vom **Höllturm** ziehen sich die Reste der Stadtmauer nach Süden bis zum gedrungenen **Pulverturm,** der durch Aufschüttungen seiner unteren Hälfte verlustig ging. Im ehemaligen Stadtgraben lädt seit 1924 ein idyllischer **Park** zum Spaziergang.

Griener Winkel

Die schmalen, von uralten Häuschen gesäumten Gassen des Griener Winkels sind die Reste einer Fischersiedlung am Seeufer und heute einer der **romantischsten Winkel** von Radolfzell.

Villa Bosch

Die Mitte des 19. Jh. erbaute Villa eines Radolfzeller Apothekers ist heute ein **Ausstellungsraum,** in dem wechselnde Ausstellungen zeitgenössischer Kunst präsentiert werden.

■ **Villa Bosch,** Scheffelstraße 8, Tel. 07732-813 71, Di–So 14–17.30 Uhr, wechselnder Eintritt.

Praktische Tipps

Information

■ **Tourist-Information,** Bahnhofplatz 2, 78315 Radolfzell, Tel. 07732-81 500, www.radolfzell.de, Mai bis Sept. Mo–Fr 9–18 Uhr, Sa 10–13 Uhr, sonst Mo–Fr 9–13 und 14–17 Uhr, Sa 10–13 Uhr.

Verkehrsmittel

■ **Bahn:** Direktverbindungen nach Basel, Karlsruhe, Friedrichshafen, www.bahn.de; außerdem Regionalbahn „Seehaas" in Richtung Konstanz, Singen, www.sbb-deutschland.de.
■ **Bus:** Linien nach Singen, Konstanz, Stein am Rhein, www.suedbadenbus.de.
■ **Schiff:** April bis Okt. Verbindungen zu anderen wichtigen Orten am See, www.bsb-online.com.

Unterkunft und Camping

■ **Krone am Obertor**③, Obertorstr. 2, 78315 Radolfzell, Tel. 07732-92 990, http://bodenseehotel-krone.de. Das historische Haus ist erfrischend schlicht-modern undgeschmackvoll eingerichtet. Im Restaurant wird gutbürgerlich gekocht.
■ **NaturFreundehaus Bodensee**①-②, Radolfzeller Str. 1, 78315 Radolfzell-Markelfingen, Tel. 07732-82 37 70, www.naturfreundehaus-bodensee.de. Campingplatz Erw. 5 €, Kind 2,50 €, Stellplatz ab 5 €. Moderne, weitläufige Anlage mit Zwei- und Mehrbettzimmern, Ferienapartments und Campingplatz am Seeufer.

Essen und Trinken

■ **Liesele**②, Höllstr. 3, Tel. 07732-97 22 15, www.liesele.de. Hier schmeckt's wie bei der Hausfrau daheim.

■ **Alte Zunft**①, Löwengasse 10, Tel. 07732-56 658. Flammkuchen in vielen Variationen.
■ **Villa Windschief**①, Obertorstr. 8, Tel. 07732-99 890. Um das schnuckelige Restaurant im Stadtteil Griener Winkel muss man die Bewohner der dazugehörigen Seniorenwohnanlage richtig beneiden. Jedenfalls gibt's hier von 12 bis 13.30 Uhr preiswerte und gute Mittagsmenüs.
■ **Mettnaustube**③, Strandbadstr. 23, Tel. 07732-13 644, www.mettnaustube.de. Fischküche im eleganten Rahmen an der Seepromenade.
Safran②, Löwengasse 22, Tel. 07732-13 05 062, http://biocatering-safran.de. Leckere Vollwertküche und dazu viele vegetarische Gerichte.
■ **Strandcafé Mettnau**③, Strandbadstr. 102, Tel. 07732-16 50, www.strandcafe-mettnau.de. Auch hier steht der Bodenseefisch im Mittelpunkt; herrlicher Blick über den See.
■ **Krone am Obertor**②, siehe „Unterkunft".

Nachtleben und Kultur

■ **Tankstelle,** Untertorstr. 4, Tel. 07732-47 28, www.cafe-tanke.de. Abends beliebter Treff, gelegentlich Lesungen, Themenparties und DJs.

Einkaufen

■ **seemaxx Factory Outlet Center,** Schützenstr. 50, Tel. 07732-94 09 99 30, www.seemaxx.de, Mo–Sa 10–19 Uhr. Im futuristischen Einkaufszentrum schlägt das Herz des Schnäppchenjägers höher.
■ **Markt:** Mi u. Sa Vormittag auf dem Marktplatz.

Feste und Veranstaltungen

■ **Hausherrenfest** mit feierlicher Prozession der Reliquien aus dem Münster am 3. Sonntag im Juli.
■ **Mooser Wasserprozession** am Montag darauf mit feierlich geschmückten Booten auf dem See.

Strände

■ **Strandbad Mettnau,** Strandbadstr. 100, Tel. 07732-10 232; **Seebad Mettnau,** Mettnaustr. 2, Tel. 07732-10 548, jeweils 9–20 Uhr, Erw. 2 €, Kind 1,30 €. Beide Bäder mit Spiel- und Sportangebot.

Segeln und Surfen

■ **Wassersportzentrum Radolfzell,** Zeppelinstr. 23, 78315 Radolfzell, Tel. 07732-97 19 31, www.wassersportzentrum-radolfzell.de. Bodenseeschifferpatent, Kinderkurse, Sportbootführerschein und Bootscharter.
■ **Surfschule Radolfzell,** Karl-Wolf-Str. 31, 78315 Radolfzell, Tel. 07732-62 92, www.surfschuleradolfzell.de. Kurse und Ausrüstungsverleih.

Klettern

■ **DAV Kletterwerk,** Güttinger Str. 17/1, Tel. 07732-95 98 48, www.kletterwerk.net, Mo, Mi, Fr 15–22.30 Uhr, Di, Do 9–22.30 Uhr, Sa/So 10–21 Uhr, Erw. 13,50 €, Kind 10 €. Klettern und Bouldern auf 1700 m^2 mit 18 m Außen- und 15 m Innenhöhe.

Fahrrad

■ Wie überall am Bodensee sind auch hier ideale Bedingungen vorhanden; bei der **Touristeninformation** gibt es eine **Broschüre** mit Karte und Tourenvorschlägen.
■ Ausgefallene Fahrräder bekommt man beim **Spezialradverleih Martin Hampel,** Friedrichstr. 8, Tel. 07732-97 97 32, www.spezialradverleih.de.

Die Festungsruine Hohentwiel thront imposant auf einem Vulkankegel

026bo am

Festungsruine Hohentwiel

Vulkane am Bodensee: Ein Abstecher von etwa 15 km nach Westen bringt Besucher zum markanten Kegel des 686 m hohen Hohentwiel bei Singen, den die **Ruine** einer mächtigen **Festung** krönt. Seit dem 10. Jh. ist hier auf dem Gipfel des **Hegau-Vulkans** eine Burg mit Kloster bezeugt. Im 16. Jh. baute sie Herzog *Ulrich von Württemberg* zur Landesfestung aus. Weitere Umbauten im 17. und 18. Jh. brachten der Festung den Ruf ein, uneinnehmbar zu sein. *Napoleon* bewies 1801 das Gegenteil und ließ die Anlage schleifen. Noch die Ruinen des 9 ha großen Festungswerks vermitteln einen Eindruck von seiner früheren Wehrfähigkeit.

Und aus einem weiteren Grund lohnt sich der Besuch hier oben: Man hat einen fantastischen Blick auf die von **Vulkankegeln** geprägte Landschaft des Hegau. Diese liegt auf einer Störungszone mit erhöhter vulkanischer Aktivität. Die steil emporragenden Kuppen des **Hegau** sind allerdings nur die Schlote, das erstarrte Magma dieser Vulkane. Eiszeitliche Gletscher haben das umhüllende, weiche Sedimentgestein abgetragen, sodass nur der harte Kern stehen blieb.

■ **Festungsruine Hohentwiel,** Auf dem Hohentwiel 2a, Singen, Tel. 07731-69 178, www.festungsruine-hohentwiel.de, Mitte Sept., Okt. 10–18, April bis Sept. 9–19.30 Uhr, Winter 11–16 Uhr, Erw. 3,50 €, Kind 1,80 €.

Die Höri

Die **Halbinsel** Höri zwischen Radolfzell und dem schweizerischen Stein am Rhein gilt als **Landschaft der Künstler,** haben hier doch *Hermann Hesse, Otto Dix* und andere Kreative gelebt und gewirkt. Inspirierend fand die Höri nicht jeder auf Anhieb: „Zum Kotzen schön“, befand *Otto Dix,* „... ich stehe vor der Landschaft wie eine Kuh".

Im Grunde unterscheidet die Höri nichts wirklich von anderen ähnlichen Landzungen am See, bis auf den **Rhein,** der an ihrem Südufer Tempo aufnimmt und – was für ein Bodensee-Bade-Erlebnis! – Strömung zeigt. Über die **Herkunft des Namens** kursieren zwei Versionen: Die Einheimischen machen Gott verantwortlich, der angesichts der Schönheit seines Schöpfungswerks am Bodensee befriedigt auf Allemannisch sagte: „Jetzt hör i uff". Historiker wiederum leiten den Namen vom mittelalterlichen *hörig,* also zu etwas gehörend, ab – in diesem Fall zum Bistum Konstanz.

Moos

Die aus vier Ortsteilen bestehende Gemeinde (3200 Ew.) am Nordufer der Halbinsel fällt durch ein überdimensionales Metallsegel am Hafen ins Auge. Der 18 m hohe **Solarturm** aus Edelstahl

Die Höri und die Künstler

Initiator der Höri-Begeisterung der deutschsprachigen Kunstszene war der Schriftsteller **Hermann Hesse,** der sich 1904 in Gaienhofen niederließ, um ein „ländliches, einfachaufrichtiges, natürliches, unstädtisches und unmodernes Leben zu führen". 1907 zog die Familie in ein eigenes Haus, das sie bis 1912 bewohnte. Da war *Hesse* des unstädtischen Lebens bereits überdrüssig. Das Haus wurde verkauft, die Familie zog nach Bern. Die Gaienhofener Zeit teilte *Hesse* mit dem Schriftsteller **Ludwig Finckh,** der ein Jahr später in das Dorf zog und dort bis zu seinem Lebensende blieb. *Finckh,* der eine nationale, antisemitische Haltung hatte und sich deshalb später mit *Hesse* überwarf, versammelte viele prominente Schriftsteller in seinem Gaienhofener Salon, darunter *Stefan Zweig.* So kam der junge *Hesse,* der 1903 seinen ersten literarischen Erfolg mit „Peter Camenzind" gefeiert hatte, in Kontakt mit anderen Autoren. Auch der Maler und Grafiker *Otto Blümel* kam zwischen 1907 und 1912 häufig zur Sommerfrische nach Gaienhofen – von ihm stammen die bewegten Scherenschnitte zum 1911 erschienenen Band „Hesses Indienreise". Auch der Grafiker *Max Bucherer,* von 1904 bis 1909 in Gaienhofen ansässig, gehört zum Freundeskreis der Familie *Hesse.*

Anfang der 1930er Jahre erfolgte ein zweiter kreativer Exodus in Richtung Höri: Diesmal zogen sich Künstler in die Landschaft unweit der Schweizer Grenze zurück, weil ihre Werke von den **Nationalsozialisten** als entartet angesehen wurden oder ihnen die Lehr- und Arbeitserlaubnis entzogen worden war. Einer der ersten war der Direktor der Düsseldorfer Kunstakademie *Walter Kaesbach;* er zog 1933 nach Hemmenhofen, nachdem er seines Amtes enthoben worden war. 1936 folgten **Max Ackermann, Otto Dix** sowie weitere Maler, Schriftsteller und Musiker. Die Höri bot ihnen die Möglichkeit, in Deutschland zu leben, und die Sicherheit, jederzeit in die Schweiz fliehen zu können. Den Reizen ihrer Landschaft erlagen sie aber auch, wie die Gemälde im Hermann-Hesse-Höri-Museum beweisen. Selbst *Otto Dix,* der die Höri anfangs „zum Kotzen schön" fand, begann hier, Gärten und Pflanzen zu malen.

speist Sonnenenergie ins Netz des Hafens ein und bringt eine Jahresleistung von 900 kW.

Im Ortsteil Bankholzen sind noch alte **Fachwerkhäuser** aus dem 18./19. Jh. erhalten, die **St. Leonhard** geweihte **Kirche** in Weiler besitzt ein schönes gotisches Netzgewölbe von 1500 und ein aus dem gleichen Zeitraum stammendes **Sakramentshaus.**

Berühmt ist die **Mooser Wasserprozession,** zu der am Montag nach dem Pfingstmontag die in Trachten gewandeten Mooser mit geschmückten Booten über den See nach Radolfzell wallfahren.

Gaienhofen

Der etwas südlich der Ostspitze gelegene Ort sah viele prominente Bürger und ist heute noch geprägt durch eine kunstsinnige Einwohnerschaft mit zahlreichen Galerien. Ende des 13. Jh. erstmals urkundlich erwähnt, präsentiert sich der Ort heute als moderne Siedlung mit einigen historischen Bauten, so der um 1500 errichteten **Mauritiuskapelle** mit einem Hochaltar aus der Renaissance.

Hermann-Hesse-Höri-Museum

Gleich nebenan in dem altehrwürdigen Fachwerkhaus lebte *Hermann Hesse* 1904 bis 1907 zur Miete, bevor die Familie dann in ein eigenes Haus umzog. Das Hermann-Hesse-Höri-Museum, bestehend aus *Hesses* erstem Wohnhaus und dem Höri-Museum daneben, zeigt im ehemaligen Wohn- und im Musikzimmer der Familie wechselnde Ausstellungen. Hauptattraktion ist der Original-Schreibtisch des Schriftstellers im Arbeitszimmer, den *Hesse* von Gaienhofen zu seinen weiteren Lebensstationen mitnahm und auf dem manch berühmtes Werk entstanden ist. Das Höri-Museum nebenan, ein Fachwerkhaus aus dem 17. Jh., diente der Gemeinde u.a. als Schulhaus, Rathaus und Gefängnis. Auch hier präsentieren Sonderausstellungen vor allem das künstlerische Schaffen auf der Höri; unterm Dach haben vorgeschichtliche Zeugnisse von Pfahlbausiedlungen Platz gefunden.

Im Rahmen einer Neukonzeption der Ausstellung ist das Hesse-Haus bis voraussichtlich Mitte 2015 geschlossen. Das Höri-Museum eröffnet März 2015.

■ **Hermann-Hesse-Höri-Museum,** Kapellenweg 8, Tel. 07735-44 09 49, www.hermann-hesse-hoeri-museum.de, Nov. bis Mitte März Fr, Sa 14–17 Uhr, So 10–17 Uhr, sonst Di–So 10–17 Uhr, 5 €.

Hermann-Hesse-Haus

Das nur im Rahmen einer Führung zu besichtigende, in Privatbesitz befindliche Hermann-Hesse-Haus ist im Vergleich zu seinem Vorgänger eine herrschaftliche Villa. Unter Denkmalschutz steht auch der von *Hesse* angelegte **Garten,** der nach Plänen des Autors rekonstruiert wird. Die von der Eigentümerfamilie gestaltete Führung durch einige rekonstruierte Wohnräume und den Garten hat weniger das literarische Schaffen als den Alltag der Familie *Hesse* zum Thema.

■ **Hermann-Hesse-Haus,** Hermann-Hesse-Weg 2, Tel. 07735-44 06 53, www.hermann-hesse-haus.de, Führungstermine siehe Website, 7 €.

Hemmenhofen

Im Gegensatz zu den meisten anderen Höri-Gemeinden gehörte Hemmenhofen nicht zum Hochstift Konstanz, sondern zum Nonnenkloster Feldbach beim schweizerischen Steckborn am gegenüberliegenden Rheinufer. Ab 1936 bezog der von den Nazis verfemte Maler **Otto Dix** mit seiner Familie ein für ihn errichtetes Haus und lebte hier bis zu seinem Tod 1969. Das Museum **Otto-Dix-Haus** zeigt das Atelier des Malers und die Wohnräume der Familie; wechselnde Ausstellungen setzen sich zudem mit besonderen Aspekten des Werks von *Otto Dix* und von ihm beeinflusster Künstler auseinander.

Bei schönem Wetter kann man den Besuch mit einem Kaffee auf der herrlichen **Aussichtsterrasse** des Anwesens beschließen.

Kunst-Wandertour

Auf den Spuren der Motive, die Höri-Künstler zu ihren Gemälden inspiriert haben, kann man entlang der Kunstroute von Gaienhofen über Hemmenhofen und Wangen und dann zurück nach Hemmenhofen und Gaienhofen in einer **14 km langen Rundtour** (Höhendifferenz 266 m) 31 Stationen erwandern. Eine jede ist mit einer mit „Fenster" versehenen Stele markiert, durch das man das Motiv betrachten kann, das der jeweilige Künstler hier gemalt hat. Anhand von Reproduktion des Originals sieht man, was der Maler daraus gemacht hat. Zur Kunstroute ist auch eine ausführliche **Broschüre** erhältlich.

■ **Zeitbedarf** ca. 4 bis 5 Std., Infos auch auf www.tourismus-untersee.eu/Kunstroute.

■ **Museum Haus Dix,** Otto-Dix-Weg 6, Gaienhofen-Hemmenhofen, Infos unter www.kunstmuseum-stutttgart.de, Ende März bis Okt., Di–So 11–18 Uhr, Erw. 5 €, Kind 2 €.

Öhningen

Mit den Ortsteilen Schienen und Wangen breitet sich Öhningen am Südufer der Höri am Hang des Schiener Bergs aus, der höchsten Erhebung der Halbinsel (708 m). Im Gegensatz zu den anderen Höri-Gemeinden ist hier noch einiges aus der Geschichte des Ortes erhalten, so beispielsweise zahlreiche schöne Fachwerkhäuser.

Öhningen wird beherrscht vom **Augustiner-Chorherrenstift** (10. Jh.), hinter dem sich die sorgfältig restaurierte Vogtei (17. Jh.) duckt, heute das **Rathaus.** Die **Stiftskirche** im Stil der Renaissance birgt wertvolle Kirchenschätze. Das Chorherrenstift ist nur im Rahmen einer Führung zu besichtigen (Termine bei der Tourist-Information).

Im Ortsteil Kattenhorn verdienen zwei sakrale Bauten Beachtung: die hübsche **Blasiuskapelle** (16. Jh.) und die evangelische **Petruskirche** mit Fenstern nach Entwürfen von *Otto Dix.*

St. Genesius im Ortsteil Schienen ist ein schlichtes romanisches Gotteshaus mit einer von Wallfahrern verehrten „Maria mit dem Kind" (1430).

Wangen entführt mit dem **Museum Fischerhaus** im ältesten Fachwerkbau des Ortes (aus dem Jahr 1618) in die Ära der Pfahlsiedlungsbauer und mit Exponaten aus den Öhninger Steinbrüchen, in denen zahllose Versteinerungen entdeckt wurden, in die Vorgeschichte unserer Erde.

■ **Museum Fischerhaus,** Hauptstraße, Tel. 07735-13 42, www.museum-fischerhaus.de, Ostern bis Mitte Okt. Di–Sa 11–17 Uhr, So 14–17 Uhr, 2 €.

Praktische Tipps

Information

■ **Tourist-Info Moos,** Bohlinger Str. 18, 78345 Moos, Tel. 07732-99 96 17, www.moos.de, Mo–Do 8–12 Uhr, Mai bis Sept. Mo, Di, Do auch 14–16 Uhr, Mi bis 18 Uhr, Fr 8– 12.30 Uhr, Juli/Aug. auch Fr 15–18 Uhr, Sa 9–12 Uhr.

■ **Kultur- und Gästebüro,** Im Kohlgarten 1, 78343 Gaienhofen, Tel. 07735-81 823, www.gaienhofen.de, Mo–Fr 8– 12, 14-16 Uhr, Juli bis Sept. zusätzlich Fr 13–16, Sa 9–13 Uhr.

■ **Tourist-Information,** Im Rathaus, 78337 Öhningen, Tel. 07735-81 920, www.oehningen.de, Mo–Fr 8–12 Uhr, Mo– Mi auch 14–16 Uhr, Do 16.30–18.30 Uhr, Juli bis Sept. auch Fr 14–18 Uhr, Sa 9–12 Uhr.

Verkehrsmittel

■ **Bus:** Höri-Bus von Radolfzell über Moos, Gaienhofen, Öhningen oder Bankholzen, Schienen, Öhningen nach Stein am Rhein (CH), www.suedbadenbus.de.

■ **Schiff:** April bis Okt. Schiffsverbindungen in Richtung Obersee und nach Schaffhausen, www.bsb-online.com und www.urh.ch.

■ **Höri-Fähre** von Horn/Gaienhofen nach Steckborn (Fußgänger, Fahrräder), Mai, Juni So, Juli–Sept. auch Di, Do, Fahrplan auf www.gaienhofen.de.

Unterkunft

■ **Silencehotel Gottfried**③, Böhringer Str. 1, 78345 Moos, Tel. 07732-92 420, www.hotel-gottfried.de. Nicht abschrecken lassen: Das moderne Haus wirkt auf den ersten Blick nicht für jeden einladend, doch drinnen dreht sich alles ums Wohlbefinden der Gäste – mit schönen Zimmern, einem hochgelobten Restaurant und einem Wellnessbereich, den man so schnell nicht wieder verlässt.

■ **Gasthaus zur Alten Post**②, Hauptstr. 329, 78343 Gaienhofen-Hemmenhofen, Tel. 07735-93 74 75, www.zur-alten-post.net. Die jüngst renovierten und modern möblierten Zimmer sind geräumig; von einigen hat man Blick auf den See. Auch die Küche ist sehr empfehlenswert.

■ **Hof Balisheim**②, 78343 Gaienhofen, Tel. 07735-93 030, www.balisheim.de. Der historische Hof mit Ponys, Streicheltieren, Spielplatz und neu ausgebauten Ferienwohnungen ist eine ideale Familien-Unterkunft.

■ **Schloss Oberstaad**②, Im Oberstaad 1, 78337 Öhningen, Buchung über Michels Hotel GmbH, Tel. 0800-67 38 330, www.schlossoberstaad.de. Wohnen in einem ehemaligen Wasserschloss mit eigenem Seezugang. Die Apartments sind modern und hell eingerichtet.

■ **Gasthaus Hirschen**③, s. „Essen und Trinken."

Die Höri-Bülle

Tatsächlich war die Halbinsel Höri bis zum Beginn ihrer Karriere als Künstler-Sommerfrische vor allem für eines bekannt: die rote Höri-Bülle, eine **Zwiebelsorte,** die, heute vom Verschwinden bedroht, als absolute Delikatesse gilt. Die Zwiebel mit roter Haut und zarter Schärfe eignet sich besonders für den **rohen Verzehr,** weshalb man sie traditionell zum Wurstsalat anschneidet. Da sie nicht so robust ist wie andere Sorten und vorsichtig von Hand geerntet werden muss, wird sie immer seltener angebaut. Zentrum des Bülle-Anbaus ist die Gemeinde Moos.

Camping

Bootsstüble Wangen, Seeweg 13, 78337 Öhningen-Wangen, Tel. 07735-44 06 62, http://bootsstueble-wangen.de, Übernachtung im Zirkuswagen. Eine originelle Unterkunft für Individualisten.

Campingplatz Wangen, Seeweg 32, 78337 Öhningen-Wangen, Tel. 07735-91 96 75, www.camping-wangen.de, Erw. 5 €, Kind 2,50 €, Stellplatz ab 4,50 €. Schöner Platz am See mit Eco-Zertifikat versehen.

Essen und Trinken

Gasthaus Hirschen②, Kirchstr. 1, Gaienhofen, Tel. 07735-93 380, www.hotelhirschen-bodensee.de. Das behäbige Gasthaus besitzt einen unübertroffen schönen Wirtsgarten. Dazu wird saisonal und mit heimischen Produkten sehr gut gekocht, sodass wahre Hirschen-Fans kurzerhand in einem der komfortablen Gastzimmer und Apartments absteigen, um sich ungehemmt den vielfältigen Wirtshausgenüssen sowie dem neuen Spa hingeben zu können.

Schlössli②, Hornstaaderstr. 43, Gaienhofen-Horn, Tel. 07735-20 41, www.schloessli.de, Menü um 20 €. Die Seeterrasse ist unschlagbar! Darauf entfaltet die gutbürgerliche Küche des Schlössli ihren ganz besonderen, badischen Zauber.

Grüner Baum②, Radolfzellerstr. 4, Moos, Tel. 07732-54 077, www.gruenerbaum-moos.de. Bodenseeküche jenseits des Mainstreams mit Gerichten wie Zwiebelsuppe von der Höri-Bülle oder dem Mooser Fischtopf.

Falconera④, Zum Mühlental 1, Öhningen-Schienen, Tel. 07735-23 40, www.restaurant-falconera.de. Dem Restaurant erweisen sowohl *Michelin* als auch *Gault Millau* ihre Reverenz: Den Gast erwarten hohe Küchenkunst ohne modisches Ge-

schmäckle, frische und beste Zutaten und perfekter Service. Ein Genuss für alle Sinne!

Nachtleben und Kultur

■**Café-Bar Boot,** Hauptstr. 224, Gaienhofen, Tel. 07735-93 96 81, tgl. 19–1 Uhr. Bar und Besitzer sind Originale auf der Höri.

■**Kunstgalerie:** *Galerie Gina Garen,* Hauptstr. 223, Gaienhofen, Tel. 07735-93 84 27, www.gina-garen.de, Sa, So 11–13 Uhr.

Feste und Veranstaltungen

■**Bülle-Fest** in Moos: Am ersten Sonntag im Oktober wird die Höri-Bülle (s.a. Kasten vorhergehende Seite) mit Speis, Trank und Musik gefeiert.

■**Töpfermarkt Iznang:** Am 3. Juli-Wochenende.

Strände

■**Strandbäder** in den Gemeinden Moos, Iznang, Horn, Wangen und Öhningen; **Badeplätze** in Gundholzen, Gaienhofen, Hemmenhofen. In Wangen ist bereits die Rheinströmung zu spüren.

Segeln/Motorboot/Kanu

■**Bodensee Segelschule Hemmenhofen,** Uferstr. 7a, Tel. 07735-29 66, www.segelschule-hemmenhofen.de. Die Segelschule bietet auch Segelcharter, Motorboot- und Kanuverleih.

■**Segelcamp Gaienhofen,** BeOneTeam, Singenerstr. 34, Aach, Mobil-Tel. 0178-190 75 74, www.segelcamp-bodensee.de. Segelcamp und Tages-Segelkurse für Kinder und Jugendliche.

■**Bootsstüble,** Seeweg 13, Öhningen-Wangen, Tel. 07735-44 06 62, http://bootsstueble-wangen.de. Kanutouren und -verleih.

www.fotolia.de © falke100

Malen

■**die fabrik am see,** Hornstaaderstr. 7, 78343 Gaienhofen-Horn, Tel. 07735-93 83 51, www.fabrikamsee.de. Mehrtägige Malkurse mit Übernachtungsmöglichkeit.

Wandern und Fahrrad

■Über Touren mit dem Fahrrad oder zu Fuß informieren die Touristinfos vor Ort bzw. auf ihren Websites.

◁ Blick von der Halbinsel Mettnau bei Radolfzell auf die Halbinsel Höri

602bo sk

Vom spektakulären Rheinfall ins idyllische Appenzell, von verträumten Stein am Rhein ins schicke

In der Schweiz

St. Gallen – das Hinterland des Schweizer Bodensees präsentiert sich in vielen attraktiven Facetten.

< Stein am Rhein

5 HOCHRHEIN UND SCHWEIZER UNTERSEE-UFER

603bo sk

Die **Grenze** zwischen Deutschland und der Schweiz verläuft entlang des Untersees, der durch den Seerhein mit dem Obersee verbunden ist, und weiter westwärts entlang des Hochrheins, der den Untersee in Richtung Schaffhausen verlässt. Während die Schweizer Seite des Obersees stark durch Dienstleistungsbetriebe und Industrie geprägt ist, präsentieren Untersee und Rhein noch **Bilderbuch-Romantik.** Buntes Fachwerk sowie mittelalterliche Mauern und Tore prägen die Städte Stein am Rhein und Schaffhausen, wo der **Rheinfall** die größte Naturattraktion bildet. Winzige Städtchen mit historischem Kern reihen sich am Rhein- bzw. Unterseeufer aneinander. Viele dieser **Fachwerkstädtchen** haben Wurzeln bis in die Jungsteinzeit. Landschaft und Orte scheinen aus der Zeit gefallen, es geht gemächlich zu, so wie auch der singende Dialekt mehr nach Gemütlichkeit als nach Hektik klingt. Deutlich ist der Unterschied im Preisniveau für Dienstleistungen, denn Übernachtung, Essen und Eintritt sind in der Schweiz durchweg teurer als in Deutschland.

› Schaffhausen, Festung Munot

NICHT VERPASSEN!

- **Rathausplatz, Stein am Rhein:** Ein historisches Bilderbuch an den Hausfassaden | 148
- **Rheinfall, Schaffhausen:** Europas größter Wasserfall tobt mit eindrucksvoller Wucht | 160
- **Schloss Arenenberg:** Wo Kaiser Napoleon III. Kind sein durfte | 165
- **Ermatingen:** Fachwerk und Weinbau finden in Ort und Museum harmonisch zusammen | 165

Diese Tipps erkennt man an der gelben Hinterlegung.

Stein am Rhein

Vorhang auf! Das romantische Stein am Rhein (3100 Ew.) hat einen spektakulären Auftritt, hat der Besucher erst den Rhein zur **historischen Altstadt** überquert. Freskenfreudig waren sie, die Staaner, sodass fast jede Hausfassade Geschichten zu erzählen weiß. Nehmen Sie sich Zeit und hören Sie den Geschichten zu, die von einer bewegten Vergangenheit berichten.

Geschichte

Die verkehrsgünstige Lage am Wasser-Handelsweg des Rheins förderte schon um 5000 v. Chr. die Ansiedlung von Menschen im Uferbereich und auf der Insel Werd. Um die Zeitenwende gründeten die **Römer** im Gebiet des heutigen Eschenz das römische Dorf **Tasgetium** und um 300 ein wehrhaftes Kastell gegen die Alemanneneinfälle. Siedlungsspuren aus merowingischer Zeit wurden auf der linken Rheinseite entdeckt.

Im 11. Jh. begann mit der Verlegung des **Klosters St. Georgen** vom Hohentwiel ans rechte Rheinufer Steins **Aufstieg.** Waren, die über den Untersee transportiert wurden, mussten hier umgeladen werden, da die Stromschnellen des Rheins nur von kleinen Booten passiert werden konnten. Zwischen dem 11. und 14. Jh. war Stein ein blühender Marktort mit Stadtrat, Bürgermeister und weitreichenden Handelsbeziehungen. 1457 gelang es der Stadt sogar, sich aus ihrer Abhängigkeit gegenüber Kloster und Adel freizukaufen und so die **Reichsfreiheit** zu erlangen, sie musste allerdings schon 30 Jahre später unter den Schutz und die finanzielle Hilfe Zürichs schlüpfen. Mit diesem traten die Staaner geschlossen zur **Reformation** über.

Im 15./16. Jh. erlebte Stein seine größte Blüte; das Stadtbild wurde nachhaltig durch Neubauten geprägt. Der Dreißigjährige Krieg sowie Querelen mit Zürich und Thurgauer Amtsträgern beendeten diese Ära, die schließlich sogar im von der Stadt angezettelten **Steiner Krieg** 1781 bis 1784 mündete, den Stein gegen das mächtige Zürich natürlich verlor.

Das 19. Jh. erlebte die Stadt im **Niedergang,** Schifffahrt und Warenverkehr brachten ihr kein Einkommen mehr; Konstanz und Schaffhausen hatten Stein verdrängt. Die Ansiedlung mittelständischer Industrie ab Ende des 19. Jh. schuf neue Arbeitsplätze; eine wichtige Rolle spielt auch der **Tourismus.**

Schweiz-Infos

- **Einreise:** Personalausweis oder Pass erforderlich, Kinder benötigen ein eigenes Reisedokument; detaillierte Einreise- und Verkehrsbestimmungen siehe „Grenzübertritt EU – Schweiz" und „Autofahren" im Kapitel „Praktische Reisetipps A–Z".
- **Vorwahl:** 0041
- **Währung:** Schweizer Franken (SFr.), Wechselkurs: 1 SFr. = 0,95 €, 1 € = 1,05 SFr. (Stand Februar 2015)

Sehenswertes

Orientierung

Die **Altstadt** besteht aus dem linksrheinischen Ortsteil Burg, der teils auf dem ehemaligen römischen Kastell erbaut wurde, und dem rechtsrheinisch gelegenen Stein, über dem Burg Hohenklingen thront.

Parkmöglichkeiten gibt es innerhalb des Altstadtkerns kaum; größere Parkflächen stehen bei der Kirche St. Johann auf Burg, also links des Rheins, sowie östlich, westlich und nördlich der Steiner Altstadt zur Verfügung.

Zug- und Busbahnhof liegen linksrheinisch.

Rathausplatz

Der langgezogene, sich nach Osten weitende Platz ist ein einziges historisches Bilderbuch. Seine Stirnseite bildet das im 16. Jh. erbaute **Rathaus,** in dessen zweitem Geschoss sich der Ratssaal befand. Das Erdgeschoss war eine offene Halle für den Kornmarkt, darüber wurde Tuch gelagert. Die heutige Bemalung wurde erst Ende des 19. Jh. ausgeführt.

An der Südseite des Platzes reihen sich die bunt bemalten Häuser aneinander: die **Vordere Krone** aus dem 14. Jh. mit Erker und Fassade aus dem 18. Jh. und einem Laden, der um 1900 eingebaut

028bo am

wurde. Charakteristisch für ein Kaufmannshaus ist die Aufzugtür am Giebel (Rathausplatz 7). Daneben das Wirtshaus **Rother Ochsen,** das hier seit 1446 Gäste bewirtet und seinen Erker und die Fassadenbemalung im 17. Jh. bekam (auch innen sehenswert, Nr. 9); das im 16. Jh. erbaute Haus **Steinerner Trauben** mit viereckigem Erker und der 1900 mit dem „Land wo Milch und Honig fließen" freskierten Motiv (Nr. 11); und schließlich die **Sonne,** ein behäbiges Wohn- und Gasthaus, dessen Grundstück früher bis an den Rhein reichte (Nr. 13), und das Eckhaus **Schwarzes Horn** vom 15. Jh., 1914 bemalt (Nr. 17). Gegenüber präsentiert sich das Haus **Weisser Adler** mit einer Fassadenbemalung aus der Renaissance, die um 1520 angebracht wurde und mittelalterliche Alltagsszenen zeigt (Oberstadt 1). Den Platz schmückt ein **Stadtbrunnen** mit einer Kriegerfigur (16./17. Jh.).

Der Rathausplatz von Stein am Rhein bietet ein wunderschönes Ensemble alter Gebäude, hier das Rathaus aus dem 16. Jh.

An der Straße Understadt

Der Staffelgiebel des Hauses **Brodlaube** (Brodlaubegass 1) ist seit 1358 bezeugt. Ab Mitte des 15. Jh. diente das Gebäude als Zunfthaus der Müller und Bäcker, die hier ihre Ware verkauften. Erhalten ist auch noch die auffällig große Aufzugtür im Giebel. Ein Stück weiter sieht man rechts das mittelalterliche Handwerkerhaus **Hirzli** mit imposantem Fachwerk und links schräg gegenüber das **Haus Raben,** das im 16. Jh. aus zwei Häusern

Übernachtung
1 Jugendherberge
4 Rheingerbe
9 Adler
11 Camping Grenzstein
12 Garni Hotel Mühletal

Essen und Trinken
3 La p'tite crêperie
6 Weinstube Zum Rothen Ochsen
7 Rheinfels
13 Rhy Lounge
14 Restaurant Burg Hohenklingen

Einkaufen/ Sonstiges
2 Heimatwerk
5 Riverbike
8 Chäs Graf

Nachtleben
10 Le Papillon
13 Rhy Lounge

zusammenwuchs und dessen 1707 angebauter Erker in der Stadt einen dreijährigen **Erkerstreit** auslöste. Der Anbau erfolgte nämlich ohne Genehmigung, woraufhin zwei andere Eigentümer, die der Häuser Vordere Krone und der daneben liegenden Krone am Rathausplatz, kurzerhand ebenfalls Erker anbauten. Der erbitterte Streit hinderte die Stadtherren übrigens nicht daran, sich ausgerechnet den Erker des Raben als Trinkstube auszusuchen.

Aus der mittelalterlichen Reihe tanzt das **Haus Lindwurm** mit seiner Anfang des 19. Jh. umgebauten Empirefassade. Die täuscht darüber hinweg, dass dieses eines der ältesten Häuser von Stein am Rhein ist, erbaut um 1280. Das darin untergebrachte **Museum für bürgerliche Wohnkultur** zeigt, wie Herrschaften und Bedienstete Mitte des 19. Jh. lebten und arbeiteten.

■ **Museum Lindwurm,** Understadt 18, Tel. 052-741 25 12, www.museum-lindwurm.ch, März bis Okt. täglich. 10–17 Uhr, 5 SFr.

Die Straße endet am **Untertor** von 1367, dem mittelalterlichen Ausgang der Stadt in Richtung Hegau, der durch eine Falltür verschlossen werden konnte.

Zu Obertor und Chretzeturm

Dem Verlauf des äußeren Häuserrings nach Nordosten folgend, der zugleich Stadtbefestigung war, führt die Fronhofgass zum **Fronhof** (Nr. 16) mit seiner vorkragenden Fachwerketage (1398). Eine dort im Bett rauchende Frau soll 1668 einen Stadtbrand ausgelöst haben, dem sieben Häuser zum Opfer fielen. Seit 1363 gibt es das **Obertor,** das bei diesem Brand stark zerstört und im 18. Jh. gründlich umgebaut wurde. Es diente als Ausgang zu den Feldern und Gärten, die die Staaner Bauern und Rebleute vor der Stadt bearbeiteten.

Bereits im 13. Jh. wurde der **Chretzeturm** mit seiner seltsamen, dreiviertelrunden Form als Wehrturm errichtet. Er geht in ein im 15. Jh. erbautes Wohnhaus über und dient heute als Unterkunft für Künstler-Stipendiaten.

Die Obergass weiter nach Südosten, passiert man den hohen Fachwerkbau der **Harfe,** bevor man auf das **Zeughaus** trifft. Es wirkt gotisch, wurde aber erst im 17. Jh. erbaut, diente verschiedenen Zwecken, wurde u.a. als Feuerwehrhaus und Schützenanlage genutzt und steht heute leer.

Stadtkirche und ehemaliges Kloster St. Georgen

Die Ansiedlung des Klosters St. Georgen begünstigte im 11. Jh. die Stadtentwicklung von Stein. Die ehemalige Stiftskirche, heute Stadtkirche, hat ihre ursprünglichen, romanischen Bauformen aus dem 12. Jh. noch weitgehend erhalten und präsentiert sich nach dem Bildersturm der Reformation bis auf die Malereien im Chor (15. Jh.) in nahezu schmuckloser Schlichtheit.

Das bereits im 16. Jh. in der Reformation aufgehobene Kloster zeigt heute als **Museum,** wie der Klerus lebte. Besonders eindrucksvoll sind der mit Wandmalereien geschmückte Festsaal des letzten Abts (1515), das im 15. Jh. erbaute Winterrefektorium, der schlichte, nur im

Südflügel verzierte Kreuzgang (15./16. Jh.) und die Zellen aus dem 15. Jh.

■ **Klostermuseum,** Fischmarkt, Tel. 052-74 12 142, April bis Okt. Di–So 10–17 Uhr, 5 SFr.

Nahe dem Kloster ist das **Bürgerasyl** aus dem 14. Jh. erhalten, das zunächst als Spital und später auch als Armen- und Waisenhaus diente. Fünf niedrige Fachwerkhäuser rahmen einen lauschigen Innenhof ein.

Mein Tipp: Burg Hohenklingen

Eine Dreiviertelstunde bergauf ist's zu Fuß zur mittelalterlichen, wehrhaften Feste über Stein, in der bis 1457 die Vögte über das Städtchen herrschten. Dann wurde Stein freie Reichsstadt, und der Vogt musste abziehen. Heute ist die Burg ein beliebtes Ausflugsziel, dem schönen Blick über Stein und Rhein wegen und auch wegen dem romantischen Restaurant in den Burgmauern (siehe unten). Eine **Besichtigung** ist nur mit Führer der Touristeninformation möglich.

Stadtteil Burg

Die linksrheinische Siedlung, die älter ist als Stein am Rhein, besitzt mit der **Kirche St. Johann auf Burg** ein bereits im 6. Jh. errichtetes Gotteshaus, das im 14./15. Jh. seinen herrlich freskierten Chor bekam. Das wenige Schritte entfernte **Haus Schwanen** (Charregass 3) zählte zu den besten Gasthäusern in der Stadt.

Das Obertor führte einst zu den Feldern vor der Stadt

030bo sk

Praktische Tipps

Information

■ **Tourismus Stein am Rhein,** Oberstadt 3, 8260 Stein am Rhein, Tel. 052-632 40 32, www.steinamrhein.ch, Mo–Fr 9.30–12 und 13.30–17 Uhr, Mai, Juni, Sept. auch Sa, So 9.30–12 und 13.30–16 Uhr, Juli, Aug. Sa, So 9.30–12 und 13.30–16 Uhr.

Stadtführungen

■ Mai bis Okt. Fr 11.30–12.30 Uhr, Juni bis Sept. auch Mi 17.30–18.30 Uhr, 12 SFr.

Verkehrsmittel

■ **Bahn:** S-Bahn Kreuzlingen – Schaffhausen, halbstündlich.

■ **Postauto:** in Richtung Frauenfeld, www.postauto.ch.

■ **Schiff:** April bis Okt. Verbindungen in Richtung Obersee und nach Schaffhausen, www.bsb-online.com und www.urh.ch.

Unterkunft

■ **Adler**④, Rathausplatz, CH-8260 Stein am Rhein, Tel. 052-742 61 61, www.adlersteinamrhein.ch. Zentral gelegen, histor. Haus, die Zimmer in den 1960er-Möbeln belassen, aber durchaus originell.

■ **Rheingerbe**③, Schiffländi 5, CH-8260 Stein am Rhein, Tel. 052-741 29 91, www.rheingerbe.ch. Einfach und geschmackvoll eingerichtete Zimmer, einige mit Rheinblick.

■ **Garni Hotel Mühletal**②, Oehingerstr. 6, Tel. 052-741 27 25, muhletal@bluewin.ch. Die einfache, relativ preisgünstige Pension liegt direkt am Bodenseeradweg und bietet Unterstellmöglichkeiten für die Fahrräder.

■ **Jugendherberge Stein am Rhein**①, Hemishoferstr. 87, 8260 Stein am Rhein, Tel. 052-741 12 55, www.youthhostel.ch/stein. Schön am Rhein unweit des Strandbades gelegen, großer Garten.

Camping

■ **Grenzstein,** Oehningerstr. 75, CH-8260 Stein am Rhein, Tel. 079-646 96 02, www.campinggrenzstein.ch, Erw. 7 SFr., Kind 4 SFr., Stellplatz ab 10 SFr. Schöner, grüner Platz unweit der deutschen Grenze mit Fahrradwerkstatt und -verleih.

Essen und Trinken

■ **Restaurant Burg Hohenklingen**④, Hohenklingenstr. 1, Tel. 052-741 21 37, www.burghohenklingen.ch. Gutbürgerliche Schweizer Küche im romantischen Ambiente mittelalterlicher Burgmauern. Die Lage schlägt sich in den Preisen nieder.

■ **Rheinfels**④, Rhigass 8, Tel. 052-742 11 44, www.rheinfels.ch. Die Lage am Rhein ist unschlagbar und die Küche mit frischem Süßwasserfisch sehr gut. Empfehlenswert ist das Schlemmer-Fisch-Menü.

■ **Weinstube Zum Rothen Ochsen**③, Rathausplatz 9, Tel. 052-741 23 28, www.rother-ochsen.ch. Regionale Spezialitäten und natürlich Käsenfondue in historischem Ambiente.

■ **Rhy Lounge**③, Oehningerstr. 10, Tel. 052-741 66 70, www.rhylounge.com, Menü um 50 SFr. Hier isst man alles, was nach Italien kling: Pizza, Pasta, Panini und einige Schweizer Fleischspezialitäten.

Mein Tipp: **La p'tite crêperie**②, Understadt 10, Tel. 052-741 59 55. Die bezaubernde, winzige Crêperie verwöhnt mit süßen und deftigen Crêpes in charmantem Ambiente. Zudem gibt's noch einen „Bazar" mit Geschenkideen aus aller Welt.

Nachtleben und Kultur

- In der **Rhy Lounge** (siehe „Essen und Trinken") ist abends immer was los.
- Eleganter nippt man an seinem Cognac im **Le Papillon,** *Hotel Chlosterhof,* Oehningerstr. 2, Tel. 052-742 42 42, www.chlosterhof.ch.

Einkaufen

- **Chäs Graf,** Oberstadt 1, Tel. 052-741 22 61, www.chaes-paradies.ch. Über 80 Schweizer Käsesorten hat dieser Laden im Sortiment.
- **Heimatwerk,** Understadt 28, Tel. 052-741 33 92. Souvenirs aus original Schweizer Produktion.

Fahrrad

- **Riverbike,** Rathausplatz 15, Tel. 052-741 55 41, www.riverbike.ch. Mo Ruhetag. Fahrradverkauf, -verleih und -touren.
- **Grenzstein,** siehe „Camping".

Das Haus Zum Thiergarten in Schaffhausen

Schaffhausen und Rheinfall

3 km von Schaffhausen entfernt stürzt sich der Rhein über **Europas größten Wasserfall** – eine Tatsache, die der hübschen Altstadt ordentlich Konkurrenz macht. Natürlich ist der Rheinfall hier die Hauptattraktion, aber Zeit für Schaffhausen sollte man ebenfalls einplanen.

Geschichte

Schaffhausens Geschichte als Marktort ist seit dem 11. Jh. verbürgt, als König *Heinrich II.* der *villa Scafhusun* die Münzrechte verlieh. Gegeben hat es die Siedlung folglich schon vorher; die Lage begünstigte Wachstum und Blüte. Spätestens hier vor dem Rheinfall mussten Handelswaren von Schiffen auf Karren umgeladen werden, und Schaffhausen verdiente daran. Im 11. Jh. wurde auch das Kloster Allerheiligen gegründeten, in den folgenden Jahrhunderten eine bedeutende geistige wie weltliche Macht. 1218 wurde Schaffhausen reichsfreie Stadt, 1501 trat es zermürbt von den Querelen zwischen deutschem Reich und Habsburg dem Bund der Eidgenossen bei. Das 16. Jh. über erweiterte der Stadtstaat sein Territorium bis etwa zur Größe des heutigen Kantons und trat geschlossen zur Reformation über. Kloster Allerheiligen wurde säkularisiert. Das 16. bis 18. Jh. war die Ära des stolzen Bürgertums, das seinen Wohlstand in der prachtvollen Gestaltung der Häuser mit Fresken und bemalten Erkern zur Schau trug. Politische Umwälzungen im 19. Jh. brachten Schaffhausen als eine von vielen Gemeinden in den Schweizer Staat. Auf Verarmung und Abwanderung folgte dank der Ansiedlung von Industrie ein erneuter Aufschwung, der Schaffhausen zu einer führenden Schweizer Industriestadt machte. Im Zweiten Weltkrieg wurde die Stadt zweimal „versehentlich" von amerikanischen Kampfflugzeugen bombardiert. Begründet wurde dies mit der grenznahen Lage zu Deutschland; vermutet wird allerdings, dass das Bombardement die in Schaffhausen angesiedelten Rüstungsbetriebe zerstören sollte, die nach Deutschland lieferten.

032bo sk

Schaffhausen

0 100 m ©Reise Know-How 2015

Übernachtung

1 CrossBox
2 Hotel und Backpacker ZAK
8 Fasshotel Trasadingen
10 Park Villa
11 Jugendherberge Dachsen
14 Fischerzunft

Essen und Trinken

3 Fass-Beiz
4 Devi
9 Zum Frieden
13 Bistro auf der Munotzinne
14 Fischerzunft

Nachtleben

3 Fass-Beiz
5 Cuba Club
6 Bar Orient

Einkaufen

7 Chäs Marili

★12 Haus Zum Ritter

Sehenswertes

Orientierung

Rund um die Altstadt stehen **Parkflächen** und -häuser zur Verfügung; zentral gelegen für die Besichtigung ist das Parkhaus Stricki an der Rheinuferstrasse (7–22 Uhr, erste Std. 1,80 SFr., jede weitere 2 SFr.) unweit der Schiffslände.

Der **Bahnhof** liegt im Nordwesten der Altstadt.

Der **Rheinfall** liegt südwestlich der Stadt.

Festung Munot

Schaffhausens **Wahrzeichen,** die Festung Munot, wurde im 16. Jh. als runde Verteidigungsanlage von den Bürgern erbaut und mit mächtigen Kasematten ausgestattet. Heute dient die Festung als **Veranstaltungsort** für sommerliche Events. Im Sommer gibt's im „Bistro auf der Munotzinne" Getränke und kleine Snacks.

■ **Munot,** Mai bis Sept. 8–20, Winter 9–17 Uhr, Eintritt frei.

Mein Tipp: Münster und Museum zu Allerheiligen

Im 11. Jh. wurde der Bau des Münsters begonnen und kurz nach 1100 abgeschlossen, 1150 der Turm angefügt. Die **romanischen Bauformen** kommen in dem Gotteshaus besonders gut zur Geltung, weil es im reformatorischen Bildersturm seiner Innenausstattung weitgehend beraubt wurde. Erhalten sind im südlichen Nebenchor **Freskenmedaillons** aus dem 15. Jh. Die **Kanzel** kam nach der Reformation dazu und trägt das Schaffhauser Stadtwappen. Die wenigen modernen Ausstattungsstücke betonen den schlichten Charakter der Kirche. Von der Münstervorhalle gelangt man in den großen romanischen **Kreuzgang** aus dem 12./13. Jh., in dessen Innenhof prominente Schaffhauser Bürger beigesetzt wurden. Nördlich schließt der nach mittelalterlichem Vorbild gepflanzte **Kräutergarten** an.

In den Räumen des **ehemaligen Benediktinerklosters** Allerheiligen zeigt heute das Museum zu Allerheiligen Archäologie, Geschichte, Kunst und Naturkunde der Region. Spannend ist das Nebeneinander der alten, romanischen Baustruktur und moderner Erweiterungen.

■ **Museum zu Allerheiligen,** Baumgartenstr. 6, Eingang Klosterstr./Pfalzhof, Tel. 052-633 07 77, www.allerheiligen.ch, Di–So 11–17 Uhr, 12 SFr.

Vom Thiergarten zum Herrenacker

Den Münstervorplatz beherrscht das vom 16. bis 18. Jh. mehrfach umgebaute Haus Thiergarten mit seinem von Erkern geschmückten Renaissanceflügel und dem im Barockstil angefügten Westtrakt.

Bergauf geht es zum Herrenacker, Schaffhausens großem, zentralen **Platz** mit der Touristeninformation und einigen ganz schnuckeligen Ecken wie rund um das Haus Herrenacker 11 mit der „Wirtschaft zum Frieden" und der Jahreszahl der Französischen Revolution auf dem klassizistischen Erker.

Am Fronwagplatz

Eine **astronomische Uhr** aus dem Jahre 1564 schmückt den in seiner heutigen Form aus dem 18. Jh. stammenden **Fronwagturm,** in dem früher die Marktwaage hing, denn der Platz diente im Mittelalter als Markt. Die Uhr zeigt neben der Zeit, den Wochentagen und dem astronomischen Stand der Sonne auch Jahreszeiten, Tag- und Nachtgleichen, Finsternisse und Mondphasen an.

Unter Hausnummer 3 spreizt sich die hochbarocke **Herrenstube,** in der ab dem 14. Jh. die Schaffhauser Edelleute einkehrten.

Eine hübsche Rokoko-Fassade mit dem namensgebenden Steinbock schmückt das **Haus Steinbock** in der Oberstadt 16. Das frühere Zunfthaus der Metzger diente ab der Reformation als Herberge.

☒ Das prächtige Haus Zum Ritter besitzt die bedeutendsten Renaissance-Fresken nördlich der Alpen

Erkerstadt Schaffhausen

171 Erker schmücken die Altstadthäuser von Schaffhausen. Der Anbau in Fensterhöhe ließ mehr Licht in die Wohnräume und diente auch der Strukturierung der Fassade. Vor allem in **Renaissance** und **Barock,** als Schaffhausens Wirtschaft blühte, ließen die Bürger Erker anbauen.

Durch die Vorstadt

Ein erstaunliches Symbol für die wohlhabende Bürgerschaft ist der **Mohrenbrunnen,** der 1535 einen älteren, hölzernen Brunnen ersetzte und in der Figur des Mohrejoggeli einen der Heiligen Drei Könige, Kaspar, darstellt. Beim Haus **Zum Goldenen Ochsen** in der Vorstadt 17 fand früher der Viehmarkt statt. 1608 wurde die ehemalige Herberge umgebaut, mit Renaissance-Erker und -Portal geschmückt und reich freskiert. **Zum Großen Käfig** in der Vorstadt 43 steht dort, wo sich der Gefängnisturm von Schaffhausen befand.

Haus Zum Ritter und Kirche St. Johann

Die **prachtvollste Fassade** besitzt zweifelsohne dieses 1492 erbaute Haus (Vordergasse 65). Der Schaffhauser Freskant *Tobias Stimmer* bemalte die Fassade 1568/70 und hinterließ damit die **bedeutendsten Fresken der Renaissance** nördlich der Alpen. Nur wenige Schritte davon entfernt steht das gotische Kirchlein **St. Johann.**

■ **St. Johann,** Okt. bis März 10–17 Uhr, April bis Sept. 9–18 Uhr.

Mein Tipp: Rhybadi

Um die Wende zum 20. Jh. wurde die Rhybadi als eine Art Floß im Rhein verankert. Mit seiner nostalgischen Atmosphäre ist es das beliebteste **Sommerbad** der Schaffhauser, wenngleich es Kinder und Nichtschwimmer wegen der starken

031bo sk

Strömung besser nicht testen sollten. Bunt gestreifte Vorhänge flattern vor den Holzkabinen, und bis heute sieht man die beiden Stege, die früher in die streng nach Geschlechtern getrennten Abteilungen führten. Ob das Bad geöffnet ist, zeigt der Bademeister durch Hissen einer Fahne an.

■ **Rhybadi,** Rheinuferstr., Tel. 052-625 19 90, Mai, Juni, Sept. Mo–Fr 8–18 Uhr, Sa/So 9–18 Uhr, Juli, Aug. Mo–Fr 7–20 Uhr, Sa/So 9–19 Uhr.

Rheinfall

Der **150 m breite** und bis zu **23 m in die Tiefe** stürzende Rheinfall ist vor etwa 15.000 Jahren während der Würmeiszeit entstanden, deren Gletscher den Fluss in einen neuen Lauf zwängten. Am Übergang einer harten, von Malmkalken gebildeten Zone zu einer in der vorherigen Riss-Eiszeit geformten Schotterrinne bildete der Fluss durch Abtragung des weichen Schotters den Fall heraus. Zwischen 250.000 l (Winter) und 600.000 l Wasser (Sommer) fließen pro Sekunde über die Abbruchkante in das Becken.

Mehrere **Aussichtspunkte** rund um den Fall ermöglichen aus wechselnden Perspektiven einen Blick auf das Schauspiel. Besonders eindrucksvoll sieht man vom **Schlössli Wörth** auf den Fall direkt gegenüber. Die Burg auf der Rheininsel ist seit dem 13. Jh. verbürgt und beherbergt heute das gleichnamige Nobel-Restaurant. Das 858 gegründete **Schloss Laufen** liegt östlich oberhalb der Fälle. Ein Weg führt zu einem Pavillon mit Blick auf die Gischt und weiter hinunter bis zu einer Plattform über den Fällen. Ausstellung und Erlebnispfad intensivieren die Erfahrung „Rheinfall". Im Schloss ist eine der sicher am originellsten gelegenen **Jugendherbergen** Europas untergebracht.

■ **Ausstellung** und **Erlebnispfad** tgl., Juni–Aug. 8–19 Uhr, April, Mai, Sept., Okt. 8–18 Uhr, Nov.–März 8–17 Uhr, Erw. 5 SFr., Kind 3,50 SFr.

Aktivitäten am Rheinfall

■ **Schifffahrt:** 20-minütige Touren vom Schlössli Wörth zum Felsen im Rheinfall (alle 10 Min., Erw. 8 SFr., Kind 4 SFr.), vom Schlössli Wörth zum Schloss Laufen, 15-minütige Panorama-Fahrt im Rheinfallbecken (alle 10 Min., Erw. 6 SFr., Kind 3 SFr.): Rhyfall Mändli, www.maendli.ch, April, Okt. 11–17, Mai, Sept. 10–18, Juni bis Aug. 9.30– 18.30 Uhr.

■ **Adventure Park:** Parcours für Kinder, Anfänger und Fortgeschrittene, auch über dem Fall: *Seilpark Rheinfall,* www.ap-rheinfall.ch, April bis Oktober 10–19 Uhr, letzter Einlass 17 Uhr, Erw. ab 40 SFr., Kind ab 16 SFr.

■ **Kanu:** Geführte Kanutouren und Kanuvermietung: Kanuverleih am Rheinfall, Tel. 079-88 26 393, www.kanuverleih-am-rheinfall.ch.

■ **Rhyfall Express,** Bimmelbahn von Schaffhausen (Burgunwiese) zum Rheinfall, April, Mai, Sept., Okt. jeweils So, Juni bis Aug. tgl. 11–16.30 Uhr alle 30 Min., Erw. 5 SFr., Kind 3,50 SFr.

Praktische Tipps

Information

■ **Schaffhauserland Tourismus,** Herrenacker 15, CH-8201 Schaffhausen, Tel. 052-632 40 20, www.schaffhauserland.ch, Okt.–April Mo 13.30–17, Di–Fr 9.30–17 Uhr, Sa 9.30–13 Uhr, Mai bis Sept. Mo 13.30–18, Di–Fr 9.30–18 Uhr, Sa 9.30–15 Uhr, Juli/Aug. auch So 9.30–14 Uhr.

Verkehrsmittel

■ **Bahn:** S-Bahn Kreuzlingen – Schaffhausen, halbstündlich.

■ **Postauto:** in Richtung Frauenfeld, www.postauto.ch.

■ **Schiff:** April bis Okt. Schiffsverbindungen in Richtung Obersee und Stein am Rhein, www.bsb-online.com und www.urh.ch.

www.fotolia.de © Carsten Steps

■ **Bus:** in der Saison regelmäßige Busverbindung von der Schiffslände zum Rheinfall.

Unterkunft

■ **Fischerzunft⑤**, Rheinquai 8, CH-8200 Schaffhausen, Tel. 052-632 05 05, www.fischerzunft.ch. Schaffhausens erste Adresse mit gediegener Einrichtung und herrlicher Lage am Rhein.

■ **Park Villa④**, Parkstr. 18, CH-8200 Schaffhausen, Tel. 052-635 60 60, www.parkvilla.ch. Eine hübsche Villa mit Garten, schöne, komfortable Zimmer und ein zauberhafter Wintergarten.

■ **CrossBox③**, Hintersteig 1, CH-8200 Schaffhausen, Tel. 052-620 10 00, www.crossbox.ch. Hostel auf Alt: Eingerichtet mit Kristalllüstern und verschnörkelten Etagenbetten. Originell.

■ **Hotel und Backpacker ZAK②**, Webergasse 47, CH-8200 Schaffhausen, Tel. 052-625 42 60, www.zaksh.ch. Das Gebäude ist nicht gerade reizvoll, die Zimmer aber sind hell und modern eingerichtet.

MEIN TIPP: **Fasshotel Trasadingen②**, Gassli 63, 8219 Trasadingen, Tel. 052-681 36 56, www.fasshotel.ch. Wer schon immer in einem 10.000-Liter-Weinfass schlafen wollte – auf gemütlichen Matratzen versteht sich – ist hier, ca. 20 km westlich von Schaffhausen, richtig!

■ **Jugendherberge Dachsen②**, Schloss Laufen, CH-8200 Schaffhausen, Tel. 052-659 61 52, www.youthhostel.ch, Mitte März bis Mitte Okt. Wohnen hoch über dem Rheinfall.

Essen und Trinken

■ **Fischerzunft④**, siehe „Unterkunft". Unbestritten eines der allerbesten Restaurants der Region mit einem fein austarierten asiatischen Touch in der internationalen Gourmet-Küche.

Spektakulär: der Rheinfall, im Hintergrund Schloss Laufen, in dem die Jugendherberge Dachsen ihren Sitz hat

■ **Zum Frieden**③, Herrenacker 11, Tel. 052-625 47 67, www.wirtschaft-frieden.ch. Hier hat der Gast die Wahl zwischen gutbürgerlicher Schweizer Küche im rustikalen Stübli und der raffinierteren im Restaurant im ersten Stock.
■ **Fass-Beiz**②, Webergasse 13, Tel. 052-625 46 10, www.fass beiz.ch. Das von einer Genossenschaft geführte Lokal serviert gute, bodenständige Küche und eine Auswahl vegetarischer Gerichte.
Devi②, Repfergasse 26, Tel. 076-280 58 17, www.devi-schaffhausen.ch, Mo–Do mittags, Fr auch abends geöffnet. Vegetarische und vegane Gerichte, auch zum Mitnehmen.

Die Alte Eidgenossenschaft

Unter der Alten Eidgenossenschaft versteht man einen **Bund Schweizer Städte** mit ihren jeweiligen Herrschaftsgebieten, der sich aus dem Widerstand gegen Habsburger Hegemonialbestrebungen ab Ende des 13. Jh. formierte und zu Beginn des 16. Jh. 13 Städte umfasste, die phasenweise und in wechselnden Bündnissen auch gegeneinander Krieg führten. Die **De-facto-Unabhängigkeit** der Eidgenossenschaft wurde 1648 im Westfälischen Frieden durch die Entlassung aus dem Heiligen Deutschen Reich auch politisch festgeschrieben. Mit dem Einmarsch Napoleons endete die Eigenständigkeit der Eidgenossen; ein **Zentralstaat** wurde gebildet. Die politische Struktur in den Städten der Alten Eidgenossenschaft bestand aus Großem und Kleinem Rat, die sich entweder aus den Vorstehern der Zünfte (Zunftstadt) oder aus dem lokale Adel zusammensetzten, der seine Posten in Erbfolge vergab (Patriziat). Schaffhausen war eine Zunftstadt.

Nachtleben und Kultur

■ Hotspot des Nachtlebens ist die **Safrangasse** im Herzen der Altstadt, wo der **Cuba Club,** Safrangasse 2, Tel. 052-625 34 98, mit Latino-Rhythmen, Poker-Nights und House einheizt.
■ Um die Ecke macht die **Bar Orient,** Stadthausgasse 13, Tel. 052-633 02 02, http://orient.ch, mit DJs und Live-Konzerten Konkurrenz.
■ Ein alternatives Musik- und Kulturprogramm organisieren die Macher von der **Fass-Beiz** (siehe „Essen und Trinken") mit der „Fass-Kultur".

Einkaufen

■ **Chäs Marili,** Fronwagplatz 9, Tel. 052-625 16 37, www.chaes-marili.ch. Riesenauswahl an Käse.

Diessenhofen

Das hübsche, historische Städtchen, 10 km östlich von Schaffhausen, gruppiert sich rund um das markante Wahrzeichen, den 1545 errichteten **Siegelturm,** in dem Siegel und Urkunden aufbewahrt wurden. Den Turm schmückt eine **Uhr** mit den 12 astrologischen Symbolen und einer Monduhr, die die jeweilige Phase des Erdtrabanten anzeigt.

Die heutige **Holzbrücke** über den Rhein stammt aus dem 19. Jh., aber bereits im 13. Jh. wird hier ein Rheinübergang erwähnt. Die **Burg,** in der früher die Truchsesse der Habsburger residierten und das Dorf für ihre Herren ausplünderten, markiert heute noch ein vierstöckiger, im 12. Jh. erbauter Turm. Der daneben errichtete **Unterhof** wird

als Hotel (siehe „Unterkunft“) genutzt. Hier kann man in der „Fischerstube“ speisen oder auf der Rheinpromenade einen kühlen Müller-Thurgau trinken.

Praktische Tipps

Information

■ **Verkehrsbüro Diessenhofen,** Obertor 3, CH-8253 Diessenhofen, Tel. 052-657 10 77, www.diessenhofen.ch.

Unterkunft

■ **Seminarhotel Unterhof④**, Schaffhauserstr. 8, CH-8253 Diessenhofen, Tel. 052-646 38 11, www.unterhof.ch, DZ ab 200 SFr. Modern ausgestattete Zimmer rund um den historischen Wehrturm.

Essen und Trinken

■ **Fischerstube im Unterhof③**, siehe „Unterkunft“. Menü um 60 SFr. Hier lässt man sich Aelpler Magronen oder Rheinäsche auf der Zunge zergehen! Sehr gute und frische Variationen von Traditionsrezepten aus dem Thurgau und zahlreiche vegetarische Gerichte.

Eschenz

Das Städtchen ein Stück flussabwärts kann seine Besiedelungsgeschichte bis 4000 v. Chr. zurückverfolgen. Hier verlief in römischer Zeit eine 6 m breite und 440 m lange Brücke über die Insel Werd ans Nordufer des Rheins. Im 8. Jh. verbrachte der erste Abt des Klosters

St. Gallen, der heilige *Otmar*, seine letzten Lebensjahre im Exil auf der Insel. Er starb 759 und war zunächst in der frühmittelalterliche Otmars-Kapelle beigesetzt, die heute zum Kloster Einsiedeln gehört.

Bei Grabungen wurden vor allem im Bereich des Unterdorfs **wertvolle archäologische Funde** gemacht, so ein 4300 Jahre alter Goldbecher aus der Jungsteinzeit, eine keltische Stifterfigur (um die Zeitenwende) und eine aus der gleichen Zeit stammende Panflöte. Die Funde sind im Museum ausgestellt und dokumentiert.

■ **Museum Eschenz,** Unterdorfstr. 14, Tel. 052-741 64 60, www.museum-eschenz.ch, Mai bis Okt. erster So im Monat 14–17 Uhr.

Steckborn

Auch hier wurden neolithische Siedlungsspuren entdeckt. Mittelpunkt der Altstadt ist das 1667 von *Samuel Schwederli* errichtete **Rathaus,** ein imposant-behäbiger Fachwerkbau. Im 13. Jh. ließ ein Reichenauer Abt am Fluss den **Turmhof** errichten, der erst im 17. Jh. an die Stadt überging. Barockisiert dient er heute als **Stadtmuseum,** das die Geschichte Steckborns und des Untersees von den neolithischen Anfängen über Römer, Alemannen, Reichenauer Äbte etc. erzählt.

■ **Heimatmuseum im Turmhof,** Seestr. 84, Tel. 052-761 30 28, www.turmhof-museum.ch, Ende Mai bis Ende Okt. Mi, Fr, Sa, So 14–17 Uhr, 3 SFr.

Wenn man romantisch übernachten möchte, bietet das Hotel im ehemaligen **Zisterzienserinnenkloster Feldbach** stilvolle Unterkunft (s.u.). Nach einem Brand stehen von der einst größeren Anlage ein Fachwerkhaus und ein Turm aus dem 17. Jh.

Praktische Tipps

Information

Die Touristeninformationen in den **kleineren Orten** sind meist **unregelmäßig geöffnet,** oft nur am Vormittag!

■ **Steckborn Tourismus,** Bächlistr. 9, CH-8266 Steckborn, Tel. 052-761 10 55, www.steckborntourismus.ch.

Unterkunft

■ **See und Park Hotel Feldbach**⑤, CH-8266 Steckborn, Tel. 052-762 21 21, www.hotel-feldbach.ch. Idyllisch auf einer Landzunge im Grünen gelegen, mit historischem Haupthaus und modernem Anbau, geschmackvollen und zeitgemäßen Zimmern und einer gemütlichen Turm-Bar mit Kamin.

Essen und Trinken

■ **Frohsinn**③, Seestr. 62, Steckborn, Tel. 052-761 11 61, www.frohsinn-steckborn.ch. Hübsch am Wasser gelegen, engagiert und persönlich geführt und mit einem guten Küchenchef gesegnet, lässt das Hotel-Restaurant keine Wünsche offen.

Schloss Arenenberg

In **Salenstein** zwischen Steckborn und Ermatingen empfiehlt sich ein Abstecher bergauf zu Schloss und Park Arenenberg. *Charles Louis Napoléon Bonaparte* (1808–1873), der spätere **Kaiser Napoleon III.,** verbrachte auf Arenenberg zusammen mit seiner Mutter *Hortense de Beauharnais* von 1815 bis 1838 einen Teil seiner Kindheit und Jugend. Die Schlossanlage bestand bereits seit dem 16. Jh. und wurde für die königliche Familie aufwendig umgebaut. *Hortense* legte auch den herrlichen **Landschaftspark** um das Schloss an. Nach mehreren Besitzerwechseln vermachte *Eugenie,* die Gattin *Napoleons III.,* Schloss und Park dem Kanton Thurgau.

Das im Schloss untergebrachte **Napoleonmuseum** präsentiert nicht nur die Wohn- und Arbeitsräume der Familie, eingerichtet im Stil der damaligen Zeit, sondern bietet Geschichte zum Anfassen – hier ein Fotoalbum zum Blättern, dort ein Instrument, das Besucher ausprobieren dürfen. Zusätzlich erweitern Themenausstellungen wie etwa zur Tischkultur den Blick auf das 19. Jh. der hohen Herrschaften, deren Ära zu Ende ging. *Napoleon III.* wurde schließlich abgesetzt und ging als letzter Kaiser Frankreichs in die Geschichte ein. Der **Blick** vom Park auf den See mit der Halbinsel Höri, den Hegau-Vulkanen und der Reichenau ist herrlich. Verschieden lange, farbig markierte **Spazierwege** führen durch das 12 ha große Parkareal im Stil eines englischen Landschaftsgartens.

■ **Napoleonmuseum Thurgau,** Salenstein, Tel. 071-663 32 60, www.napoleonmuseum.tg.ch, April–Okt. tgl. 10–17 Uhr, Winter Di–So 10–17 Uhr, letzter Einlass 16.30 Uhr, Eintritt 12 SFr.

■ Im kleinen **Bistro Napoleon**① bekommt man zwischen Mai und Oktober Getränke und Snacks.

Ermatingen

Auch in dieser sich am Untersee entlangziehenden Kleinstadt, die ihre Wurzeln bis ins 8. Jh. zurückführt, gibt es einige architektonische Kostbarkeiten zu entdecken: Im **Ortsteil Stad** am See sind noch zahlreiche **Fachwerkhäuschen** erhalten, oft umgeben von üppigen Gärten. Aus dem 13. Jh. (im 16. Jh. erneuert) stammt der Fachwerkbau des **Hotels Adler,** das manch berühmten Gast beherbergte: *Napoleon III., Alexandre Dumas,* Graf *Zeppelin* und *Hermann Hesse* haben sich neben anderen prominenten Zeitgenossen im Gästebuch verewigt.

1694 wurde der **Kehlhof** errichtet, in dem die Bürger den Zehnten für ihren Lehnsherren, das Kloster Reichenau, entrichteten und über Taten, die „nicht ans Blut gingen", zu Gericht saßen.

Das **Vinorama Museum** widmet sich mit einer multimedialen Präsentation dem Thema Weinbau und der Geschichte der Region Untersee. Nebenan zeigt die **Ausstellung „Wohnen um 1900"** die Wohnkultur um die Wende zum 20. Jahrhundert.

■ **Vinorama Museum,** Hauptstr. 62, Tel. 071-664 12 10, www.vinorama-ermatingen.ch, Mai bis Okt. Fr, Sa, So 14–17 Uhr, Nov. bis April Sa, So 14–17 Uhr, Eintritt frei.

Praktische Tipps

Information

■ **Tourist-Information Ermatingen,** Bahnhof, CH-8272 Ermatingen, Tel. 071-664 19 09, www.ermatingen-tourismus.ch.

Unterkunft

■ **Hotel Adler**④, Fruthwiler Str. 2–4, CH-8572 Ermatingen, Tel. 071-664 11 33, www.adler-ermatingen.ch. Ausstattung und Einrichtung des Fachwerkbaus sind plüschig-elegant, das Hotel ist komfortabel und sein Restaurant hoch gelobt.

Essen und Trinken

■ **Restaurant des Hotels Adler**③, siehe „Unterkunft". Gutbürgerlich und wohlschmeckend ist die Traditionsküche des Thurgaus mit großem Angebot an Süßwasserfisch.

Gottlieben

Ein wahres Fachwerk-Schmuckstück mit nur 300 Einwohnern, idyllisch gegenüber dem Wollmatinger Ried am Untersee gelegen: Gottlieben ist ein **Bilderbuchdorf** mit Wasserburg, platanengesäumter Uferpromenade und gleich mehreren Kunstgalerien. Ob man das Seecafé am postmodernen Rietblick für die Kaffeepause wählt oder den gemütlichen Gastgarten der „Krone" – stets hat man den ruhig fließenden Seerhein im Blick, gerahmt von der historischen Kulisse dieses Mini-Ortes, der 1251 mit dem Bau einer Wasserburg gegründet wurde. Mit ihr wollte Bischof *Eberhard II.*, Truchsess von Waldenburg, Konstanz die Stirn bieten, was ihm nicht gelang. Stattdessen wurden während des Konstanzer Konzils im 15. Jh. sowohl der abgesetzte Papst *Johannes XXIII.* als auch der als Ketzer verurteilte Reformator *Jan Hus* hier interniert.

Ende des 17. Jh. erlebte die Siedlung eine wirtschaftliche Blüte: Sie investierte in den Bau des Gemeindehauses, heute Hotel Drachenburg, in die Stabilisierung der abgerutschten Uferbefestigung, mit der das alte Gasthaus Krone im Seerhein verschwunden war, und den Neubau der Krone. 1836 kaufte der künftige Kaiser *Napoleon III.* **Schloss Gottlieben** und ließ es neugotisch umgestalten. Das Schloss befindet sich heute in Privatbesitz und kann nicht besichtigt werden; auch die Häuser Krone und Drachenburg gehören Privatleuten; da beide Gastronomiebetriebe sind, kann man dennoch einen Blick hineinwerfen: Die **Drachenburg** ist 1715 aus Zusammenlegung von Unterem und Oberem Steinhaus entstanden, das **Waaghaus** daneben wurde 1687 als Gemeinde-, Schützen- und Gasthaus errichtet, die **Krone** kurze Zeit später wiederaufgebaut, damals noch mit einem großen landwirtschaftlichen Betrieb.

Da Gottlieben im 19. Jh. auch eine kleine **Künstlerkolonie** beherbergte, erinnert das Bodman-Haus an den Schriftsteller **Emanuel von Bodman** (1874–1946), an dessen Frau und die literarischen Freunde, die hier ein und aus gingen. Dem Haus angeschlossen ist eine **Stiftung,** die Stipendien für junge Schriftsteller vergibt, und eine kleine, feine **Buchbinderei.**

www.fotolia.de © Stefan Arendt

Bodman-Haus, Am Dorfplatz 1, Tel. 071-669 34 80, www.bodmanhaus.ch, vor und nach Veranstaltungen sowie Mi 14–17 Uhr, Eintritt 10 SFr.

Unterkunft

Hotel Krone⑤, Seestr. 11, CH-8274 Gottlieben, Tel. 071-666 80 60, www.hoteldiekrone.ch. Jedes Zimmer und jede Suite dieses Romantikhotels ist einem historischen Thema gewidmet. Die geschmackvoll-dezente, moderne Einrichtung kontrastiert mit den mächtigen Mauern des Barockhauses. Viele Zimmer bieten einen herrlichen Blick auf den Rhein und die Riedlandschaft mit ihren unzähligen Vögeln.

Essen und Trinken

Restaurants Schwarzer Schwan④ und **Kronenstube**③ im *Hotel Krone,* siehe „Unterkunft". Während die Gäste im Schwan feinste Gourmet-Kreationen des ambitionierten Küchenchefs genießen, geht es unten in der Kronenstube nicht ganz so elegant, dafür aber etwas rustikaler und gemütlicher zu.

Gottlieber Seecafé②, Espenstr. 9, Gottlieben, Tel. 071-666 60 70, www.gottlieber.ch. Hier lässt man sich von Truffes, Schokolade und den krossen Hüppen verführen, dazu genießt man köstlichen Kaffee und den Blick auf den Seerhein.

Abendstimmung am See bei Gottlieben

6 DAS SCHWEIZER OBERSEE-UFER

Romanshorn, Arbon und **Rorschach** sind die drei größeren Städte am Schweizer Südufer des Obersees, das sich die **Kantone Thurgau** und **St. Gallen** teilen. Das sanft gewellte Hügelland mit Obst- und Weinkulturen am See wird im Süden von den **Appenzeller Alpen** eingerahmt, die der markante Säntis mit 2501 m dominiert. Das Hochgebirge rückt hier ganz nahe an den See heran und schafft reizvolle landschaftliche Kontraste.

035bo sk

> Die von Friedensreich Hundertwasser entworfene Markthalle von Altenrhein bei Rorschach

NICHT VERPASSEN!

- **Römerturm und Schloss, Arbon:** Zahlreiche eindrucksvolle Bauten drängen sich auf dem Areal des ehemaligen Römerkastells | 171
- **Fliegermuseum, Rorschach:** Ein Muss für Freunde schneller und militärischer Flugzeuge | 175
- **Heiden:** Bereits die Fahrt mit der Zahnradbahn ist ein Erlebnis. Und oben bezaubert ein Dorf komplett in Biedermeierarchitektur | 176

Diese Tipps erkennt man an der gelben Hinterlegung.

Romanshorn

Obwohl die Stadt (9000 Ew.) seit dem 8. Jh. als vom Kloster St. Gallen abhängige Siedlung bekannt ist, entwickelte sie sich erst im 19. Jh. mit dem Bau eines **Hafens,** heute der größte am Bodensee, und dem Anschluss an die **Eisenbahnlinie** nach Zürich.

Das **Stadtbild** hat somit einen neuzeitlichen Charakter; reizvoll ist die Lage am See mit Seepark und Gemeindehafen, in dem die Segelyachten dümpeln.

Historisches Zeugnis ist die **Alte Kirche** auf dem Burghügel, die wohl aus dem im 8. Jh. erbauten und dem Kloster St. Gallen gestifteten Gotteshaus hervorgegangen ist. Mehrere Um- und Anbauten konnte die Forschung dokumentieren; die letzten aus der klassizistischen Periode des 19. Jh. wurden bei Renovierungsarbeiten im 20. Jh. rückgängig gemacht, sodass man heute in der gemeinschaftlich von Katholiken und Protestanten genutzten Kirche die frühromanischen Formen auf sich wirken lassen kann. Die dabei entdeckten Fresken, die nur noch in Umrissen erhalten sind, legen die Vermutung nahe, dass die gesamte Kirche bemalt war. Die wuchtige Form des Kirchturms ist seiner Funktion als Wachtturm geschuldet.

Das im Mittelalter erbaute **Schloss** wird heute als Hotel mit Edelrestaurant genutzt.

Praktische Tipps

Information

- **Tourist Information Romanshorn,** Im Bahnhof, CH-8590 Romanshorn, Tel. 071-463 32 32, www.romanshorn.ch, April bis Sept. tgl. 8–18 Uhr, Okt. bis März Mo–Fr 8–17.30 Uhr, Sa, So 9–11 und 14–17 Uhr.

Unterkunft

Mein Tipp: **B&B Mirasol**③, Hafenstr. 28, CH-8590 Romanshorn, Tel. 071-460 24 34, www.romanshorn-mirasol.ch. Farbenfroh-freundlich eingerichtet und nicht weit vom See gelegen; im Sommer kann man auch das „Sommerhüsli" mieten (Preis auf Anfrage).

- **SJH Romanshorn**①, Gottfried-Keller-Str. 6, CH-8590 Romanshorn, Tel. 071-463 17 17, www.youthhostel.ch/romanshorn. Moderne, funktionale Jugendherberge ohne besonderes Flair.

Essen und Trinken

- **Schiff**③, Hafenstr. 25, Romanshorn, Tel. 071-463 34 74, www.schiff-romanshorn.ch. Hier steht Bodenseefisch zuoberst. Leckere Spezialitäten sind auch Chäsknöpfli mit Apfelmus oder Speckrösti mit Spiegelei.

Verkehrsmittel

- **Fähre:** von Romanshorn nach Friedrichshafen, www.bsb-online.com.

Arbon

Auf den ersten Blick hat Arbon (13.000 Ew.) wie Romanshorn den Charakter einer modernen Kleinstadt mit breitem Gewerbe-Speckgürtel, auf den zweiten bezaubert es mit einer hübschen historischen Altstadt und einer 3 km langen Seepromenade, die gesäumt ist von Badeplätzen, Parkanlagen und wunderschönen Kastanienbäumen.

Geschichte

Funde aus der **Jungsteinzeit** belegen die Besiedlung der Bucht durch „Pfahlbauer". Die **Römer** unterhielten hier zwischen dem 1. und 4. Jh. eine kleine Niederlassung an der Straße von Winterthur nach Bregenz und errichteten ein Kastell.

Im 7. Jh. ließ sich der **irische Missionar Gallus** im Arboner Wald nieder. Seine Klause wurde zur Keimzelle des **Klosters St. Gallen.**

Arbon erhielt im 13. Jh. **Stadtrechte** und eine in Teilen bis heute erhaltene Stadtmauer. Einen Entwicklungsschub brachten schwäbische **Leinwandhändler,** die sich Ende des 17. Jh. in Arbon niederließen, weil St. Gallen ihnen das Wohnrecht verwehrte. Den ersten beiden Familien folgten weitere, und schon bald etablierte sich Arbon als Leinenstadt. Einige der stolzen Handelshäuser prägen heute noch das Ortsbild. Schließlich verdrängte **Baumwolle** die Leinwand, und in der zweiten Hälfte des 19. Jh. wurden Textilien in mehreren Fabriken industriell gefertigt. Diese Entwicklung hatte ein rasantes Bevölke-

033bo sk

rungswachstum und einen Bauboom zur Folge. Arbon wandelte sich zur **Industriestadt.**

Sehenswertes

Orientierung

Mehrere **Parkmöglichkeiten** um die Altstadt, so am Alten Hafen, an der Bahnhofstrasse oder am Strandbad.

Der **Bahnhof** liegt im Süden, ca. 5 Minuten vom Zentrum entfernt.

Vom Römerturm zum Schloss

Ausgehend vom Hafen führt die Hafenstrasse durch den auf dem Gelände des ehemaligen Römerkastells angelegten **Park** mit gleich mehreren Sehenswürdigkeiten: Der **Römische Wachtturm** aus dem 3. Jh. steht neben der barocken katholischen **Kirche St. Martin,** die wahrscheinlich an Stelle eines römischen Heiligtums im Kastell errichtet wurde.

Ein Stück nach Osten erreicht man die im 12./ 13. Jahrhundert erbaute **Galluskapelle,** die an den irischen Missionar und späteren ersten Abt des Klosters St. Gallen erinnert.

Schräg gegenüber von St. Martin ist mit dem **Roten Haus** ein besonders prachtvolles Exemplar eines Leinwandhändlerhauses erhalten. Die spätbarocke Fassade ist reich mit Stuck geschmückt.

Letztes Anwesen im Bereich des ehemaligen Kastells ist das 1515 bis 1518 erbaute **Schloss,** in dem die Bischöfe von Konstanz, denen Arbon gehörte, ihre Vögte wohnen ließen. Neben einem Res-

An der Schmiedgasse und ihren Nebenstraßen finden sich wunderschöne Fachwerkbauten, hier das Bohlenständerhaus und das Haus Storchen

Arbon

0 200 m ©Reise Know-How 2015

Übernachtung
1 Campingplatz Buchhorn
2 Gasthof Brauerei Frohsinn
6 Römerhof
7 Hotel Wunderbar

Einkaufen
4 Mosterei Möhl

Wassersport
3 Segelschule Rolf Latscha

Essen und Trinken
2 Gasthof Brauerei Frohsinn
6 Römerhof

Nachtleben
5 Bistro Turm

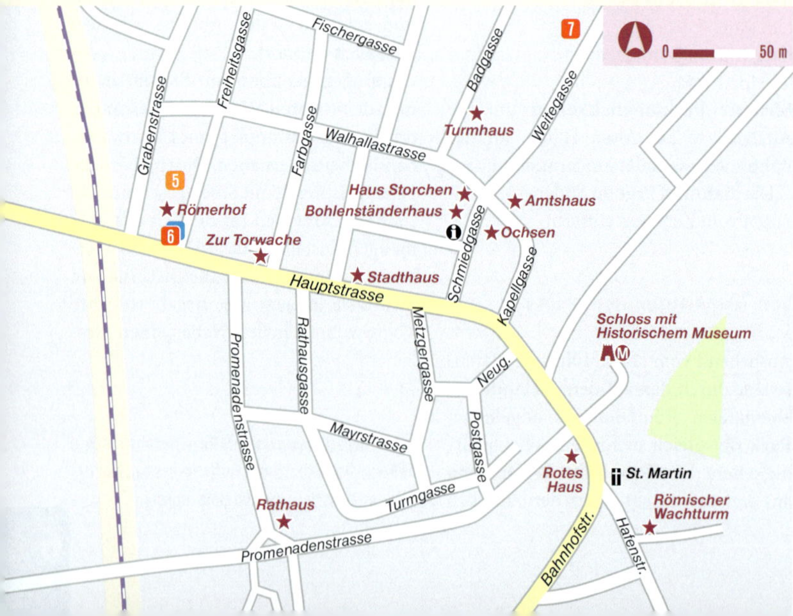

taurant und Veranstaltungsräumen beherbergt der mittelalterliche Bau das **Historische Museum,** das mit sehenswerten Exponaten einen Bogen durch 6000 Jahre Geschichte schlägt.

■ **Historisches Museum,** Im Schloss, Tel. 071-446 60 10, www.arbon.ch, Mai bis Sept. Di–So 14–17 Uhr, März, April, Okt., Nov. So 14–17 Uhr, 6 SFr.

An der Schmiedgasse

Eine imposante Ansammlung von Häusern vom Mittelalter bis zum 19. Jh. findet sich rund um Kapell- und Schmiedgasse: Das **Amtshaus** setzt sich aus zwei barocken Häusern einer Leinwand-Handelsfamilie zusammen. Der **Ochsen** gegenüber wurde 1718 erbaut und galt im 18./19. Jh. als beste Gastwirtschaft Arbons. Gegenüber zeigt das 1471 gebaute **Bohlenständerhaus** (in dem die Touristeninformation ihren Sitz hat), wie zu jener Zeit einfache Leute zu bauen pflegten: Man verzichtete weitgehend auf teures Mauerwerk und verwendete vertikale Holzständer, die mit horizontalen Bohlen verbunden wurden. Solche Häuser ließen sich sogar ab- und an anderer Stelle wieder aufbauen. Das **Haus Storchen** in der Walhallastrasse 5 stammt von 1628. Ältestes Haus von Arbon ist das **Turmhaus** von 1320 in der Badgasse.

Stadthaus und Römerhof

Fast 200 Jahre lang war das 1730 erbaute **Stadthaus** im Besitz von Textil-Industriellen, von den ersten Leinwandhändlern bis zu Färbern und Stickern. Ein Stück weiter an der Hauptstraße steht das Haus **Zur Torwache,** das um 1300 wohl als Teil der Stadtbefestigung diente. Dahinter bildet ein Wachtturm aus dem 14. Jh. den Mittelpunkt des **Römerhofs,** dem Ende des 18. Jh. ein Neubau auf älteren Grundmauern aufgesetzt wurde. Die beiden Kanonen im Garten des darin untergebrachten Hotel-Restaurants wurden Ende des 18. Jh. zur Verteidigung gegen St. Gallen aufgestellt, aber nicht gebraucht.

Rathaus

Arbon besitzt ein besonders originelles Rathaus: Es residiert in einem **Wachtturm** aus dem 13. Jh. und erhielt Ende des 18. Jh. seinen Oberbau und das Dach. Bis 1941 erfüllte es seine Funktion.

Praktische Tipps

Information

■ **Infocenter Arbon und Umgebung,** Schmiedgasse 5, CH-9320 Arbon, Tel. 071-440 13 80, www.arbontourismus.ch, Mo–Fr 9–11.30 und 14–18 Uhr, Juni bis Aug. auch Sa 9–11.30 Uhr.

Stadtführungen

■ Mitte Juni bis Mitte Sept. Di 10 Uhr, Do 14.15 Uhr, So 10.30 Uhr, Treffpunkt Infocenter.

Verkehrsmittel

■ **S-Bahn** von Arbon nach Kreuzlingen, St. Gallen.
■ **Postauto:** Von Arbon in Richtung St. Gallen, Rorschach, Rheineck, www.postauto.ch.

Fähre: von Arbon u.a. nach Langenargen, www.bsb-online.com.

Unterkunft

Römerhof⑤, Freiheitsgasse 3, CH-9320 Arbon, Tel. 071-447 30 30, www.roemerhof-arbon.ch, DZ ab 200 SFr. Das sympathische Hotel in historischem Gemäuer ist schlicht, aber durchaus komfortabel eingerichtet und besitzt einen Gastgarten.

034bo sk

MEIN TIPP: **Wunderbar**③-④, Weitegasse 8, CH-9320 Arbon, Tel. 071-440 05 05, www.hotel-wunderbar.ch, DZ ab 200 SFr. Modern eingerichtete Zimmer, ein traumhaft schöner Garten zum See und „Traumröhren" (3 m lang, 2 m breit) für romantische Kuschelnächte.

Gasthof Brauerei Frohsinn④, Romanshornerstr. 15, CH-9320 Arbon, Tel. 071-447 84 84, www.frohsinn-arbon.ch, DZ ab 180 SFr. Funktional-modern eingerichtete Zimmer in einem alten Riegelhaus, zu dem außerdem ein Restaurant und eine Brauerei gehören.

Camping

Campingplatz Buchhorn, CH-9320 Arbon, Tel. 071-446 65 45, www.camping-arbon.ch, Erw. 8 SFr., Kind 4 SFr., Stellplatz ab 9 SFr. Schön am See gelegener Platz mit hervorragender Infrastruktur.

Essen und Trinken

Römerhof③, siehe„Unterkunft". Hochkarätige, internationale Küche mit Schweizer Spezialitäten. Die Preise sind, gemessen an der Qualität der Speisen, erstaunlich niedrig.

Gasthof Brauerei Frohsinn③, siehe „Unterkunft". Serviert gutbürgerliche Küche mit Schweizer Schwerpunkt.

Die Kirche St. Martin

Nachtleben und Kultur

■ **Bistro Turm,** Grabenstr. 2, Tel. 079-22 88 82 91, www.bistroturm.ch. Im ehemaligen Wasserturm hat man einen Ausblick auf das nächtliche Arbon.

Einkaufen

■ **Mosterei Möhl,** St. Gallerstr. 213, Tel. 071-447 40 74, www.moehl.ch. Die Säfte dieser traditionellen Mosterei sind berühmt für ihre Qualität.

Strände

■ **Strandbad Buchhorn,** Tel. 071-446 13 33, www.arbon.ch, Eintritt Erw. 6 SFr., Kind 3 SFr. Schönes Strandbad mit altem Baumbestand und einem historischen Badepavillon.

Segeln und Bootsvermietung

■ **Bootsvermietung/Segelschule Rolf Latscha,** Grünaustr. 19, Tel. 071-446 10 20, www.segelschule-bodensee.ch. Segelscheine, Yachtcharter.

Skaten

■ Der Thurgau ist Skaterland. Verschiedene gut ausgebaute Strecken aller Schwierigkeitsgrade sind geschickt geführt, sodass man auch immer wieder Rastmöglichkeiten in Strandbädern oder Restaurants findet, beispielsweise von Arbon nach Romanshorn und Rorschach. **Einstieg** ist an den jeweiligen **Bahnhöfen.** Infos auf www.thurgau-tourismus.ch, Menüpunkte „Erleben, Aktiv und Skatingland".

Rorschach

Der im Kanton St. Gallen gelegene Hafenort wird unübersehbar vom barocken **Kornhaus** beherrscht, das *Caspare Bagnato* im 18. Jh. ans Ufer des Sees baute. Und auch das zweite markante Wahrzeichen, die 1924 eingeweihte **Badhütte,** steht am bzw. auf Stelzen im See und dient heute noch als Seebad, abends oft auch als Veranstaltungsort für Konzerte und im Dezember als Rahmen für den Adventsmarkt.

Im nahen **Altenrhein** muss man sich mit etwas Geduld durchs Gewerbegebiet zum Flughafen vorarbeiten, bis man vor der kunterbunten **Markthalle** (www.markthalle-altenrhein.ch) steht, die, die Handschrift ist nicht zu übersehen, der Meister *Friedensreich Hundertwasser* entworfen hat. Man wünschte ihr nur einen schöneren Standort!

Nahebei zeigt das **Fliegermuseum** Raritäten wie die „Dassault Mirage IIIS", die „Boeing Stearman" oder einen „Hawker Hunter", die im Übrigen bei Flugschauen alle noch geflogen werden. Wer schon immer davon geträumt hat, mit einem Militärjet zu fliegen, kann diesen nervenkitzelnden Ausflug hier buchen.

■ **Fliegermuseum,** Flugplatz St. Gallen-Altenrhein, Tel. 079-430 51 51, www.fliegermuseum.ch, März bis Okt. Sa, So 13.30–17 Uhr, Erw. 10 SFr., Kind 5 SFr.

Praktische Tipps

Information

■ **Tourist Information Rorschach,** Hauptstr. 56, CH-9401 Rorschach, Tel. 071-841 70 34, www.rorschach.ch, Mo–Fr 8.30–12 und 13.30–18 Uhr, Mai bis Sept. auch Sa 9–14.45 Uhr, Juli/Aug. auch So 14.45 Uhr.

Verkehrsmittel

■ **Appenzellerbahnen** von Rorschach nach Heiden, www.appenzellerbahnen.ch.

■ **Zahnradbahn „Bähnle"** von Rorschach nach Heiden, www.appenzellerbahnen.ch.

Unterkunft

Bio-Schloss Wartegg④, Von Blarer Weg, CH-9404 Rorschacherberg, Tel. 071-858 62 62, www.wartegg.ch. Das im 16. Jh. erbaute Schloss kommt ohne Firlefanz wie Fernsehen und Minibar aus – die Gäste entspannen lieber im traumhaft schönen Garten. Die Zutaten für's Essen kommen aus dem eigenen Garten oder von Bio-Bauern. Kinder können im Spielzimmer toben.

Essen und Trinken

■ **Seerestaurant Rorschach**③, Churerstr. 28, Rorschach, Tel. 071-858 39 80, www.seerestaurantrorschach.com. Ein Multi-Event-Bau am See, in dem es Salsa-Parties gibt und Weinverkostungen, Jazzkeller und Braustube – und ein sehr feines und exzellentes Restaurant, wo man Wirsingrahmsuppe mit Trüffelschaum oder Lachsforellenfilet auf Safransauce goutieren kann.

Nachtleben und Kultur

■ **Seerestaurant Rorschach,** siehe „Essen und Trinken"

Mein Tipp: Zum Alten Rhein

Die **Schifffahrt von Rorschach bis Rheineck** führt ins Mündungsgebiet des Rheins und vorbei an zahllosen Wasservögeln, die im Naturschutzgebiet des Rheindeltas (Vorarlberg, siehe „Im Bundesland Vorarlberg", „Rheindelta") leben oder auch nur zum Brüten kommen – ein besinnlicher, idyllischer Ausflug!

■ **Fahrten Mai bis September,** www.sbsag.ch.

Heiden

Die **„Biedermeierstadt"** in 810 m Höhe ist alleine schon wegen der Anreise mit der seit 1875 fahrenden **Zahnradbahn** (siehe „Rorschach", „Verkehrsmittel") ein besonderes Erlebnis. Ganz langsam rattert sie durch die Hügellandschaft bergauf auf das 400 m über dem Bodensee liegende Plateau, das wie ein Aussichtsbalkon über dem See und der Appenzeller Hügelwelt zu schweben scheint.

1883 brannte das **Dorf komplett ab** und wurde im klassizistischen Biedermeier neu und einheitlich aufgebaut. Es wirkt jedoch überhaupt nicht wie eine Kunststadt, sondern organisch gewachsen – nur eben in einem Baustil, den man bei einem Bergdorf nicht erwartet.

Mit Molkekuren und der exklusiven Lage wurde es schnell zum **Kurort,** in dem *Henry Dunant,* der Gründer des Roten Kreuzes, seinen Lebensabend verbrachte.

Einen Bummel durch das Dorf krönt der Aufstieg auf den 46 m hohen **Kirchturm.** 136 Stufen führen zum Aussichtsbalkon in 40 m Höhe mit einer grandiosen Rundsicht.

■ **Kirchturm,** Mai bis Sept. 13–15.30 Uhr, Erw. 1,50 SFr., Kind 1 SFr.

Das **Museum Heiden** am Kirchplatz informiert über Geschichte, Brauchtum und Kunsthandwerk der Region.

■ **Museum Heiden,** http://museum.heiden.ch, Juni bis Sept. Mi–So 14–16 Uhr, Nov. bis März nur So, April, Mai, Okt., Mi, Sa, So, Eintritt frei.

Henry Dunant Museum

Das Museum widmet sich dem Leben und der Arbeit von *Henry Dunant* (1828–1910), dem Begründer des Roten Kreuzes und Visionär einer kriegsfreien Welt. Fotografien und Dokumente beleuchten seine Entwicklung vom sozial engagierten Jugendlichen bis zum unermüdlichen Kämpfer gegen den Krieg.

■ **Henry Dunant Museum,** Asylstr. 2, Tel. 071-891 44 04, www.dunant-museum.ch, April–Okt., Di–Sa 13.15–16.30 Uhr, So 10–12, 13.15–16.30 Uhr, Winter Mi–Sa 13.30–16.30 Uhr, So 10–12, 13.30–16.30 Uhr, Erw. 7 SFr, Kind 3,50 SFr.

Praktische Tipps

Information

■ **Tourist Information Heiden,** Bahnhofstr. 2, CH-9410 Heiden, Tel. 071-898 33 00, www.heiden.ch, Mai bis Okt. 8–12.05, 12.50–17 Uhr, Sa, So 10–14.30 Uhr, Nov.–April, Mo–Fr 8–12.05, 12.50–17 Uhr.

Unterkunft

■ **Linde**④, Poststr. 11, CH-9410 Heiden, Tel. 071-898 34 00, www.lindeheiden.ch. Das genossenschaftlich geführte Hotel im Ortszentrum ist gutbürgerlich-freundlich eingerichtet und hat ein empfehlenswertes Restaurant.

Essen und Trinken

■ **Restaurant Bö's im Hotel Heiden**④, Seeallee 8, CH-9410 Heiden, Tel. 071-898 15 15, www.hotelheiden.ch. Schweizer Klassiker modern interpretiert, leichte, vom *Gault Millau* gelobte Küche. Vor allem die Wildspezialitäten im Herbst sind empfehlenswert.

Witzig wandern

Was den Appenzellern so einfällt: Von Heiden haben sie einen rund 9 km langen **Witzweg** nach Walzenhausen angelegt. Auf der 2½- bis 3-stündigen Wanderung, die durch herrliche Landschaft mit Blick auf den See führt, machen sich die Wanderer mit dem speziellen Appenzeller Humor vertraut: 80 Witztafeln und 20 Kinderwitze sollen das Zwerchfell reizen (www.appenzellerland.ch/de/witzweg).

7 ST. GALLEN UND APPENZELLER LAND

www.fotolia.de © ARochau

St. Gallen im Hinterland des Obersees hat als Kloster die Region nachhaltig geprägt; heute ist der Stiftsbezirk mit seiner imposanten Kathedrale **Weltkulturerbe.** Landschaftlich wie kulturell überaus reizvoll ist das Appenzeller Land mit seinen gepflegten Traditionen und einer der besten **Käsesorten** der Schweiz.

Spätherbst am Berg Säntis im Appenzeller Land

NICHT VERPASSEN!

- **Stiftsbezirk, St. Gallen:** Kathedrale und Stiftsbibliothek sind Höhepunkte der Rokoko-Architektur | 180
- **Stadtlounge, St. Gallen:** Dass historische Architektur und modernes Design wunderbar miteinander können, erlebt man hier | 183
- **Museum Appenzell:** Nicht folkloristisch, sondern modern präsentiert sich die Volkskultur des Appenzell | 190
- **Schaukäserei, Stein:** Wie entsteht der gute Appenzeller Käse? | 193
- **Berg Hoher Kasten:** Appenzell-Panorama vom Feinsten | 193

Diese Tipps erkennt man an der gelben Hinterlegung.

St. Gallen

Die Hauptstadt (70.000 Ew.) des gleichnamigen Kantons birgt neben ihrem zauberhaften, von Historie wie Moderne geprägtem Stadtbild ein ganz besonderes Kleinod: den 1983 zum **Weltkulturerbe** erklärten **Stiftsbezirk mit Basilika und Klosterbibliothek.** St. Gallen ist lebhaft, geschäftig, kulturell überaus vielseitig und deshalb durchaus einen längeren Aufenthalt wert.

Geschichte

Als **Gründer** St. Gallens gilt der **heilige Gallus,** ein irischer Wandermönch, der sich um 610 in der noch unbesiedelten Region im Hinterland von Arbon niederließ und dort seine Einsiedelei errichtete. Rund 100 Jahre später ließ der Abt *Otmar* bei der Einsiedelei ein **Benediktinerkloster** erbauen, das durch seinen großen Grundbesitz zu wirtschaftlicher Blüte gelangte und zwischen dem 9. und 11. Jahrhundert kultureller Mittelpunkt der Region war. Ab dem 10. Jahrhundert siedelten sich auch immer mehr Menschen im Umfeld des Klosters an.

1170 bekam St. Gallen bereits das **Marktrecht,** 100 Jahre danach auch das Recht, eigene **Gesetze** zu erlassen, und ab dem 14. Jh. konnte es als **freie Reichsstadt** agieren, während das Kloster an Einfluss und Bedeutung verlor.

Da St. Gallen wie auch Konstanz für sein **Leinen** berühmt war, lieferten die Tuchhändler bis nach Frankreich, Portugal und Spanien. Im Gegenzug importierten sie vor allem Getreide aus dem Schwäbischen, das über den Bodensee angelandet wurde.

Mitte des 15. Jh. traten Kloster und Stadt der **Eidgenossenschaft** bei, im 16. Jh. folgte St. Gallen der **Reformation.** 1566 wurde die **Trennung von Kloster und Stadt** durch den Bau einer **Mauer** und gegenseitiger Abgeltung von Gebietsansprüchen zementiert. Die politische Ordnung hätte gegensätzlicher nicht sein können: Der Fürstabt hatte die Position eines absolutistischen Monarchen inne; in der Zunftstadt St. Gallen herrschten Großer und Kleiner Rat als Vertretung der Zünfte und Bürger. **Napoleons Einmarsch** und die **„Helvetische Revolution"** beendeten die Eigenständigkeit von Kloster und Staat. St. Gallen wurde **Kantonshauptstadt,** und das Kloster wurde aufgehoben.

Die St. Galler Mauer

Durch den Mauerbau entstand eine bizarre Situation: **Zwei Staaten** – Fürstabtei und Stadtrepublik – standen nun nebeneinander, waren territorial aber miteinander verwoben. Der Verwaltungssitz der Fürstabtei war vollständig von der Stadt umschlossen, die wiederum nahezu komplett von Klosterland umgeben war.

Von der Leinenweberei hatte man sich zur **Baumwolle** orientiert, mit der Industrialisierung kamen Spinnereien und Stickereien nach St. Gallen. Der Ruf der St. Galler **Stickerei,** der die Stadt bis in die USA bekannt machte, verblasste Mitte des 20. Jh. nicht mangels Qualität, sondern weil sie unmodern wurde.

Sehenswertes

Orientierung

Die **Altstadt** liegt südlich der Bahnlinie und ist größtenteils verkehrsberuhigt. Der Stiftsbezirk befindet sich an ihrem südlichen Rand; vom **Bahnhof** dorthin sind es etwa 10 Minuten Fußweg.

Parkmöglichkeiten im Innenstadtbereich bieten mehrere Parkgaragen, so z.B. *Cityparking Brühltor* (Torstr. 12, www.cityparking.ch, durchgehend geöffnet, erste Std. 2 SFr., jede weitere halbe Std. 1 SFr.).

Stiftsbezirk

Auf den ersten Blick fällt die **Abgeschlossenheit des Komplexes** auf. Die **Kathedrale** richtet ihre barocke Prunkfassade mit den 68 m hohen Zwillingstürmen nicht zur Stadt hin; sie ist von Klosterbauten umrahmt. *Johann Michael Beer* aus Vorarlberg erbaute sie 1755 bis 1767 im bewegten Stil des Hochbarocks mit einem Relief der Himmelfahrt Mariens am Giebel. Im Inneren überwältigt die **Rokoko-Ausstattung,** für die u.a. die Bildhauer *Joseph Anton Feuchtmayer* und *Franz Anton Dirr* (beide Mimmenhausen, Salem), der schwäbische Freskant *Joseph Wannenmacher* sowie die aus dem oberbayerischen Wessobrunn stammenden Stuckateure *Johann* und *Mathias Gigl* verantwortlich zeichneten. Ein Schmuckstück ist das von *Dirr* entworfene **Chorgitter.** Mit knapp 100 m Länge und 37 m Breite in der Rotunde ist die Kathedrale ein monumentaler Raum, der trotz seiner Ausmaße dank des beschwingten Stuck- und Skulpturenschmucks licht und leicht erscheint. Das Grab des heiligen *Gallus* befindet sich in der Ost-, das des heiligen *Otmar,* Abt des Klosters um 720, in der Westkrypta.

■ **Kathedrale,** Mo–Fr 9–18 Uhr, Mi 10–18 Uhr, Sa 9–16 Uhr, So 12.15–17.30 Uhr.

Die zweite bedeutende Attraktion ist die **Stiftsbibliothek** (Zugang über den Westflügel), die unter Federführung von *Peter Thumb* aus dem Bregenzer Wald 1758 bis 1767 entstand. Auch hier trugen die Gebrüder *Gigl* das Stuckwerk und *Wannenmacher* die Fresken bei. Die wunderschönen **Holzschränke,** in denen die wertvollen Folianten der seit dem 8. Jh. bestehenden Bibliothek aufbewahrt werden, fertigten klostereigene Handwerker an. 34 Fenster lassen viel Licht in den Saal, über den 20 Putten als Verkörperungen der Wissenschaften und der Künste wachen. An den Klapptischen in den Nischen erledigten die Mönche ihre Lese- und Schreibarbeiten in dieser „Seelenapotheke", wie die Bibliothek in einer griechischen Inschrift über dem Portal bezeichnet wird. Zu den kostbaren Exponaten zählen das 890 geschriebene **Evangelium Longum** mit einem Einband aus zierlicher Elfenbeinschnitzerei und das lateinisch-althochdeutsche **Wörterbuch Abrogans,** das als ältestes Buch im deutschsprachigen Raum gilt. Auch der **St. Galler Klosterplan,** eine auf der Reichenau angefertigte karolingische Zeichnung der „idealen" Klosteranlage nach antikem Vorbild, wird hier aufbewahrt.

☑ Die Kathedrale im Stiftsbezirk bietet im Inneren eine überwältigende Rokoko-Ausstattung

■ **Stiftsbibliothek,** Klosterhof 6d, Tel. 071-227 34 16, www.stiftsbibliothek.ch, Mo–Sa 10–17 Uhr, So bis 16 Uhr, 12 SFr.

Informationsmaterial sowie Auskunft zu den Führungen bekommen Sie im Besucherzentrum des Stiftbezirks.

■ **Besucherzentrum Stiftbezirk,** Gallusstr. 11, Tel. 071-227 37 37, Nov.–März, Di–Fr 10–12, 13–17 Uhr, Sa, So 9–14 Uhr, Sommer Mo–Sa 10–17 Uhr, So 10–15 Uhr.

Am Gallusplatz

Der großzügige, von spätgotischen und barocken Fassaden eingerahmte Platz markiert den Ort der ältesten Ansiedlung am Kloster. **Erker** prägen wie in Schaffhausen auch in der Textilstadt St. Gallen die Fassaden der Kaufmannshäuser. Der des Hauses **Zum Grünen Hof** (Gallusstr. 26) wird von einer die Arme ausbreitenden Figur gestützt und stammt vom Beginn des 17. Jh. Im 16. Jh. fügte man zwei nebeneinander stehende Häuser zusammen, setzte ihnen ein weiteres Geschoss auf, und fertig war das **Haus Zur Linde** (Gallusstr. 29) mit seiner asymmetrischen Fassade. Mit dem **Stadthaus** dokumentierte einer der reichsten Kaufleute St. Gallens, *Hans Schimpf*, 1590 seinen Wohlstand. Allerdings sieht es unvollendet oder wie abgeschnitten aus – möglicherweise wurde ein geplanter Anbau nie ausgeführt.

Mein Tipp: Spieldosen

Ecke Marktgasse/Spisergasse lohnt sich ein Blick ins **Spieldosenkabinett** mit einer Sammlung von Spieldosen der letzten 200 Jahre.

■ *Labhart-Chronometrie,* Marktgasse 23, Tel. 071-22 25 060, www.chronometrie.ch, Führung Jan.–Nov. Di–Sa 11 Uhr.

Stadt der Erker

Die St. Galler **Altstadt,** zum größten Teil Fußgängerzone, lädt mit ihren Häusern von Gotik bis Jugendstil, mit ihren originellen Läden und der lebhaften, fast mediterranen Atmosphäre zum ausgiebigen Flanieren ein. Dabei sollten Sie auch einigen der insgesamt **angeblich 111 Erker** Beachtung schenken, die den Wohlstand der Hausbesitzer dokumentieren. Ein besonders prächtiges Exemplar ist am **Haus Zum Pelikan** (Schmiedgasse 15) erhalten: Den zweistöckigen, Anfang des 18. Jh. angebauten Erker schmücken vier Relieftafeln, welche die vier Kontinente Europa, Afrika, Asien und Amerika repräsentieren.

Mein Tipp: In der **Spisergasse,** die wie keine andere das spätgotische St. Gallen repräsentiert, reihen sich Häuser mit später angebrachten Erkern aneinander: Ein Schnitz- Kunstwerk ist der **Kamelerker** an der Hausnummer 22; die beiden namensgebenden Kamel-Reliefs wurden allerdings abmontiert und stehen im Historischen Museum. Runderker schmücken das **Schlössli** mit der Hausnummer 42, ein repräsentables Kaufmannshaus aus dem 16. Jh. Am **Haus Zum Blauen Himmel** (Nr. 30) ist noch der markante Aufzugsgiebel erhalten. In der von der Spisergasse abgehenden **Kugelgasse** sind das **Haus Zum Schwanen**

(Kugelgasse 10) und das **Haus Zur Kugel** daneben sehenswert, beide mit um 1700 angebauten Erkern.

Durch die Hinterlauben

Die Gasse, die früher durch die Brotlauben, einen Brot- und späteren Tuchmarkt, von der Multergasse und damit vom direkten Zugang zum Stadtzentrum abgetrennt war, war bis zu Pogromen im 14. Jh. jüdisches Wohngebiet. Nach der Vertreibung der Bewohner errichteten die Wohlhabenden hier ihre Häuser, so auch das **Haus Zum Goldenen Apfel** (Hinterlauben 8) der Familie *von Watt*, das seit dem 15. Jh. dokumentiert ist und im 18. Jh. bei der Renovierung ein herrliches Sandsteinportal bekam. Das **Haus Zum Tiefen Keller** (Hinterlauben 10) besteht aus dem Wohnhaus mit Erker und dem Warenhaus mit Aufzuggiebel daneben. Die rückwärtige Fassade des **Kaufmannshauses** in der Multergasse 14 präsentiert in der Hinterlauben eine Eisen-/Glaskonstruktion in schönstem Art Nouveau.

Textilmuseum und Stadtlounge

Jenseits des Oberen Grabens beginnt das neuzeitliche St. Gallen. Hier befindet sich auch das Textilmuseum, das mit seinen Exponaten einen spannenden Bogen durch die Geschichte des Textilwesens in St. Gallen schlägt und sich in wechselnden Ausstellungen auch moderner Textilkunst widmet.

■ **Textilmuseum,** Vadianstr. 2, Tel. 071-222 17 44, www.textilmuseum.ch, tgl. 10–17 Uhr, 12 SFr.

Auf die **Stadtlounge** sind die St. Galler besonders stolz, dabei fing das ganze Unternehmen eher unangenehm an. Die Raiffeisenbank ließ im ehemaligen Bleicheliquartier zahlreiche Häuser abreißen, um Platz für ihren repräsentativen, modernen Hauptsitz zu schaffen (1995–2005). Das Ergebnis war schick, aber leblos. Den ausgelobten **Gestaltungswettbewerb** für die Einöde gewann die Künstlerin *Pipilotti Rist* zusammen mit dem Architekten *Carlos Martinez.* Das Ergebnis: Der „Rote Teppich“ aus Gummigranulat, mit dem auch Sitzmöbel überzogen sind, eiförmige Beleuchtungskörper und diverse andere künstlerische Akzente. Die Stadtlounge wurde als solche angenommen und ist ein beliebter **Treffpunkt** in St Gallen. Wem das zu modern ist: Zwischen Graben und Bahnhof prunken prachtvolle **Jugendstilfassaden** wie das Haus Oceanic (St.-Leonhard-Str. 20) sowie Nr. 22 und 24.

An der Moosbruggstrasse

Das **Karlstor** ist der einzig verbleibende Rest jener **Schiedmauer,** die Kloster und Stadt ab dem 16. Jh. voneinander trennte. Nur dieses Tor ermöglichte es den Äbten, ihren Konvent zu verlassen. Die beiden modernen architektonischen Elemente, die Metallmuschel hinter dem Tor und das wie Flügel geformte Glasdach der kantonalen Alarm- und Meldezentrale an der Moosbruggstrasse entwarf in den 1990er Jahren der spanische Architekt *Santiago Calatrava.* Auch den Stiftskeller, in den der Muschel-Eingang hineinführt, hat *Calatrava* in einen kühl-modernen Raum für Events verwandelt.

St. Gallen

©Reise Know-How 2015

Technisch Interessierte sollten sich die **Mühleggbahn** ansehen, deren Talstation sich an der St.-Georgenstrasse befindet. Sie verbindet das Zentrum St. Gallens mit dem Stadtteil St. Georgen. 1893 wurde sie als Wassergewichtsseilbahn in Be-

trieb genommen, dann zu einer Zahnradbahn umgebaut, und heute wird sie schließlich als Standseilbahn oder Schrägaufzug gefahren. Die Mülenenschlucht, die hier beginnt, gilt als Ort, an dem *St. Gallus'* Klause stand.

Praktische Tipps

Information

■ **St. Gallen-Bodensee Tourismus,** Bankgasse 9, 9001 St.Gallen, Tel. 071-227 37 37, www.st.gallen-bodensee.ch, April–Okt. Mo–Fr 9–18, Sa, So 9–15 Uhr, Juli/Aug. Sa, So 9–16 Uhr, Nov.–März, Mo–Fr 9–18, Sa, So 9–14 Uhr.

Stadtführungen

■ **Klassischer Rundgang:** Jan. bis April, Nov., Sa 11.30 Uhr, Mai–Okt., Mo–Sa 11.30 Uhr, Dauer 1 Std., Treff an der Touristeninfo, Erw. 12 SFr., Kind 10 SFr. Außerdem zahlreiche **Themenführungen** wie „Heilige und Hexen" oder „Erker"; Kinderführungen.

Verkehrsmittel

■ **Bahn:** Verbindung u.a. nach Appenzell (www.appenzellerbahnen.ch), Bregenz, Schaffhausen, http://fahrplan.sbb.ch

■ **Bus/Postauto:** u.a. nach Heiden, Rorschach, www.postauto.ch.

Unterkunft

■ **Dom⑤**, Webergasse 22, CH-9004 St. Gallen, Tel. 071-227 71 71, www.hoteldom.ch. Weiß und Farbe: Die Zimmer des kleinen, zentral gelegenen Hauses sind blendend weiß eingerichtet und mit jeweils einer Signalfarbe abgesetzt. Klinisch oder cool?

■ **Vadian④**, Gallusstr. 36, CH-9004 St. Gallen, Tel. 071-228 18 78, www.hotel-vadian.ch. Die teils modern, teils mit Stilmöbeln eingerichteten Zimmer liegen top-zentral. In der Dependance **Pförtnerhof** logiert man in historischen Mauern.

■ **Weisses Kreuz**③, Engelgasse 9, CH-9004 St. Gallen, Tel. 071-223 28 43. Ein freundlich geführter Familienbetrieb mit einfach ausgestatteten Zimmern, die meisten verfügen über Etagendusche und -WC.

■ **Jugendherberge**①, Jüchstr. 25, CH-9004 St. Gallen, Tel. 071-245 47 77, www.youthhostel.ch. Die

036bo sk

Herberge liegt ruhig am Hang und ist mit der S 12 (Haltestelle „Birnbäume") ab Bahnhof erreichbar.

Camping

Campingplatz St. Gallen-Wittenbach, Leebrücke, CH-9304 Bernhardzell, Tel. 071-298 49 69, www.ccc-stgallen.ch, Erw. 6,20 SFr., Kind 3,10 SFr., Stellplatz ab 8 SFr. 6 km nördlich von St. Gallen.

Essen und Trinken

Zum Goldenen Schäfli④, Metzgergasse 5, Tel. 071-223 37 37, www.zumgoldenenschaeftli.ch. Kalbsnierli, St. Galler Bratwurst oder Großmutters Spätzli in einer Zunftstube aus dem 17. Jh.

Hörnli②, Marktplatz 5, Tel. 071-222 66 86, www.hoernli.ch. Große Portionen, gute Qualität und relativ gemäßigte Preise machen den Reiz dieses Restaurants aus.

Stickerei③, Oberer Graben 44, Tel. 071-222 62 32, www.stickerei.sg. Fantasievolle Burger, darunter auch Veggie-Varianten plus eine wechselnde Tagessuppe. Sehr beliebt, deshalb besser reservieren.

Zum Goldenen Leuen③, Schmiedgasse 30, Tel. 071-222 02 62. Das rustikale Bierlokal serviert zu den achtausgeschenkten Biersorten Brotzeiten wie ofenfrischen „Chäschüechli", Bratwurst oder Salatteller.

Fondue Beizli③, Brühlgasse 26, Tel. 071-222 43 44, www. fonduebeizli.ch. Die Auswahl an Fondues ist enorm, dazu gibt's weitere Schweizer Spezialitäten wie beispielsweise G'Schwällti mit Käs. Was das ist? Einfach probieren!

Lokal④, in der Lokremise (siehe „Nachtleben und Kultur"), Tel. 071-272 25 70, www.psg-gastro.ch. Schweizer Spezialitäten, die üblichen internationalen Verdächtigen wie Tigergarnelen oder Miso-Suppe und vegetarische Gerichte im schick-originellen Ambiente der umgebauten Lokremise. Auch beliebt zum Sonntagsbrunch oder abends auf einen Drink.

Confiserie Roggwiller, Multergasse 17, Tel. 071-222 50 92, www.roggwiller.com, St. Gallens bekanntestes Kaffeehaus mit eigener Praliné-Produktion und den feinen „St. Galler Spitzen", die auf der Zunge zergehen.

Nachtleben und Kultur

Lokremise, Grünbergstr. 7, Tel. 071-277 82 00, www.lokremise.ch. Das Architekturdenkmal aus dem frühen 20. Jh. wird durch Theater, Konzerte, Kino und Kunstausstellungen belebt. Infos und Programm auf der Homepage.

Galleria Bar, Brühlgasse 21, St. Gallen, Tel. 071-222 83 71, www.galleria-sg.ch. Bunte Drinks und House.

Das Haus Zum Pelikan mit seinem prächtigen Erker beherbergt heute unter anderem ein Café und eine Galerie

Mein Tipp: Erststock-Beizli

Was der St. Galler darunter versteht? Er meint die historischen, im ersten Stock der Häuser angesiedelten **Restaurants,** viele mit holzgetäfelter Decke und Wänden, in denen man urgemütlich essen und das Treiben auf der Straße beobachten kann. Beliebte Erststock-Beizli sind z.B. die *Weinstube Bäumli* in der Schmiedgasse oder *Zum Goldenen Schäfli* in der Metzgergasse.

Einkaufen

■ **Café Pelikan,** Schmiedgasse 15, St. Gallen, Tel. 071-222 21 77. Feinste Pralinés und Schokoladen von der *Chocolaterie Kölbener.*

Feste und Veranstaltungen

■ **St. Galler Fasnacht:** „Schmutziger" Donnerstag bis Faschingsdienstag mit farbenfrohen Umzügen durch die Altstadt.

Altstätten

Das Städtchen (11.000 Ew.) im Rheintal überrascht, hat man einmal das Gewerbegebiet überwunden, mit einer gut erhaltenen **Altstadt,** die nach einem Brand im 16. Jh. zu großen Teilen neu aufgebaut und im 18. Jh. durch das Repräsentationsbedürfnis wohlhabender Tuchhändler geprägt wurde.

Von Südosten aus Richtung St. Gallen kommend, betritt man die Altstadt durch das im 15. Jh. erbaute und im 18. Jh. aufgestockte **Untertor.** Ein Schaulaufen der **Giebel** – viele mit Aufzugtür – erwartet Besucher am Engelplatz, dem früheren Viehmarkt. Die Häuser Nr. 8, 10 und 12 stammen noch aus dem 16. Jh. und wurden später wie das Untertor aufgestockt. An der **Marktgasse** zeigen das Haus Zur Biene und sein Nachbarhaus ebenfalls die verschiedenen Bauepochen. Erdgeschoss und erster Stock stammen noch vom Ende des 16. Jahrhunderts und wurden in Bohlenständer-Bauweise ausgeführt. Ein stolzer Schweifgiebel krönt das **Gschwend'sche Haus,** das 1755 für eine reiche Kaufmanns- und Amtmannsfamilie als erstes Wohnhaus in der Stadt komplett aus Stein errichtet wurde; allein durch seine Höhe sticht es aus der Häuserzeile heraus.

Die Marktgasse in Gegenrichtung gehend, erreicht man an ihrem Westende den im 15. Jh. als Herrensitz erbauten und im 18. Jh. von einem reichen Kaufmann zur barocken Schlossanlage umgewidmeten **Prestegg,** in dem heute ein **Museum** die Wohnkultur der Wohlhabenden im 19. Jh. vor Augen führt. Sehenswert ist die mit **Fresken** der antiken Götterwelt bemalte Decke des Festsaals.

■ **Museum Altstätten,** Gerbergasse, Tel. 071-755 20 20, www.museum-altstaetten.ch, April bis Nov. So 14–17 Uhr, 6 SFr.

Letzter in der Marktgasse ist der mittelalterliche **Frauenhof:** Er war zwischen 15. und 18. Jh. Amtssitz des Obervogtes, der in der Stadt für das Kloster St. Gallen die Abgaben erhob. Kamen die geistlichen Herren persönlich zu Besuch, konnten sie in der 1648 errichteten St.-Placidus-Kapelle gegenüber ihre Gebete verrichten.

Bei einem Besuch in der **Enoteca Schegg** (s.u.) in der Engelsgasse kann man regionale Köstlichkeiten wie den „Altstätter Holderwy" (Holunderwein) oder „Öpfelringli" (Apfelringe) kaufen.

■ **Tourismusbüro Altstätten,** Breite 9, CH-9450 Altstätten, Tel. 071-750 00 23, www.altstaetten.ch, Mo–Fr 8–12 und 13.30–18 Uhr, Sa 8.30–12 Uhr.

Region und Dorf Appenzell

Die Region Appenzell, ein wunderschönes Hügelland mit steilen Hängen, die in erster Linie als Weideland genutzt werden, gehört zu den beiden Kantonen Appenzell Ausserrhoden und Appenzell Innerrhoden. Nach Süden zu geht die Landschaft in die Voralpen über und wird vom Alpsteinmassiv mit dem markanten Gipfel des Säntis (2501 m) eingerahmt. Charakteristisch für die Region sind die **vereinzelt stehenden Höfe** – über 50 % der 15.000 Einwohner von Appenzell Innerrhoden leben in solchen Einzelanwesen. Das Wohnhaus mit Wirtschaftsgebäude, der Gaden, steht meistens mitten in der Liegenschaft, der Heemet, und ist ringsum mit Zäunen, dem Hag, abgegrenzt.

Wie **konservativ** und **traditionsverbunden** die Einwohner der beiden Halbkantone sind, belegt die Tatsache, dass sie in den 1970er Jahren gerichtlich gezwungen werden mussten, das Frauenstimmrecht einzuführen. Bis heute stimmen die Bürger von Appenzell Innerrhoden einmal im Jahr bei der Landsgemeinde am letzten Aprilsonntag in Appenzell über die durch den Großen Rat vorbereiteten Gesetze ab.

Im Ortskern

Im 16. Jh. zerstörte ein **Brand** das seit dem 11. Jh. beurkundete Dorf, sodass das Ortsbild heute von den im Wiederaufbau entstandenen **barocken bis klassizistischen Gebäuden** geprägt ist. Besonders reizvoll sind die bunt bemalten, breit-behäbigen Häuser mit ihren geschwungenen Giebeln entlang der Hauptgasse, viele mit den charakteristischen **Tafeen,** den kunstvoll geschmiedeten Aushängeschildern.

Ein Blickfang ist die **Löwen-Drogerie,** deren Fassade mit Kräuterpflanzen bemalte Tafeln schmücken. Die **Heiligkreuzkapelle** und die Kirche **St. Mauritius** wurden beide nach dem Brand neu errichtet. In der Engelsgasse im westlichen Ortsteil ist das **Haus Konkordia** (17. Jh.) reich bemalt.

Museum Appenzell

Einen anschaulichen Rundgang durch Kultur und Geschichte der Region bietet das Museum Appenzell, das ebenfalls in historischem Gemäuer, dem Rathaus (Mitte 16. Jh.), und im angrenzenden Haus Buherre Hanisefs residiert: Stickereien, Trachten und sakrale Objekte sind schön präsentiert. Auch ein Höhlenbär ist ausgestellt, fand man doch in der nahen Wildkirchli-Höhle Spuren von 600 bis 800 Bären aus der letzten Eiszeit.

■ **Museum Appenzell,** Hauptgasse 4, Tel. 071-788 96 31, www.museum.ai.ch, April bis Okt. tgl. 10–12 und 14–17 Uhr, Nov. bis März Di–So 14–17 Uhr, 7 SFr.

Museum Liner

Kontrastprogramm zum Traditionellen präsentiert das vom Architekturbüro *Gigon/Guyer* entworfene Museum Liner, dessen Sammlung die Werke der Maler *Carl August* (1871–1946) und *Carl Walter Liner* (1914–1997) zeigt. Während der Vater von Realismus und Pleinair-Malerei geprägt war, lässt das Werk des Sohnes Einflüsse von Impressionismus und Fauvismus erkennen. Weitere Werke von Künstlern des 20. Jh. ergänzen die Ausstellung.

■ **Museum Liner,** Unterrainstr. 5, Tel. 071-788 18 00, www.h-gebertka.ch, April bis Okt. Di–Fr 10–12 und 14–17 Uhr, Sa, So 11–17 Uhr, Nov. bis März Di–Sa 14–17 Uhr, So 11–17 Uhr, 9 SFr.

Zur Stiftung Liner gehört auch die **Kunsthalle Ziegelhütte** mit ähnlichem Programm.

■ **Kunsthalle Ziegelhütte,** Ziegeleistr. 14, Tel. 071-788 18 60, www.kunsthalleziegelhuette.ch, Öffnungszeiten und Eintritt wie Museum Liner.

Praktische Tipps

Information

Appenzellerland Tourismus, Hauptgasse 4, CH-9050 Appenzell, Tel. 071-788 96 41, www.appenzell.info, Mai bis Sept. Mo–Fr 9–12 und 13.30–18 Uhr, Sa 10–17 Uhr, So 10–12 und 14–17 Uhr, Okt. bis April Mo–Fr 9–12 und 14–17 Uhr, Sa, So 14–17 Uhr.

Verkehrsmittel

Bahn: Bahnhof Appenzell, Bahnhofstr. 1, CH-9050 Appenzell, Tel. 071-788 50 50, www.appenzellerbahnen.ch. Bahnen und Zahnradbahnen in Richtung St. Gallen, Altstätten, Wasserauen.

Postauto: Die Postautos ergänzen das Bahnnetz, so von Urnäsch an die Schwägalp oder von Altstätten nach Heiden, www.postauto.ch.

Unterkunft

Löwen④, Hauptgassse 25, CH-9050 Appenzell, Tel. 071-788 87 87, www.loewen-appenzell.ch. Das Haus im Appenzeller Zentrum hat für seine Gäste geschmackvoll-neutrale, moderne Zimmer und historisierende im Appenzeller Bauernstil vorbereitet.

Adler④, Adlerplatz, CH-9050 Appenzell, Tel. 071-787 13 89, www.adlerhotel.ch. Das behäbige Haus ist ruhig gelegen und berühmt für seine lauschige Caféterrasse. Die Zimmer sind angenehm eingerichtet, im *Adler-Keller* gibt's ein gutes Käsefondue.

mountAln③, Hirschengasse 8, CH-9050 Appenzell, Tel. 071-787 11 49, www.mountain-appenzell.ch. Nach Umbau präsentiert sich das Hotel mit modernen, teils mit Dusche ausgestatteten Zimmern und einem beliebten Nachtclub (s.u.).

Essen und Trinken

Linde③, Hauptgasse 40, Appenzell, Tel. 071-787 13 76, www.linde-appenzell.ch. Spezialitäten der Linde sind Innereien wie Leber, Nierchen und Kutteln. Aber es gibt auch Appenzeller Siedwürste.

Bäumli③, Landsgemeindeplatz, Appenzell, Tel. 071-787 12 49. Unten speist man rustikal und unter vielen Alteingesessenen, oben eleganter im Grill-Room. Spezialität des Hauses sind Käsefondues.

Löwen③, siehe „Unterkunft". Die Appenzeller Hausspezialitäten wie die Siedwurst, deren feinen Geschmack man keinesfalls mit Senf übertönen darf, sind hier preisgünstiger als in den meisten anderen Restaurants.

Sammelplatz③, Gaiserstr. 161, Tel. 071-793 13 30, www.landgasthof-sammelplatz.ch. Frische saisonale Küche mit Fokus auf regionalen Produkten und artgerechter Haltung. Auf der wechselnden Tageskarte stehen stets auch asiatisch angehauchte und vegetarische Gerichte.

Nachtleben

mountAln, Adresse s. bei „Unterkunft". Lounge, Bar und Restaurant im schicken Neo-Alpinstil; eine Raucherlounge bietet Nikotinbedürftigen Unterschlupf.

Einkaufen

Landsgmendchrempfli sind die Spezialität der Stadt Appenzell. Die **Konditorei Laimbacher** bäckt seit 1872 außerdem Appenzeller Biber, Lebkuchen mit Mandelfüllung; Weissbadstr. 3, Appenzell, Tel. 071-787 17 44, www.laimbacher.ch.

Urnäscher Milchspezialitäten, Herisauer Str. 32, Urnäsch, Tel. 071-364 27 10, www.urnaescherkaese.ch. Große, feine Käseauswahl, dazu Marmeladen, Tees, Öle u.v.m.

Stein

Das Dorf (1500 Ew.) in Appenzell Ausserrhoden besitzt einen hauptsächlich im 18. Jh. entstandenen, hübschen Ortskern und zwei große Attraktionen: Ein anschauliches **Volkskundemuseum** und die **Appenzeller Schaukäserei.**

Mein Tipp: Appenzeller Volkskundemuseum

Das Appenzeller Volkskundemuseum ist in einem modernen Bau untergebracht, dessen klare Linien einen neutralen Rahmen bilden für die verschiedenen Abteilungen, zu denen unter anderem eine traditionelle Schaukäserei gehört, in der die Besucher sogar mitkäsen dürfen. Ebenso spannend wie lehrreich ist die im Untergeschoss beheimatete Abteilung, die **Textilien und Stickerei** gewidmet ist. An einer Stickmaschine wird fachkundig vorgeführt, wie die Industrialisierung die Handarbeit verdrängte.

Brauchtum im Appenzeller Land

Nicht nur wegen der Landsgemeinde, die in Appenzell Ausserrhoden 1997 abgeschafft wurde, in Innerrhoden aber nach wie vor praktiziert wird, gilt die Region als besonders traditionsverbunden. Vor allemjedoch werden **Bräuche rund um den Jahreswechsel** gepflegt.

Beim **Silvesterchlausen** ziehen sogenannte *Chläuse* in Gruppen durch die Dörfer, läuten mit den großen Schellen, die sie an ihre (zum Teil recht schaurigen) Kostüme gebunden haben, singen und zauren (jodeln) und wünschen allen ein gutes neues Jahr. Gefeiert wird nicht nur am 31.12. zu Silvester, sondern auch am Jahresanfang nach dem **Julianischen Kalender,** am **13. Januar.**

Ein eigenartiger **Fastnachtsbrauch** ist der **Bloch,** bei dem Männer oder junge Burschen einen Wagen durch die Orte ziehen, auf den ein großer Baumstamm gebunden ist. Sie tragen dabei traditionelle Kostüme der Holzarbeiter.

Gidio Hosestoss heißt eine **Strohpuppe,** die am **Aschermittwoch** aufgebahrt durch den Ort gefahren und von einer jammernden Trauergemeinde begleitet wird.

In vielen Gemeinden werden zum Winterende am **Funkensonntag** große Feuer entzündet.

Rund um die **Almsaison** im Sommer kreisen Bräuche wie die **Alpfahrt,** mit der die Herden feierlich bekränzt auf ihre Sommerweiden gebracht werden, und die **Alpstobete,** ein fröhliches Beisammensein bei Musik und Tanz, das einige Berggasthöfe bis heute zelebrieren. Höhepunkt ist die **Viehschau,** die Anfang Oktober in Appenzell über die Bühne geht. Dabei werden die schönsten Tiere prämiert, und der Tag klingt mit Musik, Tanz und Gesang aus.

Herrlich sind die naiven Appenzeller **Bauernmalereien** mit zumeist landwirtschaftlichen Motiven, und ebenso bunt die **Bauernmöbel.** Hier findet jeder etwas Spannendes.

■ **Appenzeller Volkskundemuseum,** Dorf, Tel. 071-368 50 56, www.appenzeller-museum-stein.ch, Di–So 10–17 Uhr, Vorführungen tgl. zwischen April und Okt., Erw. 7 SFr., Kind 3,50 SFr.

Schaukäserei

Gleich nebenan befindet sich die Appenzeller Schaukäserei, in der Besucher von einer Galerie aus moderne, industrielle Käseherstellung verfolgen und danach im Shop Käse und diverse andere Appenzeller Spezialitäten erwerben können.

■ **Appenzeller Schaukäserei,** Tel. 071-368 50 70, www.schaukaeserei.ch, April–Okt. 8.30–18.30 Uhr, Nov. bis März 8.30–17.30 Uhr, Eintritt frei.

Praktische Tipps

Essen und Trinken

■ **Hirschen**③, Dorf 20, Stein, Tel. 071-367 11 85. Das Wirtspaar kocht deftige, gute Appenzeller Gerichte und fördert Menschen mit Handicap mit Praktikums- und Lehrstellen.

■ **Landgasthof zur Steirerwirtin**③, Sägehüsli 177, Tel. 071-793 12 00, www.steirerwirtin.ch. Österreichische Spezialitäten wie Backhendlsalat oder Griesnockerlsuppe, dazu Superstimmung.

Berg Hoher Kasten

Der 1795 m hohe Berg ist **Appenzells Hausberg** und eine wunderbar gelegene Aussichtsplattform, denn hier reicht der Blick über Bodensee und Rheintal weit ins Appenzeller Land. Ein kleiner **Alpengarten** auf dem Gipfel informiert über am Berg heimische Flora. Ein etwa fünfstündiger **Geologischer Wanderweg** führt vom Hohen Kasten durch das Alpsteinmassiv zu geologisch interessanten oder markanten Stellen, an denen Schautafeln das Gesehene erläutern (Hoher Kasten – Stauberen – Saxerlücke – Bollenwees – Plattenbödeli – Brülisau).

037bo sk

☒ In den Schaukäsereien der Region wird man in die Geheimnisse der Appenzeller Käsekultur eingeführt

Fürs leibliche Wohl sorgt ein **Drehrestaurant** (s.u.) auf dem Gipfel. Diesen erreicht man entweder mit der modernen **Bergbahn** von Brülisau aus oder aber man wählt den etwa dreistündigen, steilen Aufstieg.

■ **Bergbahn,** April, Mai 8–17 Uhr, Juni, Sept., Okt. 8–17.30 Uhr, Juli, Aug. 7.30–18 Uhr, Nov., Dez. 8.30–16.30 Uhr, Erw. 24 SFr./38 SFr. hin und zurück, Kind 12 SFr./19 SFr. hin und zurück. Die Fahrtzeiten ändern sich häufig, bitte auf www.hoherkasten.ch verifizieren!

Praktische Tipps

Essen und Trinken

■ **Drehrestaurant Hoher Kasten**③, Brülisau, Tel. 071-799 13 22, www.hoherkasten.ch, März bis Dez. geöffnet. Appenzeller Spezialitäten wie Wurst-Käse-Salat garniert oder Siedwurst mit Chäshörnli und dazu 360°-Panorama.

Ebenalp

Die 1644 m hoch gelegene Ebenalp bildet den nördlichen Abschluss des Alpstein-Massivs und das Ende eines Grats, der im Säntis seinen Ausgang nimmt und über den Schäfler (1924 m) auf das Hochplateau der Ebenalp hinunterführt. Vor allem im Sommer ist die Alp eine sehr beliebte Region, sowohl für **Wanderer** als auch für **Gleitschirm- und Drachenflieger.** Im Winter ist das **Skigebiet** mit zwei Ski- und zwei Kinderliften erschlossen.

Interessant ist die knapp einstündige **Rundwanderung** von der Alp zu den **Wildkirchli-Höhlen,** in denen man Reste von mehreren hundert Höhlenbären und von Steinzeitmenschen gefunden hat. Im Berggasthaus *Aescher-Wildkirchli* kann man einkehren und den Hunger stillen (Mai bis Oktober).

Die Alp ist auch Ausgangspunkt der **Säntis-Besteigung,** für die gute Wanderer ca. vier Stunden einkalkulieren sollten. Sie führt am Berggasthof auf dem Schäfer vorbei, hat einige gesicherte, weil ausgesetzte Passagen und überwindet rund 1000 m Höhenunterschied.

Vom Dorf **Wasserauen** südlich von Appenzell schwebt eine **Seilbahn** auf die Ebenalp. Zu Fuß führt ein etwa dreistündiger, in einigen Passagen anstrengend-steiler Wanderweg von **Weißbad** hinauf (Höhenunterschied 800 m).

■ **Seilbahn,** www.ebenalp.ch, Dez.März 9.30–17 Uhr, Mai, Okt. 7.30–17.30 Uhr, Juni, Sept., 7.30–18 Uhr, Juli, Aug. 7.30–19 Uhr, Erw. 20 SFr./29 SFr., Kind 6,50 SFr./11 SFr. Die Fahrtzeiten ändern sich häufig, bitte auf Website verifizieren!

Praktische Tipps

Unterkunft/Essen und Trinken

■ **Berggasthaus Aescher-Wildkirchli**②, CH-9057 Weissbad, Tel. 071-799 11 42, www.aescher-ai.ch, Matratzenlager zwischen Mai und Okt., herrliche Lage an den Wildkirchli-Höhlen.

■ **Berggasthaus Forelle**③, Am Seealpsee, Brülisau, Tel. 071-799 11 88, www.gasthausforelle.ch, Mai bis Okt. Die Lage am idyllischen Bergsee in 1400 m Höhe ist einfach fantastisch; das Essen ist gutbürgerlich.

▷ Blick auf den Säntis

Berg Säntis

Der markante Doppelzacken des Säntis (2501 m) begleitet Reisende auf der gesamten Fahrt entlang des südlichen Obersee-Ufers. Dass er trotz seiner im Schweizer Vergleich nicht allzu großen Höhe die Bergsilhouette der Appenzeller Alpen so dominiert, verdankt der Berg seiner fast 400 m tief unterhalb des Gipfels gelegenen Scharte, die seine Spitze scheinbar solitär über die anderen Berge erhebt. Eine Seilbahn von der 1352 m hoch gelegenen **Schwägalp** erschließt den Gipfel. Auf der Schwägalp selbst warten neben Wanderwegen auch Attraktionen wie eine **Schaukäserei** (Mai bis Nov.) oder der **Natur Erlebnispark** auf Besucher. **Themenwege** erschließen Besonderheiten von Natur, Geologie oder auch Zeugnisse menschlicher Nutzung.

■ **Natur Erlebnispark,** Tel. 071-365 65 65, www.naturerlebnispark.ch.

Auf dem Säntisgipfel entführt die **Ausstellung Gwönderfitzig** in die Zauberwelt der **Kristalle** (Eintritt frei). In Sachen **Wintersport** sind am Säntis eher die Tourengeher oder Schneeschuhwanderer gefordert. Gastronomisch haben Säntis-Gipfelstürmer eine große Auswahl an **Berghütten** und **Restaurants** auf der Schwägalp; im Panoramarestaurant genießt man z.B. Appenzeller Spezialitäten wie den Hondwiler Bauernbratwurstring mit Sauerkraut und Rösti. Als Geheimtipp gelten die Sonnenuntergänge auf dem Säntis. Die **Bergbahn** von der Schwägalp hat ihre Fahrtzeiten entsprechend abgestimmt.

■ **Säntisbahn,** Tel. 071-365 65 65, www.saentisbahn.ch, Nov. bis Mitte Jan. Mo–So 8.30–17 Uhr, Feb. bis Ende Mai Mo–Fr 8.30–17 Uhr, Sa, So 8–17 Uhr, Juni bis Okt. Mo–Fr 7.30–18 Uhr, Sa, So 7.30–18.30 Uhr, Erw. 32 SFr./ 45 SFr., Kind 16 SFr./22,50 SFr. Die Fahrtzeiten ändern sich häufig, bitte auf der Website verifizieren!

■ **Berghotel Schwägalp**③, CH-9107 Schwägalp, Tel. 071-365 66 00, www.saentisbahn.ch. Das Hotel liegt direkt an der Säntisbahn. An den Wochenenden gibt es hier viel Rummel.

Wenn man den **Säntis zu Fuß** besteigen will (nicht per Seilbahn ab der Ebenalp) bietet der Weg von der **Schwägenalp** eine Alternative: Ebenfalls relativ steil führt er über die Berghütte Gasthaus Tierwis in 3½ Stunden auf den Gipfel.

038bo am

Große Oper auf dem See, innovative Architektur im Wald, Wintersport satt und die quirlige Metropole

In Österreich

Bregenz sorgen für spannende Kontraste sogar auf relativ kleinem Raum.

< Das Deuring Schlössle in Bregenz beherbergt heute ein nobles Hotel mit ebensolchem Restaurant

8 IM BUNDESLAND VORARLBERG

Österreich, besser gesagt das Bundesland Vorarlberg, hat nur einen ganz kleinen Anteil am Bodensee; dieser wird in erster Linie vom **Rheindelta** und dem geschäftigen **Bregenz** eingenommen. Das breit verzweigte Delta gehört zu den wichtigsten Naturschutzgebieten der Region. Wie auch am Schweizer Ufer lohnen sich Abstecher ins Hinterland: nach Südosten in die Gebirgslandschaft des **Bregenzer Walds** und das **Rheintal** hinauf bis Dornbirn, Feldkirch und weiter nach Liechtenstein.

NICHT VERPASSEN!

- **Kunsthaus Bregenz:** Innovative Architektur für innovative Kunstausstellungen und Installationen | 201
- **Berg Pfänder:** Bodenseepanorama und eine Adlerwarte belohnen den Aufstieg | 204
- **Bregenzer Wald:** Landschaft und zeitgenössische Architektur gehen im Bregenzer Wald eine perfekte Verbindung ein | 210
- **Rappenloch- und Alplochschlucht:** Wanderung durch schmale Klammen | 218

Diese Tipps erkennt man an der gelben Hinterlegung.

[>] Die Pfänderbahn bei Bregenz mit Blick über den See

Bregenz

Bregenz ist eine sehr lebhafte, geschäftige Stadt mit hübscher Seepromenade, deren Bild von einem Miteinander historischer und postmoderner Architektur gekennzeichnet ist. Die Oberstadt präsentiert sich hingegen mit einer ruhigen und nostalgischen Atmosphäre.

Stolz sind die Bregenzer auf ihr reges **Kulturleben,** das nicht nur in den Highlights wie Seebühne und Kunsthaus seinen Ausdruck findet, sondern auch in zahllosen kleinen Galerien und Theatern zelebriert wird.

Einen (heimlichen) Grund gibt es übrigens neben der Kultur, nach Bregenz zu fahren: Hier hat der **Wäschefabrikant Wolford** seinen Sitz, und im *Outlet Store* gibt es die edlen Teile zu günstigeren Preisen.

Geschichte

Vorgeschichtliche Spuren weisen auf eine **Besiedlung** des Bregenzer Raumes ab etwa 8000 v. Chr. hin. Um 400 v. Chr. wanderten **keltische Volksgruppen** ein, und kurz nach der christlichen Zeitenwende wurde die Siedlung unter dem

Namen Brigantium **römisch.** Welche Bedeutung sie hatte, mag man daran ermessen, dass zu jener Zeit der See nach ihr benannt war, Lacus Brigantinus.

Ab dem 3. Jh. attackierten **Alemannen** die römische Stadt. Als die irischen Wandermönche *Kolumban* und *Gallus* im 7. Jh. den Bodensee erreichten, fanden sie hier alemannische wie romanische Bevölkerung vor, der sie das **Christentum** predigten. Erst im 11. Jh. gründete das Grafengeschlecht der *Ulriche* in Bregenz ein Kloster, ohne dass sich daraus eine Siedlung entwickelt hätte. Deshalb gilt das 13. Jh., als die **Grafen von Montfort** eine Niederlassung auf der Anhöhe der heutigen Oberstadt errichteten, als zweite Gründung von Bregenz. Aus dieser Zeit stammen auch die ältesten Teile der Stadtmauer.

Trotz allem blieb Bregenz **im Schatten** des nahen **Lindau.** Handwerk und Gewerbe wurden kaum betrieben, die Einwohner lebten von Weinbau und Landwirtschaft. Dies änderte sich auch nicht, als Bregenz im 16./17. Jh. an die **Habsburger** fiel. Nach dem Dreißigjährigen Krieg jedoch entwickelte sich die Stadt zu einem wichtigen **Kornmarkt** in der Region.

Im 19. Jh., der Kornhandel war drastisch zurückgegangen, eroberte sich Bregenz gegenüber Feldkirch die Position eines **Versammlungsortes** für den **Landtag** und wurde Anfang des 20. Jh. schließlich auch **Landeshauptstadt Vorarlbergs.** Die Anbindung an die Bahn hatte der westlichen Siedlung Vorkloster große **Industrieansiedlungen** und einen Zustrom von Menschen gebracht; das nach wie vor wirtschaftlich unbedeutende Bregenz hatte sich **Vorkloster** 1919 per Volksabstimmung **einverleibt** und damit drastisch an Einfluss und Wirtschaftskraft gewonnen.

1946, nach den Zerstörungen des Zweiten Weltkriegs, wurden die **Bregenzer Festspiele** gegründet. Heute ist Bregenz dank seiner „Vier-Länder"-Lage mit guter Anbindung an Deutschland, Liechtenstein und die Schweiz ein **führender Wirtschaftsstandort am See.**

Österreich-Infos

- **Vorwahl:** 0043
- **Währung:** Euro
- **Autobahn:** Für die österreichischen Autobahnen ist eine Vignette erforderlich (s. „Autofahren im Kapitel „Praktische Reisetipps A–Z"). Die Korridor-Vignette zum Befahren des rund 23 km langen Streckenabschnittes („Korridors") auf der A 14 Rheintal/Walgau Autobahn in Vorarlberg zwischen der deutschen Grenze und der Anschlussstelle Hohenems gibt es seit Freigabe der zweiten Röhre des Pfänder-Tunnels nicht mehr.

Sehenswertes

Orientierung

Das historische und geschäftliche **Zentrum** zieht sich vom See zwischen Hafen und Festspielhaus bergauf; zwischen Montfort- und Rathausstraße liegt die **Fußgängerzone.** Oberhalb erstreckt sich die **Oberstadt,** der Kern der ersten, mittelalterlichen Siedlung mit schmalen Gassen und dem Deuring-Schlössle.

Parkmöglichkeiten gibt es unter anderem östlich des Bahnhofs im Seestadtareal und am Hafen.

Vom **Bahnhof** sind es etwa **5 Minuten Fußweg ins Stadtzentrum.** Wer den Aufstieg in die Oberstadt scheut, kann mit Bus Nr. 12c oder 13a bis Thalbachgasse fahren.

Kunsthaus Bregenz

Der Kubus aus Glasplatten, Stahl und gegossenem Beton soll nach Ansicht seines Architekten *Peter Zumthor* den Blick auf das Wesentliche lenken, die darin ausgestellte **zeitgenössische Kunst.** Die wechselnden Ausstellungen präsentieren Werke, die zum großen Teil für das KUB konzipiert und geschaffen wurden und die im weitesten Sinne jedes Jahr um ein bestimmtes Thema kreisen. Für Aufsehen sorgte das KUB mit seiner „Landschaftsintervention" **Horizon Field** von *Antony Gormley,* der 2010 einhundert lebensgroße Abgüsse eines menschlichen Körpers aus massivem Gusseisen in einer horizontalen Linie auf 2039 m Höhe in der Landschaft Vorarlbergs aufstellte.

Zum Museum gehören ein **KUB-Shop** sowie ein angenehmes **Café.**

■ **Kunsthaus Bregenz,** Karl-Tizian-Platz, Tel. 055 74-48 59 40, www.kunsthaus-bregenz.at, Di–So 10–18 Uhr, Do bis 21 Uhr, 9 €.

Mein Tipp: Vorarlberg Museum

Neben einem solchen Kunsthaus konnte das Landesmuseum nur verblassen. Mehrere Jahre war die ehrwürdige Sammlung zur Landesgeschichte mit Schwerpunkt auf vorrömischer und römischer Zeit, auf Mittelalter und auf Vorarlberger Kunstschaffen **geschlossen;** der Neubau konnte im Sommer 2013 eröffnet werden und birgt nun nach modernen, museumspädagogischen Prinzipien gestaltete Ausstellungen.

■ **Vorarlberg Museum,** Kornmarktplatz 1, Tel. 05574-460 50, www.vlm.at. Sept.–Juni Di–So 10–18 Uhr, Do bis 21 Uhr, Juli/Aug., tgl. 10–21 Uhr, Do bis 21 Uhr, Eintritt Erw. 9 €, Kind frei.

Vorarlberger Landestheater und Nepomuk-Kapelle

Das angesehene **Theater** residiert im Kornhaus aus dem 19. Jahrhundert.

Die Kornmarktstraße führt nach Nordosten zur **Kapelle St. Nepomuk,** im Jahr 1757 von *Johann Michael Beer* als barocker Zentralbau errichtet und innen im Stil des Rokoko ausgestattet. Der mächtige Bau dahinter ist das ehemalige k.u.k-Postamt (1895).

Martinsturm und -kapelle

Der Turm mit seiner mit Schindeln gedeckten Zwiebelhaube stammt wohl noch aus der Gründungszeit der Oberstadt durch die Grafen *Montfort* Mitte des 13. Jh. Ursprünglich wurde er als Würfel über dem gräflichen Weinkeller errichtet; der untere Raum diente als Lager, der darüber als Kapelle, die Mitte des 14. Jh. erstmals urkundlich erwähnt wird. 1599 bis 1601 erhöhte *Benedetto Prato* aus Graubünden den Turm auf seine heutige Höhe von 39 m und setzte ihm die Zwiebelhaube auf. Der St. Martinsturm gilt seither als **ältester barocker Bau** am Bodensee. Holztreppe und Türmerwohnung (übrigens heute noch bewohnt)

www.fotolia.de © blende 40

wurden im gleichen Zeitraum eingebaut; im 18. Jh. kamen das Langhaus und ein Durchbruch zur **Kapelle** dazu. Im Turmteil des Gotteshauses sind wertvolle **Fresken** aus dem 14./15. Jh. erhalten.

■ **Martinsturm und Martinskapelle,** Martinsgasse 3b, Turmbesteigung April bis Okt. Di–So 10–17 Uhr, Erw. 3,50 €, Kind 1 €.

Oberstadt

Hier lässt man sich am besten einfach durch die Gassen treiben! Durchs **Alte Stadttor** am Stadtsteig und dann bergauf, bergab wird man immer wieder zwischen den Häusern Reste der alten Stadtmauer sehen. Am höchsten Punkt der Oberstadt geht es zum **Deuring Schlössle,** heute ein Hotel mit Gourmet-Restaurant, dessen Baugeschichte ins 14./15. Jh. zurückreicht, als ein erstes Anwesen im Bereich der Montfortschen Stadtgründung innerhalb der Stadtmauer errichtet wurde. Sein heutiges Aussehen verdankt das Schlössle barocken Um- und Ausbauten von der Wende 17./18. Jh. und einer Neugestaltung im Inneren zu Beginn des 20. Jh.

Stadtpfarrkirche St. Gallus

Das im 11. und 15. Jh. errichtete und im 18. Jh. durch *Franz Anton Beer* barock umgestaltete und erweiterte Gotteshaus soll auf die erste, von den irischen Wandermönchen gegründete Kirche zurückgehen. Es besitzt ein **prunkvolles Inneres** mit rotmarmornen Altären vor weißem Grund und wirkt seltsam breit und dabei niedrig-gedrungen. Prunkstück des Gotteshauses ist sein **Chorgestühl** mit feinsten, spätbarocken Schnitzereien und Intarsienarbeiten.

⊲ Der Martinsturm ist der älteste Barockbau am Bodensee

Festspielhaus/Seebühne

2009 wurde das in die Jahre gekommene Festspielhaus durch das Architekturbüro Diestrich Untertrifaller in einen zeitgemäßen, multifunktionalen Event-Bau mit nachhaltigem Energiekonzept verwandelt, in dem hochkarätige Veranstaltungen stattfinden. Alljährlicher Höhepunkt sind natürlich die **Festspiele** auf der Seebühne, die nicht zuletzt seit den Dreharbeiten zum James-Bond-Film „Quantum of Solace“ 2007 schon manche waghalsige Szene erlebt hat. 1946 hatte man hier mit zwei Kieskähnen angefangen und *Mozarts* „Bastien und Bastienne“ aufgeführt. In der Saison 2015 wird „Turandot“ von *Giacomo Puccini* das Publikum begeistern.

Fischersteg

1902 wurde der Steg eigens zu dem Zweck errichtet, den Bregenzern das **Angeln** zu ermöglichen, denn von der Kaimauer aus war dies verboten. Ab 1923 starteten hier die Wasserflugzeuge der Bodenseeflug Konstanz. Und heute ist er als Treff bei Sonnenuntergang geschätzt.

MEIN TIPP: Mili

Das 1825 auf Holzpfählen gebaute, **einstige Militärbad** ist heute Kult. Hier treffen sich die Bregenzer nicht nur zum Schwimmen und Sonnen.

Berg Pfänder

Die **Talstation der Pfänderbahn** auf den 1064 m hohen Hausberg von Bregenz liegt mitten im Stadtgebiet unweit des Hafens. Oben warten eine Adlerwarte und ein Alpenwildpark sowie ein herrliches Panorama auf die Besucher, die den Berg übrigens auch in etwa eineinhalb Stunden zu Fuß erobern können.

Ein zehnminütiger Fußweg führt von der Bergstation zur **Adlerwarte,** wo man die majestätischen Greifvögel in ihren Volieren oder bei den Flugvorführungen beobachten kann.

- **Adlerwarte,** Lochau, Tel. 0664-905 30 40, www.pfaender.at, Mai bis Sept. 11 und 14.30 Uhr, Erw. 5,90 €, Kind 2,90 €.

Der **Alpenwildpark,** durch den ein etwa halbstündiger Spazierweg führt, präsentiert Steinböcke, Mufflons, Wildschweine und Murmeltiere in ihrer natürlichen Umgebung. Der Wildpark ist immer zugänglich, der Eintritt ist frei.

Zum Schluss kann man über das „Gschlief" zur Talstation zurückwandern (etwa 75 Min.).

Der Fischersteg ist ein beliebter Treffpunkt

Praktische Tipps

Information

- **Bregenz Tourismus und Stadtmarketing,** Rathausstr. 35a, A-6900 Bregenz, Tel. 05574-495 90, www.bregenz.travel, Mo–Fr 9–18 Uhr, Sa 9–12 Uhr, Aug. tgl. 9–19 Uhr.
- **Bodensee-Vorarlberg Tourismus,** Römerstr. 2, 4. Stock, A-6900 Bregenz, Tel. 05574-43 44 30, www.bodensee-vorarlberg.com, Mo–Sa 8–18 Uhr.

Verkehrsmittel

- **Bahn:** Züge nach Feldkirch, Lindau, Zürich, Innsbruck, Wien, www.oebb.at.
- **Bus:** Nach Dornbirn, Fußach, www.vmobil.at.

Unterkunft

- **Deuring Schlössle**④, Ehre-Guta-Platz 4, A-6900 Bregenz, Tel. 05574-478 00, www.deuring-schloessle.at. Ein besonderes Erlebnis mit individuell gestalteten, mit Antiquitäten und Designermöbeln eingerichteten Zimmern in historischen Mauern.
- **Seehotel Kaiserstrand**④, Am Kaiserstrand 1, A-6911 Lochau, Tel. 05574-58 11, www.seehotelkaiserstrand.com. Das Strandhotel verfügt neben hellen, modern eingerichteten Zimmern über ein Badehaus im Stil der Vorarlberger Schule, an dem es sich herrlich sonnen (und im Winter Kuchen essen) lässt.
- **Bodensee**③, Kornmarktstr 22, A-6900 Bregenz, Tel. 05574-42 30 00, www.hotel-bodensee.at. Für die zentrale Lage nimmt man gerne die etwas antiquiert, aber sauber und geschmackvoll eingerichteten Zimmer in Kauf.
- **Gasthof Pension Matt**②, Wuhrbaumweg 36, A-6900 Bregenz, Tel. 05574-717 77, www.hotelgarnimatt.at. Der im westlichen Stadtbereich gelegene

Gasthof wird familiär geführt und besitzt neben hellen, geräumigen Zimmern ein gutbürgerliches Restaurant.

Camping

■ **Mexico am Bodensee,** Hechtweg 4, A-6900 Bregenz, Tel. 05574-732 60, www.camping-mexico.at, Mai bis Sept., Erw. 7,50 €, Kind 4 €, Stellplatz ab 5,50 €. Kleiner Platz nah am See mit modernen Sanitäranlagen und Kanuverleih.

Essen und Trinken

■ **Deuring Schlössle**④, siehe „Unterkunft". *Das* Gourmet-Erlebnis in Bregenz. Im Schlössle hat man die Wahl zwischen Bodensee-Küche und internationalem Menü, und wenn der Hunger nur klein ist, kann man die Gerichte auch einzeln bestellen.

■ **Kornmesser**②, Kornmarktstr. 5, Tel. 05574-548 54, www.kornmesser.at. Das gemütliche Traditionslokal kocht Vorarlberger Spezialitäten wie Heimisches Ziegakäsle oder Waldpilze mit Serviettenknödel, serviert aber auch leichte Kost wie Salate oder feine Suppen.

■ **Goldener Hirschen**②, Kirchstr. 8, Tel. 05574-428 15, www.goldenerhirschen.at. Vorarlberger Küche wie die beliebten Grammelknödel. Lobenswert: Von fast jedem Gericht gibt's auch eine kleine Portion.

■ **Theatercafé**①, Kornmarktplatz 4, Tel. 05574-471 15, www.theatercafe.at. Ein Ort für Kaffee und Kuchen oder den kleinen Hunger am Abend.

■ **Gasthaus Pfänderspitze**①, Lochau, Tel. 05574-430 66. Gemütliche Berghütte mit einfacher, schmackhafter Kost.

Nashia Kulinarisches②, Gallusstr. 12, Tel. 0699-11 78 71 25, www.facebook.com/nashia.kulinarisches, 10.30–14, 16.30–19 Uhr. Vegetarische und vegane Küche vom Feinsten, täglich drei Menüs zur Auswahl, oft indisch oder kreolisch inspiriert und stets lecker.

Nachtleben und Kultur

■ **Vorarlberger Landestheater,** Kornmarktplatz, A-6900 Bregenz, Tel. 05574-428 70, www.landestheater.org. Frisches, innovatives Theater dank des

www.fotolia.de © Ingrid Walter

Übernachtung
1 Camping Mexico am Bodensee
3 Gasthof Pension Matt
5 Seehotel Kaiserstrand
12 Bodensee
15 Deuring Schlössle

Essen und Trinken
5 Gasthaus Pfänderspitze
9 Theatercafé
11 Kornmesser
14 Goldener Hirschen
15 Deuring Schlössle
16 Nashia Kulinarisches

Nachtleben
4 BeachBar Bregenz
7 Calypso
8 Cuba-Club
13 Neptun Bar

Einkaufen
2 Wolford Boutique und Factory Outlet
6 Vorarlberger Heimatwerk
9 Theatercafé

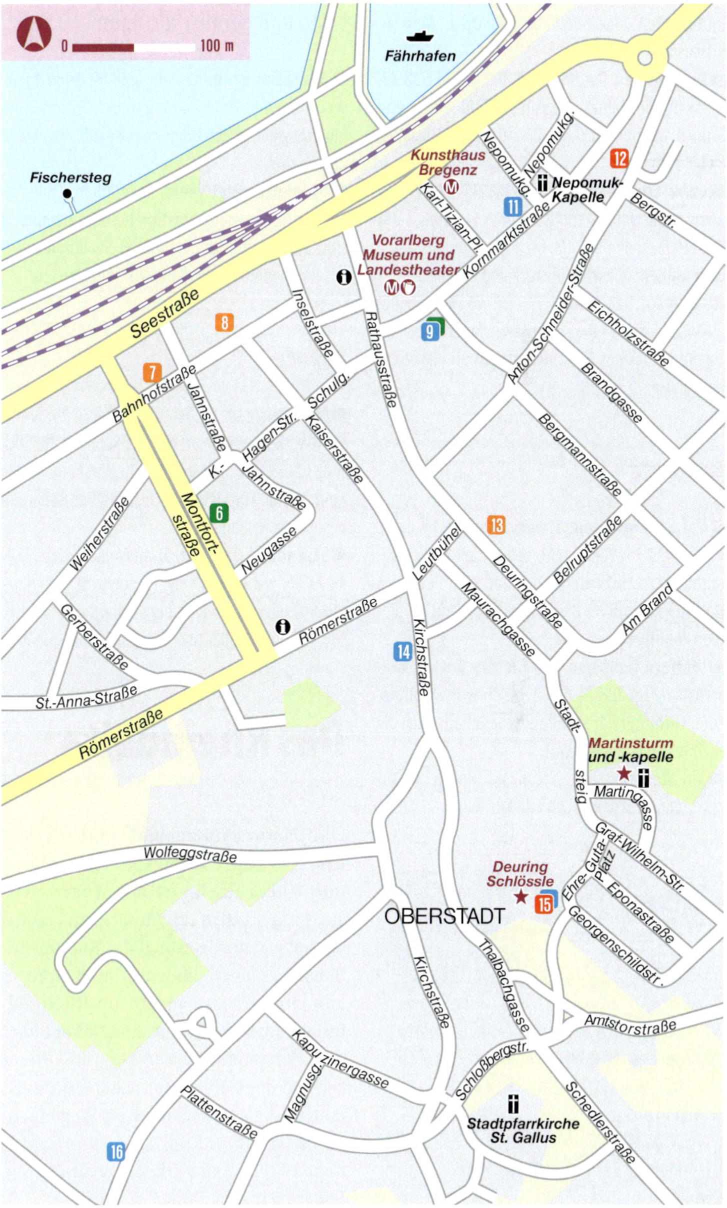
0 100 m
Fährhafen
Fischersteg
Kunsthaus Bregenz
Nepomukg.
Nepomukg.
Nepomuk-Kapelle
Karl-Tizian-Pl.
Kornmarktstraße
Bergstr.
Vorarlberg Museum und Landestheater
Inselstraße
Rathausstraße
Seestraße
Anton-Schneider-Straße
Eichholzstraße
Brandgasse
Bahnhofstraße
Jahnstraße
Schulg.
Hagen-Str.
K.-
Kaiserstraße
Jahnstraße
Bergmannstraße
Montfort-straße
Weiherstraße
Neugasse
Leutbühel
Deuringstraße
Belruptstraße
Maurachgasse
Am Brand
Gerberstraße
Römerstraße
Kirchstraße
St.-Anna-Straße
Römerstraße
Stadt-steig
Martinsturm und -kapelle
Martingasse
Graf-Wilhelm-Str.
Ehre-Guta-Platz
Wolfeggstraße
Deuring Schlössle
Eponastraße
OBERSTADT
Georgenschildstr.
Kirchstraße
Thalbachgasse
Amtstorstraße
Kapuzinergasse
Magnusg.
Schloßbergstr.
Plattenstraße
Schedlerstraße
Stadtpfarrkirche St. Gallus
6
7
8
9
11
12
13
14
15
16

Intendanten *Alexander Kubelka*. Oper, Musical, Schauspiel.

■ **Neptun Bar,** Deuringstr. 3, Tel. 05574-538 73, www.neptun-bar.at. Tagsüber Frühstück und Brunch, abends Cocktails, DJs oder Live-Musik, Fr, Sa bis 3 Uhr.

■ **Cuba-Club,** Bahnhofstr. 8, Tel. 05574-470 52, www.cuba-club.at. Von Rock über Funk bis Salsa mit wechselnden DJs, tgl. bis 4 Uhr morgens. Tagsüber (außer So) auch Frühstück und Lunch.

■ **Calypso,** Bahnhofstr. 14, Tel. 05574-456 00, www.calypso.at. Der ultimative Tanztempel im zweiten Stock des Einkaufszentrums an der Bahnhofsstraße.

Einkaufen

■ **Vorarlberger Heimatwerk,** Montfortstr. 4, Tel. 05574-423 25. Vom Trachtenstoff über Heiligenfiguren bis zu Flickerlteppichen und bunt bemalten Holzarbeiten gibt es hier Traditionelles aus der Region Vorarlberg.

■ **Wolford Boutique und Factory Outlet,** Wolfordstr. 1, Tel. 05574-69 01 14 58, www.wolford.com. Nicht nur der verführerische Inhalt, auch die Architektur ist sehenswert.

■ **Theatercafé,** siehe „Essen und Trinken". Köstliche Pralinés, Schokoladen und Kuchen.

Mein Tipp: Tipps für Nachtschwärmer

Obwohl Bregenz eine Vielzahl von Unterhaltungsmöglichkeiten bietet, schätzt die Jugend auch Beizn in den Nachbarorten: In **Dornbirn** die 7-er Bar (Eisengasse 7, www.7er-bar.at) oder das Innauer (Marktstr. 33, www.innauer.com), in **Lauterach** das *A-14* (Scheibenstr. 25, www.a14-musikpark.at). Ein sehr beliebter Ü-30-Club ist *Der Sender* in **Lustenau** (www.clubsender.at).

Feste und Veranstaltungen

■ **BeachBar Bregenz:** Von April bis August Entspannung und Unterhaltung in der *BeachBar* am Musikpavillon in den Bregenzer Seeanlagen: www.bregenz.ws.

■ **Bregenzer Festspiele:** Ende Juli bis Ende August, http://bregenzerfestspiele.com, Höhepunkt sind Opernaufführungen auf der Seebühne, auch das Rahmenprogramm kann sich sehen lassen.

Strände

■ **Mili,** Reichsstr. 66, Tel. 05574-44 24 20, www.stadtwerke-bregenz.at, Mai bis Sept. 11–18 Uhr, Juni 10–19 Uhr, Juli/Aug. 10–20 Uhr, Erw. 4,60 €, Kind 2,20 €. Für Liebhaber historischer Bäder ein besonderes Erlebnis!

■ **Strandbad Bregenz,** Strandweg 1, Tel. 05574-44 24 20, www.stadtwerke-bregenz.at, Öffnungszeiten/Preise wie *Mili*. Ruhige, schattige Liegewiesen, Hallenbad, Außenbecken und Bodenseestrand.

Das Rheindelta

Das **Naturschutzgebiet** westlich von Bregenz, begrenzt von Rheinmündung und Altem Rhein, ist mit **Wegen,** teils auch mit Straßen erschlossen; an einigen Stellen wie nordwestlich des Rheindeltahauses ist auch Baden erlaubt, und es gibt einen Campingplatz. Im **Rheindeltahaus** informiert eine Ausstellung über das Ökosystem und die Tier- und Pflanzenwelt des Gebiets. Besucher sind angehalten, die ausgeschilderten Wege nicht zu verlassen und nur an dafür vorgesehenen Stellen zu parken, zu campieren, Feuer zu machen oder zu baden.

Naturschutz im Rheindelta

Das Naturschutzgebiet entlang der Fußacher Bucht westlich von Bregenz ist mit seinen Flachwässern, Riedflächen, Wiesen und Wäldern, die je nach Stand des Bodensees überflutet werden, ein wichtiger **Überwinterungsort** für zahlreiche **Wat- und Zugvögel.**

Bereits im 19. Jh. wurde die artenreiche Flora und Fauna des Rhein-Mündungsgebietes erforscht. 1900 wurde die Landschaft durch einen **Durchstich** und die **Umleitung des Alpenrheins** nachhaltig verändert. Die Aktion reduzierte die Überschwemmungsgefahr für die Gemeinden Höchst, Gaißau und Rheineck, die heute am Alter Rhein genannten Flussarm liegen, sie brachte aber auch **radikale Umwälzungen für das Ökosystem,** das durch die Eindeichung des Bodenseeufers zwischen Altem Rhein und der neuen Rheinmündung in den 1960er Jahren zusätzlich belastet wurde.

Die Landschaft verändert sich aber auch durch **natürliche Ursachen.** Der Alpenrhein, der als größter Gebirgsbach Europas gilt, schwemmt jährlich 2,5 Mio. m^3 Feinsedimente in den Bodensee; so bilden sich pro Jahr **zwei bis drei Hektar neues Land,** für die Wissenschaft eine einmalige Chance, das Entstehen neuer Lebensräume vom Röhricht über Sümpfe bis hin zu Auwäldern zu studieren.

In dem 2000 ha großen und zu zwei Dritteln unter Wasser stehenden Schutzgebiet kommen **über 500 verschiedene Blütenpflanzen** vor, darunter die seltene Wasserhade *(Aldrovanda vesiculosa).* **Neun Amphibien-** und **vier Reptilienarten** wie der Fadenmolch *(Triturus helveticus)* und die aus Nordamerika zugewanderte Gelbwangenschildkröte *(Trachemys scripta scripta)* sind im Delta heimisch. **Biber** haben das Gebiet nach längerer Abwesenheit wieder in Besitz genommen, nicht heimische Arten wie **Bisamratte** und **Nutria** sind zugezogen. Die **Vogel welt** ist mit **über 330 Spezies** vertreten, wobei die Wiesenvögel wegen der nach wie vor zugunsten der Landwirtschaft erfolgenden Entwässerung ihres Lebensraums auf dem Rückzug sind. Gäste sind Seiden-, Silber- und Purpurreiher; auf dem Durchzug halten sich auch verschiedene Sumpfschwalbenarten, Sichelstrandläufer und Uferschnepfen in der Fußacher Bucht auf. Eine Liste aller Tierarten im Schutzgebiet findet sich auf **www.rheindelta.com.**

www.fotolia.de © hfox

Besonders reizvoll ist der Besuch im **Frühsommer,** wenn sich auch zahlreiche **Zugvögel** im Delta aufhalten. Von Fußach aus führt ein rund 10 km langer **Rundwanderweg** teils auf dem Hochdamm in Richtung Rohrspitz und ein Stück landeinwärts wieder zurück (Sonnenschutz mitnehmen, kein Schatten).

MEIN TIPP: Ein besonderes Erlebnis ist es, auf dem **Rheindamm** links und rechts des Flusses in den Bodensee und in Richtung Lindau zu wandern – beidseits nichts als Wasser!

- **Naturschutzverein Rheindelta,** Im Böschen 25, A-6971 Hard, Tel. 05578-744 78, www.rheindelta.org, April bis Okt. Mo–Fr 14–17, Sa, So 11–17 Uhr.

Praktische Tipps

Camping

- **Camping Salzmann/Rohrspitz,** Rohr 1, A-6972 Fußach, Tel. 05578-757 08 28, www.salzmann.at, Erw. 4,50 €, Kind 2,50 €, Stellplatz ab 8 €. Der Platz liegt wunderbar ruhig im Naturschutzgebiet und sorgt höchstens selbst durch Wasserski- und Wakeboardschule sowie Unterhaltungsprogramm für Lärm.

Essen und Trinken

- **Pleifers Engel**②, Landstr. 1, Hard, Tel. 05574-207 68, http://pleifersengel.at. Der Traditionsgasthof in der Nachbargemeinde Hard wird von einem kulinarischen Talent geführt, das althergebrachten Vorarlberger Gerichte vorsichtig und sehr schmackhaft modernisiert auf den Tisch bringt. Wie die Küche, so die Einrichtung. Ein Wirtshaus ganz ohne Schnörkel oder folkloristischen Firlefanz. Versuchen Sie das Hirschcarpaccio oder das Tafelspitzsülzchen!

Einkaufen

- **Michele-Hof,** Marktstr. 26, Hard, Tel. 05574-724 12, www.michelehof.at. Viele Obstbrände der Familie *Büchele* sind preisgekrönt, die Hausspezialität ist der Subirer aus der in Vorarlberg heimischen Birnensorte Subira. Verkostungen telefonisch anmelden.

Im Bregenzer Wald

Die von Nordwest nach Südost allmählich in Stufen bis zum Hochgebirge ansteigende Region umfasst die Gebiete beidseits der Bregenzer Ach und ist stark durch Täler gegliedert. Heute erinnert wenig an die namensgebenden Wälder, die eine Besiedlung lange verhinderten; Dörfer, Weiden und Almen (Alpen) prägen die Landschaft. Eine Freude fürs Auge sind die vielen alten **Holzbauernhöfe** in Strickbauweise, ebenso wie die schlichten, modernen Bauten, die sich in Dörfer und Landschaft fügen, ohne zu stören.

Der Bregenzer Wald ist ein **Wanderparadies** und im Winter ein mittelschweres Skigebiet. Dies, verbunden mit dem reichen, in Museen dokumentierten **Kulturerbe,** lohnt auf jeden Fall einen mehrtägigen Aufenthalt.

Geschichte

Die Urbarmachung des Bregenzer Waldes begann im **Hochmittelalter** auf Betreiben des Bregenzer **Klosters Mehrerau.** Diese Siedlungsbewegung stieß auf

eine entgegenkommende, die der **Walser** aus dem heutigen Schweizer Kanton Wallis, die ab dem 13. Jh. auf der Suche nach neuem Land ebenfalls in die Region drängten. Wirtschaftlich war für Lehnsherren und Klöster wenig aus dem Wald zu holen, und so lebten die Menschen hier **nahezu autonom.** Erst Anfang des 19. Jh. wurde der Bregenzer Wald nach *Napoleons* Siegeszug kurzfristig von Bayern besetzt.

Die karge Landwirtschaft ließ andere Talente blühen: Im 17./18. Jh. waren plötzlich **Baumeister, Maurer** und **Zimmerer** aus der Gemeinde Au auf allen Großbaustellen des Bodenseeraums zu finden. Den Winter verbrachten diese Wanderarbeiter, unter denen große Künstler wie die beiden *Beers* (Meersburg, St. Gallen, Bregenz) und die Brüder *Thumb* (Langenargen, Friedrichshafen, Birnau, St. Gallen) waren, in ihren Dörfern; das Sommerhalbjahr arbeiteten sie für kirchliche und weltliche Auftraggeber. Bis heute ist unklar, woher ihre Fertigkeiten stammten, baute man im

Wald doch traditionell aus Holz. Ende des 18. Jh. stickten und webten viele Waldler-Frauen für die **Tuchhändler** in Bregenz und St. Gallen, erst zu Beginn des 19. Jh. entdeckten **Großbauern** das landwirtschaftliche Potenzial der Region mit ihren saftigen Weiden und die Qualität des Käses. Mit großen, mit Biedermeierschmuck dekorierten Holzhäusern demonstrierten sie ihren so erworbenen Wohlstand.

Wandern und Wintersport im Bregenzer Wald

Schwarzenbergs Hausberge sind der **Bödele** (1155 m) und der **Hochälpelekopf** (1467 m). Zahlreiche schöne Wanderwege führen durch die Bergregion, darunter der **Eduard-Mörike-Weg** auf den Hochälpele, benannt nach dem Dichter, der ihn 1857 erwanderte. Im **Winter** erschließen ein Sessel- und acht Schlepplifte ein mittelschweres Skigebiet.

Damüls/Mellau ist das **größte Skigebiet** des Bregenzer Waldes (1430–2007 m) mit zwei Kabinenbahnen, 13 Sessel- und vier Schleppliften, einem Ski-Tunnel, insgesamt 109 Pistenkilometern und einem Snowpark (www.damuels-mellau.at).

Schwarzenberg

Das 700 m hoch gelegene Dorf (1900 Ew.) im mittleren Bregenzer Wald ist ein ländliches Idyll voller **reich geschmückter Holzhäuser,** es ist eine der ältesten Siedlungen im Bregenzer Wald und seit dem 13. Jh. dokumentiert.

Als Zeugnis ländlich-barocker Architektur aus dem 18. Jh. steht der **Dorfplatz unter Denkmalschutz.** Alleine sechs ehemalige Gasthäuser stehen hier aufgereiht nebeneinander, denn von Schwarzenberg aus wurden Waren aus dem Bregenzer Wald über zwei Pässe gen Süden befördert, und die Gastwirte machten mit Bewirtung, Unterbringung und Geldverleih guten Umsatz. In der barocken **Dorfkirche** zeichnet ein ungewöhnliches **Künstlerpaar** verantwortlich für die Gemälde: Der Kirchenmaler *Johann Joseph Kauffmann* (1707–1782) und dessen damals erst 16-jährige Tochter *Angelika* (1741–1807), die zu einer der berühmtesten Malerinnen des 18. Jh. heranwachsen sollte. Sie schuf die Apostelfresken und stiftete dem Gotteshaus schließlich das Gemälde am Hauptaltar. Obwohl *Angelika Kauffmann* einen Großteil ihres Lebens in England und Italien verbrachte, hing sie an der väterlichen Heimat und förderte junge, talentierte Schwarzenberger. Das **Angelika-Kauffmann-Museum** im Kleber Haus beleuchtet in wechselnden Ausstellungen Leben und Wirken der Malerin; sehenswert ist nicht nur das Gezeigte, sondern auch die Verbindung von traditioneller und zeitgenössischer Architektur in den Ausstellungsräumen. Im Original erhalten wurden hingegen für das Heimatmuseum Schopf (Schuppen), Küche und Stube im Erdgeschoss und große und hintere Kammer im Obergeschoss, eingerichtet mit typischem Mobiliar und Arbeitsgerät der Waldler.

■ **Angelika-Kauffmann-Museum,** Brand 34, Tel. 05512-264 55, www.angelika-kauffmann.com, Sommer Di–So 10–17 Uhr, sonst eingeschränkte Öffnungszeiten, Eintritt 7 €.

Von der Tradition zur heutigen Arbeit der Kunsthandwerker führt ein Besuch im **Werkraum Depot.** 87 Kunsthandwerker haben sich zusammengeschlossen und präsentieren und verkaufen hier ihre Arbeiten, darunter sehr schöne, schlichte Möbel.

■ **Werkraum Depot,** Hof 633, Tel. 05512-263 86, www.werkraum.at, Di–Sa 10–18 Uhr.

Information

■ **Tourismusbüro Schwarzenberg,** Hof 454, A-6867 Schwarzenberg, Tel. 05512-35 70, http://tourismus.schwarzenberg.at, Mo–Fr 9–12 und 14–17 Uhr.

Verkehrsmittel

■ **Bus:** Landbus Bregenzer Wald von Schwarzenberg in Richtung Dornbirn, Egg, Bezau, von Bezau und Hittisau in Richtung Dornbirn und Bregenz, www.vmobil.at.

■ **Wäldlerbähnle:** Juni bis Sept. befährt ein historischer Zug Sa und So dreimal täglich die rund 5 km lange Strecke über Reuthe nach Schwarzenberg und zurück, an bestimmten Tagen sogar mit Dampflok. Infos und Fahrpläne unter www.waeldlerbaehnle.at, Hin und zurück: Erw. 7,50 €, Kind 3,50 €.

Unterkunft

■ **Gasthof Hirschen**③, Hof 14 u. 829, A-6867 Schwarzenberg, Tel. 05512-29 44, www.hotel-hirschen-bregenzerwald.at. Jedes Zimmer dieses behutsam modernisierten Gasthofs hat ein individuelles Gesicht.

Essen und Trinken

■ **Gasthof Alte Mühle**③, Dorn 138, Schwarzenberg, Tel. 05512-37 80, www.alte-muehle.cc. Sehr gute Vorarlberger Küche in gemütlichem Rahmen. Im Herbst unbedingt Wild probieren!

■ **Gasthof zur Buche**①, Buchen 650, Schwarzenberg, Tel. 05512-29 72. Schnörkellose, bäuerliche Küche zu günstigen Preisen.

■ **Cafe Angelikahöhe**①, Hof 144, Schwarzenberg, Mobil-Tel. 0664-417 06 64. Im modern gestalteten Café gibt's Kuchen und Snacks.

Feste und Veranstaltungen

■ **Alptag und Markt,** Almabtrieb Mitte Sept. in Schwarzenberg. Rund 1200 Rinder kommen von ihren Hochweiden und werden von den Älplern auf dem Marktplatz wieder ihren Besitzern übergeben. Am Tag darauf großer Markt und Prämierung des besten Käses.

Angeln

■ **Flyfishing:** *Claus Elmenreich,* Klebern 656, Egg, Tel. 05414-64 82, www.elmenreich.com. Ausrüstung, Ausbildung, auch Schnupperkurs.

Schubertiade

Seit 1974 tourt dieses **weltgrößte Schubert-Festival** durch die Konzertsäle Vorarlbergs, seit einigen Jahren finden Aufführungen in Schwarzenbergs ob seiner Akustik hochgelobtem Angelika-Kauffmann-Saal und in Hohenems statt. Jeweils zwei Wochen im Mai und eine im Oktober versammeln sich Schubert-Verehrer in Schwarzenberg, um den weltbesten Musikern und Interpreten zu lauschen. Das Programm steht unter www.schubertiade.at im Web.

Bezau

Das 2000-Seelen-Dorf liegt nur 5 km von Damüls-Mellau entfernt, dem größten und modernsten Skigebiet des Bregenzer Waldes, und ist mit seinen zahlreichen Hotels und Pensionen eine beliebte Sommerfrische wie auch Winterreiseziel. Im **Heimatmuseum** dokumentieren die noch im Original erhaltenen Stuben und Wirtschaftsräume sowie die Sammlung kostbarer Stickereien, Trachten und sakraler Objekte das Leben der Waldler.

■ **Heimatmuseum,** Ellenbogen 181, Tel. 05514-32 39, Juli bis Sept. Di, Do, Sa 14–16, Okt.–Juni Di Führung 14 Uhr, 3 €.

www.fotolia.de © ZIHE

Information

■ **Bezau Tourismus,** Platz 39, A-6870 Bezau, Tel. 05514-22 95, www.bezau-bregenzerwald.com, Mo–Fr 8.30–12, 13–17 Uhr, Sa 8.30–12 Uhr.

Unterkunft

■ **Berggasthof Elsenalpstube**②, Uga 103, A-6884 Damüls, Tel. 05510-297, www.elsenalpstube.at. Der modernisierte Berggasthof hat die Mehrbettzimmer neu erfunden: Schlicht, mit Stockbetten für jeweils sechs Personen eingerichtet, alles geschmackvoll in Holz. Für Eigenbrödler gibt's aber auch DZ und Suiten.

Essen und Trinken

Hotel-Restaurant Schwanen③, Kirchdorf 77, Bizau, Tel. 05514-21 33, www.schwanen.at, Menü ab 30 €. Gesunde Küche, prämiert vom *Gault Millau. Hildegard von Bingens* Gesundheitslehre steht Pate bei den delikaten, leichten und der Tra-

‹ Kleine Kapelle im Bregenzer Wald

dition Vorarlbergs verschriebenen Bio- und Regionalküche dieses modernen Hauses. Es gibt auch wunderbare Zimmer.

■ **Simma**②, Rossstelle 242, Mellau, Tel. 05518-27 61, www.restaurant-simma.at. Der 1400 m hoch gelegene Berggasthof serviert viel Selbstgemachtes wie Holundersaft, Käsknöpfle und Salate mit Gartenkräutern.

Einkaufen

■ **Holzschuhe:** Bei *Anton Devich* in Bezau gibt's traditionelle, aber auch ausgeflippte Modelle: Ellenbogen 186, Tel. 05514-22 36, www.holzschuhe.at.

Andelsbuch

Das 2600-Seelen-Dorf liegt auf rund 600 m Höhe, umgeben von Bergen auf einer relativ ebenen Fläche unterscheidet es sich dadurch von den anderen Gemeinden im Bregenzer Wald. Dass hier ebenfalls die **Handwerkstraditionen** gepflegt und behutsam fortentwickelt werden, stellt Andelsbuch mit einem ambitionierten Bau unter Beweis, den Stararchitekt *Peter Zumthor* für die Gemeinde entwarf. Das so entstandene **Werkraum-Haus** ist ein exzellentes Beispiel für zeitgenössische Bregenzer-Wald-Architektur und dient als Ausstellungsraum für die Handwerker der Region. In einem kleinen Laden kann man **typische Handwerkserzeugnisse** wie Filzpantoffeln oder auch Holzspielzeug erwerben; eine Wirtschaft serviert mittags leichte Gerichte.

■ **Werkraum-Haus,** Hof 800, 6866 Andelsbuch, Tel. 05512-26 386, http://werkraum.at, Di–Sa 10–18 Uhr, Eintritt 5 €.

Hittisau

Die 1800-Seelen-Gemeinde unterhalb des Hittisbergs (1328 m) ist stolz auf das einzige **Frauenmuseum** Österreichs, das sich einen klassischen Holz-/Glasbau der Vorarlberger Schule mit der Feuerwehr teilt. Wechselnde Ausstellungen widmen sich dem Thema Frau im bäuerlichen Alltag, in Geschichte und Gegenwart.

■ **Frauenmuseum,** Platz 501, Tel. 05513-62 09 30, Mai–Okt., Do, Fr 10–12, 14–17 Uhr, Sa, So 10–17 Uhr, Winter Do 14–17 Uhr, Fr–So 10–12, 14–17 Uhr.

In der Gemeinde sind außerdem mehrere Bauten der **Vorarlberger Schule** (Tennis-Clubheim, Gemeindesaal, Hotels *Das Schiff* und *Gasthof Krone*) zu sehen. Überhaupt scheint hier der Werkstoff Holz noch präsenter als in den anderen Gemeinden, was vielleicht auch an *Hermann* und *Martin Nenning* liegt, die im Ort eine Zimmerei betreiben und ob ihres Umgangs mit dem Werkstoff in der Architekturszene als Genies gelten.

Information

■ **Tourismusbüro Hittisau,** Platz 370, A-6952 Hittisau, Tel. 05513-62 09 50, www.hittisau.at, Mo–Fr 8–12, 14–17 Uhr.

Unterkunft

■ **Pension Bals**②, Bühl 31, A-6952 Hittisau, Tel. 05513-261 20, www.bals.at. Das Traditionshaus mit modernem Anbau, Sauna und Garten ist ein typ. Alt-Neu-Projekt der Vorarlberger Architektur.

Riefensberg

Ein kleiner idyllischer Weiler, 7 km nördlich von Hittisau, mit sehr schönen alten Holzhäusern links und rechts der Hauptstraße und der sehenswerten **Juppenwerkstatt** neben der Kirche. Die Juppe, das Markenzeichen der **Tracht** im Bregenzer Wald, war schon im Verschwinden begriffen, als durch eine Initiative von Gemeinden, Heimatpflegern und Vorarlberger Kulturinstitutionen die Werkstatt aus der Taufe gehoben wurde. Gearbeitet wird der Juppenrock aus schwarzer Glanzleinwand, die geleimt, in einer speziellen Maschine zum Glänzen gebracht und dann gefältet wird. Zum Schluss wird der Rock mit dem Mieder verbunden und mit Bändel, Schnürle und Bleatz (dies ist ein oft aufwendig bestickter Miedereinsatz) geschmückt.

■ **Juppenwerkstatt,** Dorf 52, Tel. 05513-83 56 15, www.juppenwerkstatt.at, Mai bis Okt. Di 10–12, Fr 10–12 und 14–16 Uhr, 3 €.

Fast alles Käse

Käse aus dem Bregenzer Wald ist eine absolute Köstlichkeit. Er wird heute nur noch selten traditionell, sondern meist mit modernsten Methoden hergestellt, was der Qualität aber keinen Abbruch tut.

■ Wer sich für das zeitgenössische Prozedere interessiert, kann im **Bregenzerwäldler Käsekeller** zusehen, wie Roboter die Käselaibe drehen und stapeln, dabei verschiedene Käsesorten verkosten und sie kaufen. Auch hier hatten Vorarlberger Architekten ihre Finger im Spiel.

Zeihenbühl 423, A-6951 Lingenau, Tel. 055 13-42 875, www.kaesekeller.at, Di–Fr 10–18, Sa 9–17 Uhr.

■ Auch das **Käsehaus Andelsbuch** bietet ein breites Käsesortiment.

Hof 144, A-6866 Andelsbuch, Tel. 05512-26 346, www.kaesehaus.com, Mo–Sa 9–18 Uhr, So 10–18 Uhr.

■ Silofreie Heumilch ist der Stoff, aus dem in der **Bergkäserei Schoppernau** köstlicher Bergkäse entsteht.

Unterdorf 248, A-6886 Schoppernau, Tel. 055 15-30 151, www.bergkaeserei.at, Mo–Fr 8.30–11.30 und 15–18 Uhr, Sa 8.30–11.30 und 15–17 Uhr.

■ Weil man nicht von Luft und Käse allein leben kann, verkaufen die **Gebrüder Bentele** auch andere kulinarische Köstlichkeiten aus dem Bregenzer Wald, als da wären Schnaps, Honig, Pralinen, Konfitüre, Würste und Speck.

Heckisau 77, A-6863 Egg/Großdorf, Tel. 055 12-44 02, www.gsiberger.at, Mo–Fr 7.30–12 und 13.30–17 Uhr, Sa 9–12 Uhr.

Das Rheintal

Auf einer Strecke von rund 35 km bildet der Rhein in seinem Gletschertal die **Grenze zwischen Österreich und der Schweiz.** Auf beiden Seiten des Flusses gehen die Orte mit ihren auswuchernden Gewerbegebieten und Industrieansiedlungen nahezu nahtlos ineinander über, und man ist richtig überrascht, wenn die Zivilisation zurückweicht und Platz macht für ein ländliches Idyll mit fetten Wiesen und frisch umgepflügten Feldern. Einen Abstecher lohnen hier Dornbirn, Hohenems und Feldkirch.

Dornbirn

Dornbirn (50.000 Ew.) mit kleinem Altstadtherzen und großem neuzeitlichen Umfeld hat sich zu einer flotten **Messestadt** mit zahlreichen Hotels, Kneipen und Museen gemausert. Erstmalig im 9. Jh. in einer St. Galler Urkunde erwähnt, wechselte Dornbirn zwischen Montforter und Emser Grafen, zwischen Habsburg und Bayern und erstarkte wirtschaftlich erst im 19. Jh. durch den Anschluss an die Eisenbahn und das Aufblühen der Textilindustrie. 1949 fand in der Stadt die erste Musterschau statt, die Messe ist heute noch ein wichtiger Wirtschaftsfaktor.

Die verkehrsberuhigte Innenstadt erstreckt sich westlich vom Rathausplatz links und rechts der Marktstraße. Dornbirns Wahrzeichen und eines der wenigen historischen Gebäude ist das **Rote Haus,** 1639 als Gasthof am Marktplatz errichtet. Ebenfalls am Marktplatz steht das **Lugerhaus,** 1902 im Jugendstil als Geschäftshaus erbaut. Die **Kirche St. Martin** bietet mit ihren neoklassizistischen Elementen wenig Interessantes.

Ein paar Schritte die Marktstraße hinunter wird unter Hausnummer 33 deutlich, wie innovativ und kreativ die Stadt ist: Hier präsentiert der gebürtige Dornbirner Künstler *Wolfgang Flatz* in einem Museum seine Werke, während in den Etagen darüber das **Vorarlberger Architekturinstitut** einen Überblick über die Kreativität der lokalen Architekten gewährt. Dornbirns Kultlokal *Innauer* ist hier auch vertreten. Das **FLATZ-Museum** zeigt Werke wie die *Physical Sculptures* sowie Videos zu den Performances und Demontagen des Künstlers. In der FLATZ-Bar werden Besucher durch die Spiegelwand zur Überprüfung ihrer Wahrnehmungsmuster aufgefordert.

■ **FLATZ-Museum,** Marktstr. 33, Tel. 05572-306 48 39, www.flatzmuseum.at, Fr 15–17, Sa 11–17, So 14–17 Uhr, 4 €.

■ **Vorarlberger Architektur Institut,** Marktstr. 33, Tel. 05572 51169, http://www.v-a-i.at, Di–Fr 14–17, Do bis 20, Sa 11–15 Uhr.

Rundfahrt per Schaufelraddampfer

Am 11. Januar 1913 lief das Dampfschiff „Hohentwiel" auf dem Bodensee vom Stapel. Damals war es eines von sieben Schaufelraddampfern, die den See im **Liniendienst** befuhren und dabei manch einen prominenten Passagier wie Kaiser *Wilhelm II.* beförderten. 1944 entkam das Schiff als einziges dem **Bombardement** seines Heimathafens Friedrichshafen.

1984 wurde der mittlerweile als Vereinsheim missbrauchte Dampfer vom Internationalen Bodenseeschifffahrtsmuseum e.V. gekauft und sorgfältig **restauriert.** Nun läuft er hochglanzpoliert und zum Vergnügen seiner Passagiere zu diversen Unterhaltungs- und Rundfahrten aus, inzwischen von seinem neuen **Heimathafen Hard.** Das Programm und die Preise sind auf der Website zu finden.

■ **Hohentwiel Schifffahrtsgesellschaft m.b.H.,** Kohlplatzstr. 17, Hard, Tel. 05574-63 560, www.hohentwiel.com.

Rappenloch- und Alplochschlucht

Südöstlich der Stadt durchbricht die **Ebniter** (später Dornbirner) **Ach** das harte Kalk- und Mergelgestein der Voralpen, um dem Alpenrhein zuzustreben. Die dabei in die Felsen gefressene Rappenlochschlucht zählt zu den reizvollsten **Wanderzielen** im Vorarlberger Voralpenraum. Dass sie durch Stege und Wege erschlossen wurde, ist dem Textilunternehmer *Häffele* zu danken, dessen Werk an der Zufahrt zur Schlucht Elektrizität benötigte. Er veranlasste Dornbirn, zwischen Rappen- und der darauf folgenden Alplochschlucht einen Stausee zur Stromgewinnung anzulegen. Damit wurde Ende des 19. Jh. nicht nur die Textilspinnerei, sondern auch Dornbirn selbst elektrifiziert. Man benötigte ca. 1½ Stunden für die Runde durch Rappen- und Alplochschlucht und auf glei-

www.fotolia.de © Fabio Barone

chem Weg zurück (Mai bis November geöffnet).

Bevor man sich allerdings auf die Wanderung macht, hat man am Schluchteingang die Möglichkeit, zwei ganz unterschiedliche Museen zu besuchen: Im **Rolls-Royce-Museum** hat die Familie *Vonier* auf drei Etagen das größte dieser Fahrzeugmarke gewidmete Museum der Welt aufgebaut. Viele berühmte Gefährte sind darunter, die z.B. *Queen Mum*, *Lawrence von Arabien* oder Spaniens Diktator *Franco* gehörten. Im Tea Room können sich Besucher, umgeben von englischen Antiquitäten, stilvoll an Tee und Scones delektieren.

■ **Rolls-Royce-Museum,** Gütle 11a, Tel. 05572-526 52, www.rolls-royce-museum.at, Feb.–Nov., Di–So 10–18 Uhr, Juli/Aug. auch Mo geöffnet, letzter Einlass jew. 1 Std. früher, Erw. 9 €, Kind 4,50 €.

Das **Krippenmuseum** gegenüber zeigt nicht nur Krippen aus aller Welt, sondern verkauft auch Figuren.

■ **Krippenmuseum,** Gütle 11c, Tel. 05572-20 06 32, www.krippenmuseum-dornbirn.at, Mai bis Dez. Di–So 10–17 Uhr, Erw. 3 €, Kind 1 €.

Praktische Tipps

Information

■ **Dornbirn Tourismus,** Rathausplatz 1, A-6850 Dornbirn, Tel. 05572-221 88, www.dornbirn.info, Mo–Fr 9–18 Uhr, Sa 9–12 Uhr.

◁ Das Rote Haus ist das Wahrzeichen von Dornbirn

Verkehrsmittel

■ **Bahn:** Bahnhof Dornbirn, A-6850 Dornbirn, Tel. 0512-93 00 00, www.oebb.at, Richtung Konstanz, Feldkirch.

■ **Bus:** Verbindung von Dornbirn in Richtung Bregenz, Hohenems, Schwarzenberg, Hittisau, Ebnit, www.vmobil.at.

Unterkunft

■ **Hotel-Garni Sonne**③, Sägerstr. 8, A-6850 Dornbirn, Tel. 05572-222 12, www.gh-sonne.at.

Natur direkt – Museum Inatura

Ein Sprung an den südwestlichen Stadtrand und in einen Dachsbau. Wie das **Naturmuseum Inatura** Natur und Technik greifbar und verständlich macht, ist vorbildlich. Die Themenbereiche Gebirge, Wald, Wasser und Stadt stellen die jeweiligen Naturräume zum **interaktiven Erleben** vor, zum Anfassen, Durchkriechen oder auf andere Art. Wenn in Rundum-Projektion eine Lawine abgeht, vermeint man das Beben zu spüren. Auf der Galerie setzten sich wechselnde Themenausstellungen mit dem Bereich Technik auseinander.

In der Montagehalle des ehemaligen Rüsch-Werks zeigt der **Kunstraum Dornbirn** wechselnde Ausstellungen, die zeitgenössischen Künstlern gewidmet sind. Der **Stadtgarten,** in den die beiden Museen eingebettet sind, hat die ehemalige Industriebrache in ein grünes Paradies verwandelt, ohne ihre industrielle Vergangenheit zu überspielen

■ **Inatura,** Jahngasse 9, Dornbirn, Tel. 05572-23 23 50, www.inatura.at, Mo–Fr 9.30–18 Uhr, Sa/So 10–18 Uhr, Erw. 9,50 €, Kind 4,80 €.

Geschmackvoll gestaltet, mit grandioser Sonnenterrasse.

Berghof Fetz③, Bödele 574, A-6850 Dornbirn/Bödele, Tel. 05572-774 00, www.berghoffetz.at. Die Zimmer sind gemütlich, die regionale Küche exzellent.

Essen und Trinken

Rotes Haus②, Marktplatz 13, Dornbirn, Tel. 0512-315 55, www.roteshaus.at. Das Restaurant im historischen Rheintalerhaus kocht österreichisch mit mediterranen Einsprengseln.

Innauer③, Marktstr. 33, Dornbirn, Tel. 0512-20 34 88, www.innauer.com. Obwohl der Innauer ein schickes, modernes Restaurant (ambitionierte, internationale Küche, mit Bar) ist, wird er im Volksmund als *Beizn* gehandelt, und gilt als lokaler Treff. Die Bar ist *der* Hotspot in der Stadt.

Nachtleben und Kultur

7-er Bar, Eisengasse 7, Dornbirn, www.7er-bar.at. Breites Musikprogramm von Heavy Metal bis 1950-ties, Themenparties, Gast-DJs.

Einkaufen

Markt Dornbirn: Mi, Sa Bauernmarkt, Rathausplatz.

Hohenems

Hohenems, auf den ersten Blick nur ein weiteres Rheintal-Städtchen mit historischem Kern, ist in der Region etwas Besonderes, denn es besaß eine große **jüdische Gemeinde,** und deren Geschichte ist im Jüdischen Viertel und im Jüdischen Museum präsent.

Ab dem 12. Jh. ist **Burg Altems** verbürgt. Das **16. Jh.** gilt als **Blütezeit,** knüpften die Grafen *von Ems* doch verwandtschaftliche Bande mit den *Medici* und mit dem Papst, von denen Burg wie Stadt profitieren. Zu dieser Zeit wurde der **Palast Hohenems** errichtet, in dem 100 Jahre später zwei Abschriften des Nibelungenliedes entdeckt wurden. 1617 erlaubte Reichsgraf *Kaspar von Hohenems* in einem Schutzbrief die **Ansiedlung von Juden,** die bis Mitte des 19. Jh. eine große Gemeinde bildeten.

Deren Geschichte, Kultur, die Auflösung durch Wegzug und im Zweiten Weltkrieg durch Deportation schildert anschaulich das **Jüdische Museum** in Dokumenten und mit Exponaten des religiösen und des Alltagslebens. Hübsch ist das Museumscafé, in dem Besucher auch koschere Speisen bekommen.

Jüdisches Museum, Villa Heimann-Rosenthal, Schweizer Str. 5, Tel. 05576-73 98 90, www.jm-hohenems.at, Di–So 10–17 Uhr, 7 €.

Das Museum liegt mitten im **Jüdischen Viertel,** das sich beidseits der Schweizer Straße erstreckt und in dem die **Synagoge** (Salomon-Sulzer-Saal), das **Ritualbad Mikwe,** das einstige **Armenhaus** und zahlreiche Wohnhäuser des 18./19. Jh. erhalten sind. Auch der **Jüdische Friedhof** (17. Jh.) hat am südlichen Stadtrand bis heute überdauert.

Interessant ist neben den Zeugnissen jüdischen Lebens der 1563 von *Martin Longo* erbaute **Renaissance-Palast,** der leider nicht besichtigt werden kann.

Interessant ist auch ein Besuch in **Stoffels Säge-Mühle,** dem zu einem Museum umgebauten, historischen Mühl- und Sägewerk der Familie *Amman,* durch die der Besitzer gerne persönlich führt und dabei Vieles über Geschichte und Arbeitstechniken zu erzählen und demonstrieren weiß.

■ **Stoffels Säge-Mühle,** Sägerstr. 11, Tel. 05576-724 34, www.museum-stoffels-saege-muehle.at, Mai–Okt., tgl. 9–18 Uhr, Erw. 2,20 €, Kind 1,10 €.

Praktische Tipps

Information

■ **Tourismus & Stadtmarketing Hohenems,** Schweizer Str. 10, A-6845 Hohenems, Tel. 05576-427 80, www.hohenems.at, Mo–Do 9–12 und 13.30–18, Fr 9–12, 13.30–17 Uhr.

Essen und Trinken

■ **Gasthaus Adler**③, Kaiser-Franz-Joseph-Str. 104, Hohenems, Tel. 05576-722 92, www.adler hohenems.com. Ein urgemütliches Gasthaus mit gehobener, fleischlastiger Küche, die das Herz des Feinschmeckers höher schlagen lässt.

Feldkirch

Mit 30.000 Einwohnern ist Feldkirch nach Dornbirn die **zweitgrößte Stadt Vorarlbergs.** Seit dem 9. Jh. gab es hier eine Siedlung, die Graf *Hugo von Montfort* um 1200 zu einer Stadt ausbaute und sie 1260 mit der Schattenburg befestigte. Doch bereits 1375 verkaufte der kinderlose Graf *Hugo von Montfort* die Stadt an die Habsburger, wo Feldkirch dann verblieb. Die **Habsburger Ära** bescherte der Stadt eine wirtschaftliche wie kulturelle Blüte, die sich in reger Bautätigkeit und der Gründung einer Schule niederschlug.

Ein Großteil der im 13. Jh. erbauten und um 1500 verstärkten **Stadtmauer** wurde im 19. Jh. abgetragen. Wie wehrhaft sie war, lassen das noch erhaltene **Churer Tor** (1491) an der Montfortgasse und der **Katzenturm** (1507) am Hirschgraben erahnen. Entlang des Flüsschens Ill, das damals wie heute die Grenze zum Schweizer Territorium bildete, wachen heute noch **Pulver-, Wasser-** und **Diebsturm** über die Handelswege.

Die **Schattenburg**, zunächst Sitz der Montforter Grafen und dann der habsburgischen Vögte, wurde im 15./16. Jh. umgebaut und präsentiert sich als weitgehend intakte spätmittelalterliche Burganlage. Das darin untergebrachte **Museum** zeigt eine Ausstellung von Kunst, Waffen, Mobiliar und Dokumenten zur Stadtgeschichte. Zur Rast lädt die historische Schlosswirtschaft.

■ **Museum Schattenburg,** Burggasse 1, Tel. 055 22-719 82, www.schattenburg.at, Nov., Dez. Sa, So 11–16 Uhr, Jan. bis März Di–Fr 13.30–16 Uhr, Sa, So 11– 16 Uhr, April bis Okt. Mo–Fr 9–12 und 13.30–17, Sa, So 9–16 Uhr, Erw. 6 €, Kind 2,50 €.

In der von Laubengängen und schönen historischen Häusern geprägten **Altstadt** (besonders hübsch in Rosen- und Schmiedgasse) steht das imposante, 1493 vollendete und nach einem Stadtbrand im 17. Jh. erweiterte **Rathaus,** dessen Erdgeschoss früher als Kornspeicher diente.

Wenige Schritte weiter erhebt sich der 1478 erbaute **Dom St. Nikolaus,** dessen hochgotisches Langhaus durch moderne, farbenfrohe Glasfenster in ein flirrendes Licht getaucht wird. Sehenswert ist die schmiedeeiserne Kanzel, die im 16. Jh. aus einem Sakramentshäuschen gearbeitet wurde.

Das barocke **Palais Liechtenstein** wurde im 18. Jh. für den Herrscher des benachbarten Fürstentums errichtet. Heute residiert hier die Touristeninformation.

Mit wechselnde Ausstellungen moderner Kunst profilieren sich verschiedene Feldkircher **Galerien;** einen stilvollen Rahmen bietet die **Johanniterkirche,** ein ehemaliges, im 13. Jh. erbautes Gotteshaus.

■ **Johanniterkirche,** Marktplatz, www.feldkirch.at, unregelmäßige Öffnungszeiten.

Zwei außerhalb des historischen Zentrums gelegene Sehenswürdigkeiten sollen nicht unerwähnt bleiben: Das **Siechenhaus,** in dem Kranke und Aussätzige versorgt wurden, stammt aus dem 14. Jh. und lag außerhalb der Stadtmauer. Heute fungiert es als Jugendherberge (siehe unten).

Vorarlberger Schule und Islam finden auf höchst ästhetische Weise beim **Islamischen Friedhof** im **Vorort Altach** (Schotterried 1, 6844 Altach) zusammen. Architekt *Bernardo Bader* und die aus Bosnien stammende Künstlerin *Azra Akšamija* haben vor allem mit der Verabschiedungshalle den östlichen und den westlichen Kulturkreis vorbildlich vermählt.

Praktische Tipps

Information

■ **Stadtmarketing und Tourismus Feldkirch,** Palais Liechtenstein, Schlossergasse 8, A-6800 Feldkirch, Tel. 05522-734 67, www.feldkirch.at, Mo–Fr 9–17.30 Uhr, Sa 9–12 Uhr.

Unterkunft

■ **Gutwinski**④, Rosengasse 4–6, A-6800 Feldkirch, Tel. 05522-721 75, www.gutwinski.cc. Gediegenes, elegantes, modern eingerichtetes Hotel und im Herzen der Altstadt gelegen.

■ **Zimmer im Zentrum**②, Alberweg 12, A-6800 Feldkirch, Mobil-Tel. 0664-393 17 87, www.zimmerimzentrum.at. Die Zimmer in einem modernen Geschäftszentrum sind schick, aber entgegen dem Namen liegt die Unterkunft nicht ganz zentral.

■ **Jugendherberge Feldkirch**①, Reichsstr. 111, A-6800 Feldkirch, Tel. 05522-731 81, www.hihostels.com. Das Gemäuer stammt aus dem Mittelalter, die Zimmer sind aber frisch und modern eingerichtet. Ab Bahnhof mit Bus Nr. 2, 59, 60.

Essen und Trinken

■ **Schlosswirtschaft Schattenburg**②, Burggasse 1, Feldkirch, Tel. 05522-724 44, www.schattenburg.cc. Im romantisch-historischen Rahmen gibt es eine große Auswahl an Schnitzeln und Steaks.

■ **Dogana**②, Neustadt 20, Feldkirch, Tel. 05522-751 26, www.dogana.com. Restaurant, Café und Bar, außen historisch, innen modern, mit österreichischen Klassikern und mediterranen Spezialitäten.

Eine klassische Gastwirtschaft mit Bioladen ist der **Freihof Sulz**②, Schützenstr. 14, Sulz, Tel. 05522-45 808, www.freihofsulz.at, rund 10 km nordöstlich von Feldkirch. Die Küche pflegt die Tradition, ohne sich der Moderne zu verschließen.

Nachtleben

- **Sonderbar,** Bahnhofstr. 1, Feldkirch, Tel. 05522-384 82, www.sonderbar.at. DJs und Themennächte.
- **rauch club,** Marktgasse 9–11, Feldkirch, Tel. 05522-353 95, www.rauchgastronomie.at. 1970er-Möbel in mittelalterlichen Kellergewölben.

Einkaufen

- **Markt Feldkirch:** Di und Sa in der Marktgasse, von April bis Nov. jeden ersten und dritten Sa Bauernmarkt.

Feste und Veranstaltungen

- **Feldkircher Montfortspektakel:** Mittelalterfest in der Altstadt, Wochenende Ende Mai, Infos www.feldkirch.at.
- **Feldkircher Gauklerfestival:** Ende Juli, Infos www.feldkirch.at.

Neue Baukunst in Vorarlberg

Geht man weit in der Geschichte zurück, wird deutlich, dass die Baukunst in Vorarlberg Tradition hat. Bereits im 18. Jh. waren Baumeister aus dem Bregenzer Wald wie *Franz Anton* und *Johann Michael Beer* berühmt und begehrt an den Baustellen rund um den Bodensee. Damals wurden allerdings in erster Linie Klöster und Kirchen errichtet, während sich die zeitgenössischen Vorarlberger Architekten mit dem Bau von Schulen, Hotels, Wohnsiedlungen und Privathäusern beschäftigen.

Dass in Vorarlberg etwas anders ist, sehen Reisende auf den ersten Blick. Die **Dichte moderner Bauten** in schlichter, **minimalistischer Architektur,** nicht nur im städtischen, sondern auch im ländlichen Raum, ist erstaunlich. Ihre Wurzeln hat die Bewegung der Vorarlberger Bauschule in den **1960er Jahren,** als junge Architekten und Bauherren mit einfachen und vor allem preiswerten Häusern Ideen verwirklichten, die in der etablierten Architektur nicht akzeptiert worden wären. Es handelt sich zumeist um **Holzhäuser,** und die Liebe zum Material Holz ist auch der jetzigen, dritten Generation Vorarlberger Architekten geblieben, in Verbindung mit dem Anspruch an **ökologisches** und **energiesparendes Bauen.** Nirgendwo sonst in Österreich stehen so viele Energiespar- und Passivhäuser wie in Vorarlberg. Zu den Stars der Szene, die längst keine „Schule" mehr ist, zählen *Baumschlager & Eberle, Dietrich/Untertrifaller* und *Wolfgang Ritsch.*

Das Vorarlberger Architekturinstitut bietet mittlerweile **Architek-Touren** durchs Ländle an (www.v-a-i.at). Wer mit offenen Augen reist, wird auch ohne Hilfe viele bemerkenswerte Bauten entdecken, in ihnen übernachten oder essen, denn auch viele Hotels und Restaurants, vor allem im Bregenzer Wald, sind auf den Vorarlberger Architekturzug aufgesprungen und haben ihre teils Jahrhunderte alten Häuser mit Mut und Geschmack runderneuert.

039bo sk

9 Ausflug nach Liechtenstein

Ein Fürstentum der Superlative, sowohl die Anzahl der Banken, als auch die Menge der Kunstschätze beeindrucken. Und das alles in grandioser Gebirgslandschaft.

< Blick auf die Liechtensteiner Fürstenburg

Das Fürstentum

Das Motiv mit dem Fürstenschloss hoch über Vaduz kennen wohl die meisten. Es vermittelt gewachsene Tradition und Historie, was das heutige, moderne Fürstentum nicht unbedingt einhält. Liechtenstein, das sich im Rheintal südlich von Feldkirch entlang des Rhein-Ostufers erstreckt und nach Osten vom Gebirgszug des Rätikon eingerahmt wird (auf dessen Grat die Grenze zum österreichischen Vorarlberg verläuft), ist **160 km² groß** und hat rund **36.000 Einwohner,** die in elf Gemeinden leben. Das stark zersiedelte und durch **Gewerbebetriebe** geprägte Tal ist nicht gerade eine Augenweide. Reizvoll ist es in den Bergen, in Triesenberg und Malbun, und im Hauptort Vaduz, deren Museen spektakuläre Kunst bieten bzw. spannend über die Geschichte informieren.

Geschichte

Die seit dem 13. Jh. dokumentierte Grafenfamilie *von Liechtenstein* legte im 17./18. Jh. mit dem Kauf der **Herrschaft Schellenberg** und der **Grafschaft Vaduz** den Grundstein für das Fürstentum. Die Familie stammte aus **Niederösterreich** und blieb dort ansässig, auch nachdem Liechtenstein 1719 zum Reichsfürstentum erhoben worden war.

1806 trat das Fürstentum als souveräner Staat dem **Rheinbund** bei, 1862 wurde im Zuge einer neuen Verfassung

NICHT VERPASSEN!

- **Burg, Vaduz:** Ein Spaziergang durch die Liechtensteiner Geschichte | 228
- **Kunstmuseum Liechtenstein, Vaduz:** Zeitgenössische Kunst aus der Sammlung des Fürsten | 228
- **Walser Sagenweg:** Auf den Spuren Walser Sagen und Märchen wandern | 229

Diese Tipps erkennt man an der gelben Hinterlegung.

der erste **Landtag** gewählt. Liechtenstein lehnte sich zunächst an den Habsburger Nachbarn, später dann an die Schweiz an, blieb aber stets als **unabhängiger Staat** mit monarchisch-konstitutioneller Verfassung bestehen, in dem die Macht zwischen Monarch und Volk zu geteilt ist. 1924 wurde der **Schweizer Franken** als offizielle Währung eingeführt, 1938 zog die Fürstenfamilie endgültig nach Vaduz. 2004 setzte der amtierende Fürst *Hans-Adam II.* seinen Sohn Erbprinz *Alois* als seinen Stellvertreter ein. Regierungschef ist *Adrian Hasler.*

Liechtenstein-Infos

- **Vorwahl:** 00423, daran dann direkt die Rufnummern anhängen.
- **Währung:** Schweizer Franken (SFr.), Wechselkurs siehe „Geld" im Kapitel „Praktische Reisetipps A–Z".
- **Einreise:** Es gelten dieselben Einreise- und Zollbestimmungen wie in der Schweiz (Details siehe „Grenzübertritt EU – Schweiz" im Kapitel „Praktische Reisetipps A–Z").
- **Liechtenstein Tourismus,** Städtle 37, FL-9490 Vaduz, Tel. 239 63 00, www.tourismus.li, tgl. 9–17 Uhr.
- **Anreise per Bahn von Österreich:** Bis Feldkirch, dann weiter mit *Liechtenstein Bus.*
- **Bus in Liechtenstein:** *Liechtenstein Bus,* dichtes und häufig befahrenes Netz, Infos auf www.lba.li.

Blick über Vaduz

www.fotolia.de © g215

Vaduz

Mit 5200 Einwohnern ist dies die **der größte Ort im Fürstentum,** dekorativ überragt von der seit dem 14. Jh. existierenden, wehrhaften **Burg,** die auf einer Felsterrasse thront. Sie wird von der fürstlichen Familie bewohnt, eine blau-rote Fahne mit Krone zeigt an, ob Fürstens zuhause sind.

Eine lauschige Kleinstadtatmosphäre kommt in Vaduz nicht auf, das liegt an der sehr **schicken, modernen Architektur,** mit der sich das Stadtzentrum schmückt, und natürlich an den vielen Bank- und sonstigen Geldhandelshäusern drumherum. Aber nicht jedes alpine Städtchen muss lauschig sein, und alleine die elegante und anspielungsreiche Architektur des **Kunstmuseums Liechtenstein** (Architekten *Meinrad Morger* und *Heinrich Degelo* mit *Christian Kerez*) lenkt den Blick auf die zeitgenössische Kunst, die hier wechselnde Ausstellungen in großen, lichten Räumen präsentiert und durch des Fürsten Sammlung Alter Meister kontrastiert wird.

- **Kunstmuseum Liechtenstein,** Städtle 32, Tel. 02 35 03 00, www.kunstmuseum.li, Di–So 10–17 Uhr, Do bis 20 Uhr, 12 SFr.

Ein Kontrastprogramm bietet die ebenfalls sehenswerte Ausstellung zu Geschichte, Wirtschaft und Traditionen im **Liechtensteinischen Landesmuseum,** das nach einer Odyssee nun endgültig Platz in der ehemaligen, historischen Taverne zum Adler und einem modernen Anbau gefunden hat. Die Ausstellung ist in die Themenbereiche Siedeln, Schützen, Feiern, Nutzen, Herrschen und Schaffen unterteilt und vermittelt ein lebhaftes Bild vom Fürstentum und dessen Historie.

Interessierte können auch das zum Landesmuseum gehörige **Postmuseum** gleich nebenan besichtigen.

- **Liechtensteinisches Landesmuseum,** Städtle 43, Tel. 239 68 20, www.landesmuseum.li, Di–So 10–17 Uhr, Mi 10–20 Uhr, 8 SFr.

Ein Beispiel für die Bereitschaft, mit moderner Architektur im historischen Rahmen zu experimentieren, ist das **Regierungsviertel** von Vaduz, bestehend aus dem im Jahre 1905 errichteten **Regie-**

rungsgebäude, der neugotischen **Kirche St. Florin** und dem **Landtagsgebäude,** das der deutsche Architekt *Hansjörg Göritz* 2008 als hölzernes Haus mit hohem Spitzdach konzipierte.

Im Stadtteil Oberndorf steht als eine der wenigen historischen Erinnerungen das 1338 erstmals erwähnte **Rote Haus,** an Farbe und getrepptem Giebel unschwer zu erkennen. Der historisierende Turm wurde erst Anfang des 20. Jh. angefügt. Zum Haus gehören ein Torkel (Weinpresse) und der dahinterliegende Weinberg „Abtswingert".

Praktische Tipps

Einkaufen

■ Wer den Fürsten etwas Gutes tun möchte, kann in deren Hofkellerei **Wein** kaufen. Er ist von hoher Qualität: **Fürstliche Domäne,** Tel. 232 10 18, www.hofkellerei.li.

Die Laurentiuskirche in Schaan nahe Vaduz

Triesenberg und Malbun

Zwischen 700 und 2000 m Höhe liegen die Siedlungen und Alpen der Gemeinde Triesenberg. Im Ortszentrum rund um die Pfarrkirche (20. Jh.) mit markantem Zwiebelturm ist das **Walsermuseum** sehenswert.

■ **Walsermuseum,** Jonaboda 2, Triesenberg, Tel. 262 19 26, www.triesenberg.li, Mo–Fr 7.45–12 und 13.30–17.45 Uhr, Sa 8–11 und 13.30–17 Uhr, Erw. 2 SFr., Kind 1 SFr.

Triesenberg, Malbun und einige andere hoch gelegene Siedlungen Liechtensteins wurden im 13. Jh. von Zugewanderten aus dem Wallis gegründet, die ihre Sprache und Kultur bewahrten. Deren Merkmale zeigt das Museum ebenso wie der **Walser Sagenweg,** der auf 9 km Länge und 500 m Höhendifferenz in 3½ Stunden durch die Region führt und dabei anhand von Architektur, Skulpturen oder Schautafeln die Walser-Kultur erklärt.

Ehemalige Alpen bilden das auf 1600 m gelegene **Hochtal von Malbun,** in das eine serpentinenreiche Bergstraße hinaufführt. Heute ist die Ansiedlung von Hotels das einzige **Skigebiet** des Fürstentums, erschlossen mit modernen Sessellifte und Serviceeinrichtungen (Infos unter www.bergbahnen.li). Im Sommer ist das Tal Ausgangspunkt für **Wande rungen,** etwa auf den Schönberg (Rundwanderung, 4 Std.) oder auf dem nach Fürstin *Gina* benannten Gratweg zum Augstenberg (12 km, 5 Std.).

Praktische Tipps

Unterkunft/Essen und Trinken

■ **Hotel Restaurant Kulm**③, Dorfzentrum, FL-9497 Triesenberg, Tel. 237 79 79, http://hotelkulm.li. Das angenehme, familiär geführte Haus besitzt einen schönen Panoramablick übers Rheintal. Das Restaurant serviert Spezialitäten wie Chruudchnöpfli (Sauerkrautspätzle) auf hohem Niveau.

■ **Hotel Falknerei Galina**③, FL-9497 Malbun-Triesenberg, Tel. 265 34 24, www.galina.li. Das gutbürgerliche Haus in Malbun hat freundlich eingerichtete Zimmer und betreibt eine Falknerei mit Flugvorführungen.

■ **Bergrestaurant Sücka**②, FL-9497 Triesenberg-Steg, Tel. 263 25 79, www.suecka.li. Der hübsch gelegene Berggasthof ist Ausgangspunkt vieler schöner Wanderungen. Im Restaurant gibt's regionale, deftige Küche.

Sauberes Geld

Seinem Ruf als **Steueroase** wurde das Fürstentum lange Zeit gerecht; Banken, Anlage- und Treuhandgesellschaften sieht man selten irgendwo so dicht gesät wie in Vaduz. Seit der Affäre um die Steuerhinterziehung des Ex-Telekom-Chefs *Klaus Zumwinkel,* die 2008 aufflog und in die eine Liechtensteiner „Stiftung" verwickelt war, gehen die Behörden verschärft gegen alle Verdachtsfälle von Geldwäsche vor. 2009 schnellte die Zahl der Anzeigen um 25 % nach oben.

Schellenberg

In diesem Ort ganz im Norden des Fürstentums dokumentiert ein **Bäuerliches Wohnmuseum** im ältesten Haus Liechtensteins (1518) ländliche Kultur und Wohnen.

■ **Bäuerliches Wohnmuseum,** Schellenberg 12, Tel. 239 68 20, www.wohnmuseum.li, April bis Okt. jeden ersten und letzten So im Monat 14–17 Uhr, Eintritt frei.

Insgesamt zählt das Dorf Schellenberg zu den hübschesten Siedlungen, und man hat von seiner erhöhten Lage aus einen guten Blick übers Tal und hinüber auf die Schweizer Seite. Zudem gibt's hier mit der *Wirtschaft zum Löwen* eine urige Einkehr.

Praktische Tipps

Unterkunft/Essen und Trinken

■ **Wirtschaft zum Löwen**③, Im Winkel 5, FL-9488 Schellenberg, Tel. 373 11 62, www.loewen.li. Chäsknöpfle oder Schwartenmagen in einer gemütlichen Gaststube oder auf der Terrasse mit Fernblick.

605bo sk

Wirtschaft zum Löwen in Schellenberg mit Bergpanorama

041bo am

Ein See, drei Länder: Von Anreise über Hotspots bis hin

10 Praktische Reisetipps A–Z

zu Verkehrsmitteln bleiben hier keine praktischen Fragen offen.

< Der Bodensee ist ein Paradies für Wassersportler

Anreise

Der Bodensee, gelegen im nördlichen Alpenvorland im Dreiländereck Deutschland, Österreich und Schweiz, ist aus allen Himmelsrichtungen gut erreichbar. Die wichtigsten **Verkehrsknotenpunkte** sind Lindau, Friedrichshafen, Konstanz, St. Gallen, Rorschach und Bregenz. **Personen-** und **Autofähren** verkehren zwischen den großen Bodenseeorten.

Anreise per Auto

Der **östliche Bodenseeraum** mit Lindau und Bregenz ist über die B 96 von München schnell erreichbar. Am „Allgäuer Tor" bei Memmingen nimmt die B 96 die Verkehrsströme aus Stuttgart (A 8) und Flensburg (A 7) auf. Ab Bregenz führt die A 14 durchs Rheintal weiter nach Süden.

Den **westlichen Bodensee** erschließt die A 81, von Würzburg kommend, bis Singen, von wo dann Autobahn und Bundesstraßen entweder ans deutsche Nordufer (Überlingen) oder in die Schweiz (Schaffhausen) weiterführen.

Auf **Schweizer Seite** verläuft die A 1 von Zürich bis St. Gallen und Rorschach; bei Winterthur zweigt die A 7 nach Kreuzlingen und Konstanz ab.

Auf **österreichischer Seite** führen A 12 und S 16 von Innsbruck nach Bregenz.

Die Autobahnen in Österreich und der Schweiz sind **mautpflichtig** (Infos unter www.tolltickets.com). Näheres zum Autofahren am Bodensee siehe auch unter „Auto- und Motorradfahren".

Tipp: Mitfahren

Die Anreisekosten (und die Umweltbelastung) lassen sich reduzieren, wenn man sich zu mehreren Personen ein Fahrzeug teilt. Die Website **www.mitfahrgelegenheit.de** vermittelt potenzielle Mitreisende.

Anreise per Bus

Noch ist der 2013 liberalisierte **Fernbusmarkt** zu sehr in Bewegung, um verlässliche Angaben zu Linien, Tarifen und Fahrtzeichen machen zu können. Einige Anbieter wie etwa **Mein Fernbus** (http://meinfernbus.de) oder **Flixbus** (www.flixbus.de) haben sich auf dem heiß umkämpften Markt etabliert. Die Preise liegen deutlich unter denen der Bahn, die Fahrtzeiten sind allerdings länger. Auskunft bietet z.B. das Vergleichsportal www.verkehrsmittelvergleich.de.

Anreise per Bahn

Verkehrsknoten im Osten ist **Lindau** mit Bahnverbindung (EC) nach München; von **Friedrichshafen** fährt der Interregio nach Stuttgart. Im Westen des Bodensees ist **Singen** Haupt-Umsteigebahnhof für Reisende aus Deutschlands Nordwesten; Regionalzüge fahren von dort nach Überlingen, Radolfzell und Konstanz. Entlang des Schweizer Bodenseeufers und des Rheins bis Schaffhausen fahren S-Bahnen mit Bahnanschluss in **St. Gallen** oder **Frauenfeld. Bregenz** ist per IC u.a. mit Innsbruck verbunden.

Die Fahrt von Berlin nach Singen **dauert** etwa 8 Std. und kostet einfach und regulär etwa 155 €; von Innsbruck nach Bregenz ist man etwa 2½ Std. unterwegs (einfache Fahrt um 35 €), von Zürich nach Arbon gelangt man in 1½ Std. (einfache Fahrt etwa 15 SFr.). Über Sondertarife informieren die Websites der B-ahnen:

- **Deutsche Bundesbahn:** www.bahn.de
- **Österreichische Bundesbahn:** www.oebb.at
- **Schweizerische Bundesbahnen:** www.sbb.ch

Autoreisezüge fahren den Bodensee nicht direkt an. Die nächstgelegenen Terminals befinden sich in München (182 km bis Lindau) und Lörrach (151 km bis Konstanz). Nur von Wien oder Graz ist Feldkirch und damit der Bodensee auch per Autoreisezug erreichbar.

Anreise per Flugzeug

Friedrichshafen und **St. Gallen** sind die beiden Verkehrsflughäfen am Bodensee bzw. in seiner unmittelbaren Nähe. Zum Bodensee Airport Friedrichshafen geht es von Stuttgart, Frankfurt, Köln/Bonn, Düsseldorf, Münster, Hamburg und Berlin. St. Gallen Airport wird in erster Linie von Privatfliegern genutzt, es besteht aber eine Linienflugverbindung nach Wien (siehe unten).

- **Bodensee Airport Friedrichshafen,** Am Flugplatz 64, 88046 Friedrichshafen, Tel. 07541-284 01, www-fly-away.de.
- **St. Gallen Airport Altenrhein,** Flughafenstr. 11, CH-9423 Altenrhein, Tel. 071-858 51 65, www.airport-stgallen.com.

Neben denen der **Lufthansa** landen und starten in Friedrichshafen die Maschinen des Billigfluganbieters **Intersky.** Der Hin- und Rückflug Berlin/Tegel – Friedrichshafen kostet je nach Termin mit *Intersky* um 300 €. St. Gallen-Altenrhein wird durch **People's Viennaline** von Wien angeflogen. **Flugzeiten** und **Ticketpreise** gibt es auf den folgenden Websites:

- **Lufthansa:** www.lufthansa.com
- **Intersky:** www.intersky.biz
- **People's Viennaline:** www.peoples.ch

Anreise per Schiff

Personen- und Autofähren ermöglichen die zügige Seeüberquerung und ersparen die oft zeitraubende Anfahrt um den See. Die verschiedenen regionalen Linien sind in den Bodensee-Schiffsbetrieben Bodensee und Rhein zusammengeschlossen. Hierzu gehören die **Weiße Flotte,** die im Personenverkehr alle Häfen des Bodensees und des Hochrheins anfährt (so gut wie alle in diesem Buch beschriebenen Orte am See werden angesteuert), sowie die **Autofähre** von Friedrichshafen nach Romanshorn. Die Stadtwerke Konstanz betreiben **drei Katamarane** zwischen Konstanz und Friedrichshafen sowie eine **Autofähre** von Konstanz nach Meersburg. Beide Autofähren transportieren auch Wohnmobile.

- **Bodensee-Schiffsbetriebe,** Konstanz, Tel. 075 31-364 00, Friedrichshafen, Tel. 07541-923 80, Lindau, Tel. 08382-27 58 40, www.bsb.de.
- **Stadtwerke Konstanz,** http://stadtwerke.konstanz.de.

Auto- und Motorradfahren

Notrufnummern für Panne und Unfall siehe gleichnamiges Kapitel.

Auch, wenn man aufgrund des dichten Netzes öffentlicher Verkehrsmittel nicht unbedingt ein eigenes Fahrzeug benötigt, um den Bodensee zu erkunden, ist man mit ihm natürlich ungebundener. Staus und ermüdende Parkplatzsuche bleiben einem aber, vor allem in den Sommermonaten, kaum erspart. Autobahnen und Regionalstraßen rund um den See sind in einem hervorragendem Zustand.

^ Stein am Rhein erkundet man am besten zu Fuß

Tempolimits und Verkehrsregeln

Deutschland

- Die **Höchstgeschwindigkeit** beträgt für Pkw, Lkw bis 3,5 t zulässiges Gesamtgewicht und Motorräder innerorts 50 km/h, außerorts 100 km/h; auf Autobahnen gilt kein Tempolimit; die zulässige Höchstgeschwindigkeit kann aber zeitlich und lokal begrenzt geregelt werden. Die Benutzung deutscher Autobahnen ist vorläufig für Pkw und Motorräder gebührenfrei. Es gibt allerdings Pläne für eine Mautpflicht, die sich evtl. auch auf Bundesstraßen erstrecken wird und 2016 eingeführt werden soll.
- Führer von Fahrzeugen dürfen maximal **0,49 ‰ Alkohol** im Blut haben.
- Das Mitführen zweier **Warnwesten** für Fahrer und Beifahrer ist Pflicht.
- **Parken** ist nur auf den hierfür gekennzeichneten Flächen erlaubt. In manchen Orten gelten Parklizenzzonen, in denen Nicht-Ortsansässige ein Parkticket lösen müssen. Verkehrsschilder weisen auf diese Zonen hin. Generell ist das Halten auf rot markierten Flächen nur zum Be- und Entladen gestattet.

■ Das **Telefonieren** mit Mobiltelefon ist dem Fahrer nur mittels Freisprecheinrichtung erlaubt.

Schweiz

■ Die **Höchstgeschwindigkeit** beträgt für Pkw, Lkw bis 3,5 t zulässiges Gesamtgewicht und Motorräder innerorts 50 km/h, außerorts 80 km/h, auf Schnellstraßen mit grün-weißen Hinweisschildern 100 km/h und auf Autobahnen 120 km/h.
■ Das Autobahn- und Schnellstraßensystem (alles mit grün-weißer Beschilderung) ist in der Schweiz **mautpflichtig.** Die Maut wird in der Form des Kaufes einer **Vignette** (an der Grenze bei den Zollämtern, bei den Automobilclubs und an Tankstellen erhältlich) erhoben. Die Vignette muss für das Kfz und extra für einen Anhänger erhoben werden. Sie gilt ein Jahr und kostet 2015 33 € (gilt auch für Motorräder). Sie ist an der Innenseite der Windschutzscheibe mittels des aufgebrachten Klebfilms unablösbar so anzubringen, dass sie von außen sichtbar ist.
■ Führer von Fahrzeugen dürfen maximal **0,49 ‰ Alkohol** im Blut haben.
■ Auf Straßen gleicher Ordnung haben innerorts **Schienenfahrzeuge Vorrang.** Bei Passfahrten muss dem **bergauf fahrenden Fahrzeug** Vorfahrt gewährt werden (Post- und Linienbusse genießen generell Vorfahrt!).
■ **Parken** ist an gelb gekennzeichneten Bordsteinen nicht erlaubt (gelbe Kreuze sind mit einer gelben Linie verbunden). Ist die gelbe Linie am Fahrbahnrand durchgängig (ohne Kreuze) gezogen, darf auch nicht gehalten werden. Bei blauen Parkfeldern in Verbindung mit dem Schild „Parkieren mit Parkscheibe" ist diese auszulegen.
■ Tempolimits und Verkehrsvorschriften sollten penibel eingehalten werden; bei Zuwiderhandlung drohen **hohe Geldstrafen,** wobei bis zu einem Betrag von 300 SFr. sofort kassiert wird.
■ Das **Telefonieren** mit Mobiltelefon ist dem Fahrer nur mittels Freisprecheinrichtung erlaubt.

Österreich

■ Die **Höchstgeschwindigkeit** beträgt für Pkw, Lkw bis 3,5 t zulässiges Gesamtgewicht und Motorräder innerorts 50 km/h, außerorts 100 km/h und auf der Autobahn 130 km/h. Zwischen 22 und 5 Uhr darf auf Autobahnen nur 110 km/h gefahren werden (die Autobahnen Salzburg – Wien (A 1), Wien – Villach (A 2), Innkreisautobahn (A 8) und Pyhrn-Autobahn (A 9) ausgenommen).
■ Auf österreichischen Autobahnen herrscht **Vignettenpflicht:** Die Vignette gilt entweder zehn Tage (8,70 €), zwei Monate (25,30 €) oder ein Jahr (84,40 €). Sie ist an der Innenseite der Windschutzscheibe (in der Mitte oder auf der vom Fahrersitz aus gesehen linken Seite) mittels des aufgebrachten Klebfilms unablösbar anzubringen
■ Leuchten an einem **Schulbus** die Warnblinkanlage und die weiß-roten Warnleuchten, darf dieser Bus nicht überholt werden, weil Kinder beim Ein- und Aussteigen sind.
■ In Österreich können ganze Stadtviertel zu **Parkzonen** mit einheitlicher Regelung erklärt werden (sog. Kurzparkzonen), Hinweisschilder finden sich in der Regel lediglich bei der Einfahrt in das Viertel. Wer hier parkt, muss entweder eine Parkscheibe auslegen oder ein Ticket kaufen, das an Automaten oder in Trafiken (Tabakläden) erhältlich ist. Ein **Halte-** und **Parkverbot** ist auch durch gelbe Zickzacklinien gekennzeichnet; hier darf man nicht halten.
■ Führer von Fahrzeugen dürfen maximal **0,49 ‰ Alkohol** im Blut haben.
■ Bei Panne oder Unfall außerorts ist eine reflektierende **Warnweste** anzulegen.
■ Das **Telefonieren** mit Mobiltelefon ist dem Fahrer nur mittels Freisprecheinrichtung erlaubt.

Treibstoff

Generell sind die **Treibstoffpreise** in Österreich etwas niedriger als in Deutschland. Anfang 2015 zahlte man in Österreich 1,28 € für einen Liter Super-Plus und 1,22 € für Diesel (Schweiz 1,52 €/1,58 €). Im Vergleich: Deutschland 1,44/1,27 €.

Mietwagen

Niederlassungen aller bekannten Mietwagenunternehmen finden sich in den größeren Städten rund um den Bodensee. Für die Anmietung benötigt man einen gültigen **Führerschein** und mittlerweile fast überall eine **Kreditkarte,** mit der die Kaution hinterlegt wird. Das **Mindestalter** des Fahrers ist je nach Unternehmen unterschiedlich geregelt und kann zwischen 21 und 25 J. schwanken. Bei Anmietung eines Wagens sollte man das Fahrzeug genau begutachten und besonders auf das Reifenprofil und die Bremsen achten. Einen Überblick über Mietwagenpreise bietet das Vergleichsportal www.billiger-mietwagen.de.

Avis

- Max-Stromeyer-Str. 130, D-78467 **Konstanz,** Tel. 07531-361 11 32, www.avis.de.
- *Flughafen Friedrichshafen,* Am Flugplatz, D-88046 **Friedrichshafen,** Tel. 07541-93 07 00.
- *Zil Garage St. Gallen,* Zilstr. 79, CH-9016 **St. Gallen,** Tel. 071-279 30 30.

Hertz

- Flughafen Friedrichshafen, Am Flugplatz 64, D-88046 **Friedrichshafen,** Tel. 07541-28 78 28, www.hertz.de.
- Bregenzer Str. 20a, D-88131 **Lindau,** Tel. 08382-940 00.
- Schwefel 44, **6850 Dornbirn,** Tel. 05572-277 06.
- Fürstenlandstr. 119, CH-9016 **St. Gallen,** Tel. 071-27 884 74.

Motorrad

In allen drei Ländern gilt **Helmpflicht** für Fahrer und Beifahrer. Motorradfahrer unter 18 Jahren mit einem Führerschein der Klasse A 1 dürfen ihre Motorräder in Österreich nicht fahren, da dort das **Mindestalter** für das Führen solcher Maschinen auf 18 Jahre festgelegt wurde.

Car Sharing

Car Sharing hilft, die Umweltbelastung durch den Autoverkehr gering zu halten. Man benützt das Auto nur dort, wo es mit öffentlichen Verkehrsmitteln nicht machbar oder zu zeitraubend wäre. *Bodensee mobil* hat u.a. Autos in **Lindau, Friedrichshafen** und **Überlingen** stehen (ca. 2 €/Std., 20 €/Tag plus 30 Ct./km). *Flinkster* unterhält ein deutschlandweites Netz von Verleihstellen und ist am Bodensee in Friedrichshafen und Lindau vertreten.

- **Bodensee mobil,** Wolfgangstr. 4, 88046 Friedrichshafen, Tel. 07541-48 93 40, www.bodensee mobil.de.
- **Flinkster,** www.flinkster.de

Barrierefreies Reisen

Allgemeine Informationen zum Reisen mit Handicap erhält man beispielsweise hier:

- **Club Behinderter und ihrer Freunde CBF Darmstadt e.V.,** Pallaswiesenstr. 123a, 64293 Darmstadt, Tel. 06151-812 20, www.cbf-da.de.

Viele **Unterkünfte** rund um den Bodensee verfügen über behindertengerechte Zimmer; die von den Tourismusämtern herausgegebenen **Unterkunftsbroschüren** weisen mit Symbolen auf solche Angebote hin. Man kann die Broschüren bei den jeweiligen Info-Stellen anfordern oder sie auf der jeweiligen Website herunterladen. Im österreichischen Bodenseeraum bieten außerdem drei **Bauernhöfe** barrierefreie Ferien an; Infos im Internet unter: www.urlaubambauernhof.at/behindertengerecht.

In den öffentlichen **Verkehrsmitteln** wie Bus und Bahn ist fast überall barrierefreies Reisen möglich, auch viele **Strandbäder** haben entsprechende Zugänge ins Wasser eingerichtet. Eine **Liste rollstuhlgerechter Seilbahnen** findet sich auf www.seilbahnen.de (Menüpunkt „Seilbahnen", das Ausstattungsmerkmal „barrierefrei" markieren).

Schwierigkeiten dürften Gehbehinderten oder Rollstuhlfahrern die zum Teil steilen kopfsteingepflasterten Gassen in den Altstädten bereiten.

In Kooperation mit dem Hersteller *Draisin* bieten verschiedene Vermietstationen rund um den Bodensee, darunter in Radolfzell, Feldkirch und Romanshorn, behindertengerechte **E-Bikes** an. Infos hierzu unter www.draisin.com

Einkaufen und Souvenirs

Äpfel, Fruchtsäfte, Wein, Obstbrände, Käse – im Bodenseegebiet sind **Naturalien** das schönste Souvenir. Sie sind in vielen Heimdestillerien, Weinkellern und Hofläden zu teils sehr günstigen Preisen zu erwerben (s.a. Einkaufstipps in den jeweiligen Ortskapiteln).

Obst und Gemüse, vor allem die berühmten **Bodensee-Äpfel,** verkaufen viele Erzeuger direkt ab Hof zu einem Kilopreis von rund einem Euro. Dunkel und kühl gelagert, halten die Äpfel sich mehrere Wochen. Angebaut werden alle gängigen Sorten. Auch die aus Äpfeln und anderem Obst gepressten **Säfte** und **Moste** sind ein preiswertes und gesundes Mitbringsel, weil sie ohne Konservierungsstoffe erzeugt werden.

Obstbrände werden in zahlreichen kleinen und großen Destillerien hergestellt, deren Bandbreite von bäuerlich-einfach bis edel-ambitioniert reicht und die mit diversen Auszeichnungen und Preisen für die Qualität ihrer Produkte werben. Entsprechend groß sind auch die Preisunterschiede.

Wein vom Bodensee (siehe auch unter „Essen und Trinken") können Reisende im Staatsgut zu Meersburg und in vielen privaten Gütern verkosten und erwerben. Eine Übersicht über deutsche Bo-

denseeweine und Erzeuger bietet www.bodenseewein.de.

Geräucherter Bodenseefisch eignet sich ebenfalls gut zum Mitnehmen. Schmackhaften, aromatischen **Käse** bekommt man in den Hofläden rund um den See. Käse-Liebhaber sollten aber unbedingt einen Abstecher ins Appenzeller Land oder in den Bregenzer Wald unternehmen, wo die Käserei noch als hohe Kunst betrieben wird (siehe auch Ortskapitel).

Naschkatzen finden in den Schweizer **Chocolaterien** edle Produkte aus der jahrhundertealten Schokolade-Tradition des Landes.

Kunsthandwerker, die Holzschnitzereien, Töpferwaren oder andere hübsche Dinge herstellen, bieten ihre Produkte in nahezu jedem Ort an, und auch die Zahl der **Kunstgalerien** mit Werken nicht so bekannter, lokaler Künstler ist groß.

Wochen- und **Flohmärkte** bieten eine ideale Gelegenheit, lokale Produkte zu erwerben. Auf die Termine der Wochenmärkte wird in den jeweiligen Ortskapiteln hingewiesen. Ein weit über den Bodensee hinaus beliebter Flohmarkt finden um das erste Juli-Wochenende in Konstanz statt. Die gesamte Altstadt verwandelt sich dann in einen riesigen Basar, der rund um die Uhr geöffnet ist.

Das wird einmal ein prächtiger Bodensee-Apfel

001bo sk

Elektrizität

In allen Anrainerländern des Bodensees beträgt die Netzspannung 230 Volt, die Frequenz 50 Hz, in der Schweiz und in Liechtenstein werden sowohl die bei uns üblichen zweipoligen wie auch **dreipolige Stecker (TYP J)** verwendet. Die meisten Hotels halten **Adapter** bereit.

Essen und Trinken

Das Spannende an der Bodensee-Küche sind die vielen **verschiedenen Einflüsse.** Diese reichen von bayerischen über schwäbische und badische bis hin zu Thurgauer und Vorarlberger Spezialitäten. In einigen Grundrezepten ähneln sich die regionalen Küchen – so gibt es rund um den See Spätzle unter verschiedenen Namen: Knöpfle im Badischen, Knöpfli in der Schweiz, Chnöpfli in Liechtenstein.

Die **gastronomische Infrastruktur** rund um den See ist hervorragend, es gibt keinen Ort ohne Gasthäuser und Restaurants. Auch die Michelin-Stern- bzw. Gault-Millau-Haubendichte ist hoch, was sich natürlich in den **Preisen** niederschlägt. Wer preiswerter essen möchte, findet aber auch überall Pizzerien oder Lokale mit griechischer Küche; auch ein Imbiss mit Würstchen oder Pommes ist meist nicht weit. Etwas schwerer tut man sich als in Euro rechnender und mit deutschen oder österreichischen Gehältern ausgestatteter Gast in der Schweiz und in Liechtenstein. Dort liegt das Preisniveau in den Restaurants deutlich über dem des restlichen Bodensees, und das steht leider meist nicht im Zusammenhang mit einer höheren Qualität des Essens.

Preiskategorien für Restaurants

- ① Menü bis **20 €**
- ② Menü **20–30 €**
- ③ Menü **30–45 €**
- ④ Menü **ab 45 €**

Spätzle und Konsorten

Spätzle sind Beilagen, sie werden aber auch als Hauptgericht serviert: Mit Röstzwiebeln und Käse überbacken als **Käsespätzle,** mit Sauerkraut als **Krautspätzle**. In einigen Regionen der Schweiz werden die dort Chäsknöpfli genannten Spätzle nicht mit Zwiebeln, sondern als **Süßspeise** mit Apfelmus serviert.

Bülle-Dünne-Rezept

Diese besondere Flammkuchen-Variante stammt von der Halbinsel Höri, wo die berühmte **Höri-Bülle** gedeiht, eine milde, rote **Zwiebelart:** Man bereitet aus 40 g Hefe, 500 g Mehl, Salz und Wasser einen Teig zu, lässt ihn gehen, rollt ihn auf dem Backblech aus und salzt ihn kräftig. Für den Belag werden 12 große Bülle goldbraun gedämpft und etwa 2 cm hoch auf dem Teig verteilt. Zum Abschluss kommt ein „Teigle" aus 3/8 l Sauerrahm, 4 Eigelb und Salz darüber. Im Backofen eine halbe Stunde bei 270 °C backen.

Spezialitäten der Region

Aelpler Magronen	Gekochte Nudeln und Kartoffelwürfel,mit gerösteten Zwiebeln und Käse bestreut
Appenzeller Biber	Lebkuchen mit Mandelfüllung
Appenzeller Käsesalat	Salat aus Appenzeller Käse mit Zwiebeln, Essig und Öl
Appenzeller Siedwurst	Rindfleischwurst, gewürzt mit Knoblauch und Kümmel
Bauernschübling	Rohwurst aus Rind- und Schweinefleisch; ähnlich wie Landjäger
Beuscherl	Ragout aus Lunge und Herz
Chäschüechli	pikanter Käsekuchen aus Blätterteig
Chäsknöpfli	Schweizer Variante der Käsespätzle, wird gerne mit Apfelmus gegessen
Felchen	Bodensee-Renken; es gibt zahllose Zubereitungsarten
Flammkuchen	hauchdünn ausgerollter Hefeteig, belegt mit Zwiebeln, Speck und Sauerrahm, wird knusprig im Ofen gebacken
Grammelknödel	Semmel- oder Kartoffelknödel mit Speck-Grammeln (Grieben)
Hüppen	Waffelähnliches Gebäck
Käsespätzle	Spätzle mit gerösteten Zwiebeln und aromatischem Käse überbacken
Krautschlupfnudeln	Fingerdicke Nudeln aus Kartoffelteig, angebraten mit Sauerkraut
Krautspätzle	Spätzle mit Sauerkraut vermischt und manchmal auch überbacken (in Liechtenstein *Chruudchnöpfli*)
Kretzer	Flussbarsch, in der Schweiz auch *Egli* genannt

Landsgmendchrempfli	Gebäck aus Biskuitteig mit Haselnussfüllung
Maultaschen	Taschen aus Nudelteig, gefüllt mit Brät, Spinat und Zwiebeln
Mooser Fischtopf	Suppe aus verschiedenen Bodensee-Fischfilets
Rösti	gekochte oder rohe, geriebene Kartoffeln, die in einer Pfanne zu einem Fladen geröstet werden
Saitenwürstle	schwäbische Variante der Wiener Würstchen
Saure Kutteln	in Streifen geschnittener, gekochter Rinderpansen, mit Essig säuerlich abgeschmeckt
Saure Linsen	Linsengemüse, mit Essig säuerlich abgeschmeckt
Saurer Käse	Weichkäse
Saurer Presssack	Kochwurst aus Schweinefleisch und -schwarte, die mit Zwiebeln, Essig und Öl angemacht wird
Schwäbischer Topf	auch Gutsherrentopf: Rind-, Kalb- und Schweinefilet in Sahnesauce, dazu Spätzle
Serviettenknödel	Semmelknödelteig wird in ein Küchentuch gerollt, als Rolle gekocht und dann in Scheiben geschnitten zu Braten oder Pilzgerichten gereicht
Spätzle/Knöpfle	in Salzwasser getropfte und gekochte Teigwaren
St. Galler Bratwurst	Kalbfleisch-Bratwurst mit feiner Muskatwürze. Darf keinesfalls mit Senf gegessen werden.
St. Galler Spitzen	Trüffeltäfelchen, umhüllt von Schokolade
Tafelspitz	Schwanzstück vom Rind; das zarte Fleisch wird gekocht serviert
Wurstsalat	Salat aus in dünne Scheiben geschnittener Wurst, angemacht mit Öl, Essig, Zwiebeln und sauren Gürkchen

www.fotolia.de © sil007

Eine weitere beliebte Teigspezialität sind **Maultaschen,** die mit einer Mischung aus Brät, Spinat und Zwiebeln gefüllt sind. Sie werden sowohl als Suppeneinlage als auch in Butter gebräunt und mit Salat serviert.

In der badischen Küche spielen **Flammkuchen** (auch Dünne, Dingele oder Dinnete) eine wichtige Rolle: Der dünn ausgerollte Hefe- oder Brotteig kann mit allen möglichen Köstlichkeiten belegt werden (Rezeptbeispiel siehe Kasten); Klassiker sind Zwiebeln und Speck, die mit Sauerrahm überbacken werden.

Fleisch, Wurst und Innereien

Erstaunlich häufig finden sich auf den Speisekarten Gerichte mit **Innereien:** Saure Kutteln, Nierchen oder gebratene Leber werden vor allem in ländlichen Gasthöfen zubereitet. Unter den Fleischgerichten erfreut sich der aus mehreren Filetsorten bestehende **Gutsherrentopf** großer Beliebtheit. **Kalbsgeschnetzeltes** ist vor allem auf der Schweizer Seeseite ein Standardgericht. Im Herbst bereichern **Wildgerichte** das gastronomische Angebot.

Zwei Besonderheiten betreffen die Würste: Der feine Geschmack der in St. Gallen und Umgebung beliebten **Bratwurst** sollte keinesfalls mit Senf, Ketchup oder Ähnlichem übertüncht werden – man isst sie pur. Im Appenzeller Land verleiht die **Siedwurst** – gefüllt mit Rinderbrät und gewürzt mit Knoblauch und Kümmel – dem alpinen Essen eine orientalische Note. Gekocht landet sie mit „Chäsmaggerone ond Epfelmus“ auf dem Teller des Gastes.

Bodensee-Fisch

Der **Bodensee-Felchen** *(Coregonus wartmanni)* ist in der Region allgegenwärtig. Dieser beliebte Fisch darf auf keiner Speisekarte fehlen, und zwar zubereitet entweder nach Müllerin Art, gebraten, geräuchert oder gegrillt. Im Spätsommer kommt als besondere Delikatesse **Fel-**

⌃ Maultaschen gibt es am Bodensee in vielen Varianten

chenkaviar dazu. Bis zu 100.000 kg Felchen holen die Fischer jährlich aus dem Bodensee.

Ein weiterer beliebter Speisefisch ist der **Kretzer,** wie der Flussbarsch *(Perca fluviatilis)* am Bodensee genannt wird (in der Schweiz taucht er als Egli auf der Speisekarte auf). Sein festes Fleisch wird am See gerne in Bierteig ausgebacken.

Beinahe ausgerottet war die **Seeforelle** *(Salmo trutta lacustris),* doch Maßnahmen zum Bestandsschutz habe dem Bodensee mittlerweile wieder eine stabile Population beschert. Der edle Speisefisch besitzt rötliches Fleisch.

Die **Trüsche,** außerhalb der Bodenseeregion als Quappe *(Lota lota)* bekannt, ist eine Dorschart, die in der Gegend um Ermatingen (Schweiz) besonders häufig vorkommt. Dort gilt gebratene Trüschen-Leber als Delikatesse.

Neben diesen Arten findet man auch andere Bodenseefische wie **Wels, Zander** und **Hecht** in verschiedensten Zubereitungsweisen auf den Speisekarten.

Nachtisch

Ein typisches Dessert sind **Apfelküchle,** in Brandteig ausgebackene Apfelscheiben, die mit Zimt und Zucker bestreut werden. **Gottlieber Hüppen** sind im gesamten Thurgau ein beliebtes Naschwerk; es handelt sich um knuspriges, waffelähnliches Gebäck, das hauchdünn gebacken wird.

Bodenseewein

Der Bodensee zählt zu den kleinsten Weinbaugebieten in Deutschland. Dass hier überhaupt Reben gedeihen, ist dem See zu danken, der als natürlicher Wärmespeicher für mildes Klima sorgt.

Weißwein

Unter den Weißweinen ist der **Müller-Thurgau** die wichtigste Wein- und Rebsorte. Der namensgebende Dr. *Müller* aus Thurgau kreuzte sie 1882 aus Riesling und Silvaner. 1926 wurde die ersten Reben am Schloss Kirchberg zwischen Hagnau und Immenstaad gepflanzt. Von hier eroberte der Müller-Thurgau die Rebflächen Deutschlands und seiner Nachbarländer und verlor dabei an Qualität und Ruf. Der Müller-Thurgau vom Bodensee versteht sich hingegen als Spitzenwein mit den Aromen von grünem Apfel, Grapefruit und exotischen Früchten. Außerdem werden Silvaner, Kerner, Grau- und Weißburgunder angepflanzt.

Rädle- oder Besenwirtschaften

„Rädle" bieten eine zünftige, deftige Vesper und eigenen Wein an. Der Begriff wird nur in der Bodenseeregion für die ländlichen **Besen-** bzw. **Straußenwirtschaften** verwendet, wie man sie aus Österreich kennt. Diese sind nicht ganzjährig, sondern nur **einige Wochen im Jahr geöffnet.** Sie sind bei Einheimischen und Gästen wegen der gemütlichen Atmosphäre sehr beliebt. Als Zeichen, dass ein Rädle geöffnet hat, hängt außen ein großes **Wagenrad.** Zum Verzehr gibt es einige wenige Gerichte wie Flammkuchen, Zwiebelkuchen oder Wurstsalat. Dazu trinkt man jungen Wein.

042bo sk

Rotwein

Wesentlich älter ist die zweite Bodenseer Weinspezialität, der **Spätburgunder.** Diesen Rotwein soll *Karl III.* bereits 844 im Weingarten seines Bodmaner Schlosses angepflanzt haben. Die Rebe ist anspruchsvoll, bedankt sich aber für die aufwendige Hege und Pflege mit vollmundig-mineralischem Wein. Weitere gute Rotweine vom Bodensee sind Regent und Frühburgunder.

Weitere Getränke

Reichhaltig ist auch das Angebot an **Obstsäften,** viele in Bio-Qualität, pur oder mit Mineralwasser gemischt als Schorle serviert. Äusserst aromatisch schmeckt im Sommer die **Hollerschorle** mit Sirup aus Holunderblüten.

⌃ In der Hofkellerei des Fürstentums Liechtenstein kann man unter anderem einen edlen Pinot Noir verkosten und erwerben

Feste und Feiertage

Zu den herausragendsten Fest-Ereignissen am Bodensee gehören so unterschiedliche Events wie die archaischen **Fasnet-(Fastnacht-)Bräuche,** die spektakulären **Bregenzer Festspiele,** die traditionellen **Alpfahrten** des Appenzeller Landes, feuchtfröhliche **Weinfeste** wie in Meersburg oder literarische Wochen wie das **Hermann-Hesse-Festival** auf der Höri (nähere Informationen siehe jeweilige Ortskapitel).

Feiertage

- 1. Januar: **Neujahr**
- 2. Januar: **Berchtoldstag** (nur CH)
- 6. Januar: **Heilige Drei Könige** (nur D, A)
- **Karfreitag/Ostersonntag, -montag**
- **1. Mai**
- **Christi Himmelfahrt**

- **Pfingstsonntag, -montag**
- **Fronleichnam** (nur **D, A**)
- 1. August: **Nationalfeiertag** (nur **CH**)
- 15. August, **Mariä Himmelfahrt** (nur **A**); **Nationalfeiertag** (nur **LI**)
- Dritter Sonntag im September: **Dank-, Buß- und Bettag** (nur **CH**)
- 3. Oktober: **Tag der Deutschen Einheit** (nur **D**)
- 26. Oktober: **Nationalfeiertag** (nur **A**)
- 1. November: **Allerheiligen** (nur **D, A**)
- 8. Dezember: **Mariä Empfängnis** (nur **A**)
- 24. Dezember: **Heiligabend**
- 25./26. Dezember: **1. und 2. Weihnachtsfeiertag**

Feste und Festivals

Januar bis März

- **Fastnacht** (Fasnet) im schwäbisch-alemannischen Bereich mit dem Auftritt regional unterschiedlicher Winter- und Geisteraustreiber wie Hemdglonker (Konstanz), Schnabelgiere oder Hänsele (Überlingen). Furchterregende oder lustige geschnitzte Holzmasken kommen dabei zum Einsatz, ebenso wie eigens nach historischen Vorbildern gefertigte Gewänder. Im Appenzeller Land wird der Winter bereits am 31.12. und am 13.1. mit dem Silvesterchlausen verabschiedet.

Mai

- **Droste-Literaturtage** in Meersburg mit Lesungen im Fürstenhäusle und in der Burg. Mitte Mai.
- **Schwedenprozession** in Überlingen, Erfüllung eines Gelübdes aus dem Dreißigjährigen Krieg, Messe, Prozession, Schwerttänze. Zweiter Sonntag im Mai.
- **Schubertiade** in Hohenems mit Konzerten hochkarätiger Künstler. Mai, Oktober.

Juni bis September

- **Schubertiade** in Schwarzenberg/Bregenzer Wald mit Konzerten hochkarätiger Künstler.
- **Bodensee-Festival** mit Konzerten von Klassik bis Pop in vielen Bodensee-Orten.

Juni

- **Heilig-Blut-Fest** auf der Insel Reichenau. Eine feierliche Prozession über die Insel, bei der die Heilig-Blut-Reliquie mitgeführt wird. Montag nach Pfingstmontag.

Juli

- **Schwedenprozession** in Überlingen. Erfüllung eines Gelübdes aus dem Dreißigjährigen Krieg, Messe, Prozession, Schwerttänze. Zweiter Sonntag im Juli. Siehe auch Mai.
- **Mooser Wasserprozession** nach Radolfzell mit geschmückten Booten auf dem See. Dritter Montag im Juli.

Juli/August

- **Bregenzer Festspiele** mit Opernaufführungen auf der Bregenzer Seebühne.

August

- **Seenachtsfest** in Konstanz und Kreuzlingen mit Live-Bands, Gastronomie und einem Riesen-Feuerwerk. Das sieht man vom gegenüberliegenden Meersburg fast noch besser! Zweites Augustwochenende.

August/September

■ **Alpabfahrten** (festlicher Almabtrieb) im Appenzeller Land.

September

■ **Bodenseeweinfest** in Meersburg. Drei Tage lang präsentieren Winzer aus der Umgebung ihre edlen Tropfen, dazu gibt's Essen und Musik. Erstes Septemberwochenende.
■ **Hermann-Hesse-Tage** in Gaienhofen. Ende September.

Oktober

■ **Schubertiade** in Hohenems, siehe Mai.

Dezember

■ **Adventsmärkte** in den meisten Bodenseegemeinden.

Reisekosten

■ **Übernachtung** im Mittelklassehotel: D/A ca. 90 €/ DZ, CH ca. 160 SFr.
■ **Restaurantbesuch,** drei Gänge, mittlere Preislage: D/A ca. 30 €, CH ca. 60 SFr.
■ **Eintritt Museum:** Erwachsener: D/A ca. 5 €, CH ca. 10 SFr.
■ **Fahrradverleih:** D/A 12 €/Tag, CH 18 SFr./Tag

Geld

Die **Sperrnummern** für den Fall des Geldkartenverlusts sind unter „Notrufnummern" aufgeführt.

Im Unterschied zu den Euro-Ländern Deutschland und Österreich gilt in der Schweiz und im Fürstentum Liechtenstein der **Schweizer Franken** (SFr.) als Währung. Durch die Euro-Schwäche hat der Franken an Wert gewonnen, was das ohnehin relativ **hohe Preisniveau** in den beiden Ländern zusätzlich steigert. Die Schweiz liegt vor allem im Lebensmittelbereich preislich deutlich über dem Durchschnittsniveau der EU (Fleisch kostet sogar nahezu das Doppelte). Das erklärt die erstaunlich hohen Preise vor allem in der Gastronomie, wo es nicht ungewöhnlich ist, für eine Portion Käsespätzle 30 SFr. zu bezahlen.

Kartenzahlung

Mit der **Maestro-(EC-)Karte** kann man in den meisten Bodenseeorten bargeldlos einkaufen, ausgenommen sind Hofläden, von denen nicht jeder an das System angeschlossen ist. **Kreditkarten** werden in vielen Supermärkten und auch in den meisten Restaurants und Hotels akzeptiert.

Geldautomaten

Geldautomaten finden sich in den meisten Orten. Welche Kosten bei der Abhebung bei einer fremden Bank entstehen, müssen deutsche Geldautomaten seit

2011 anzeigen. Bei Abhebung im EU-Währungsraum dürfen nur die auch in Deutschland erhobenen Gebühren berechnet werden. In der Schweiz kann neben der Gebühr für die Abhebung auch eine Courtage für den Währungstausch einbehalten werden, die bis zu 1 % der abgehobenen Summe betragen kann. Wer mit seiner **Kreditkarte** Geld bar abheben möchte, sollte sich bei seiner Bank über die dabei entstehenden Kosten, die übrigens sehr hoch sein können, informieren.

Gesundheit

In keinem der Anrainerstaaten bestehen besondere Gesundheitsgefahren, die über die üblichen Urlaubsbeschwerden wie Sonnenbrand etc. hinausgehen. Allerdings ist unbedingt auf ausreichenden Schutz vor **Zeckenbissen** zu achten, denn die Bodenseeregion gilt als FSME-Risikogebiet, und auch **Borreliose** kann man sich hier zuziehen. Neben der empfehlenswerten Impfung gegen **FSME** sollte man bei allen Freizeitaktivitäten ein Auge auf eventuelle Bissstellen haben und sofort einen Arzt aufsuchen, wenn es begründeten Verdacht gibt. Dieser kann dann eine prophylaktische Antibiotika-Behandlung gegen eventuell drohende Borreliose einleiten. Die Borrelien gehen erst einige Stunden nach dem Stich von der Zecke auf den Menschen über; entdeckt man das Tier rechtzeitig und entfernt es vorsichtig, ist das Risiko einer Erkrankung gering.

Die **Wasserqualität** des Bodensees ist gut, man kann überall baden.

Die **medizinische Versorgung** mit niedergelassenen Ärzten und Kliniken ist rund um den See gut. Innerhalb der EU und in der Schweiz werden Notfälle nach Vorlage der **Europäischen Krankenversicherungskarte** kostenlos behandelt. Eventuell höhere anfallende Kosten, die sich aus unterschiedlichen Abrechnungstarifen in Deutschland, Österreich und der Schweiz ergeben, müssen Reisende selbst bezahlen.

Grenzübertritt EU – Schweiz

Innerhalb der EU

Für Bürger der EU gibt es zwischen **Deutschland** und **Österreich** selten Kontrollen; wegen der Ausweispflicht sind aber alle Reisenden im Bodenseeraum angehalten, ihren **Personalausweis** mitzuführen. Man beachte, dass seit Juni 2012 **jedes deutsche Kind über ein eigenes Reisedokument verfügen muss,** wenn es Deutschland verlässt. Es reicht nicht mehr aus, wenn es im Reisepass eines Elternteils eingetragen ist. Autofahrer benötigen den nationalen **Führerschein.** Haustiere dürfen nur mit einem **EU-Heimtierausweis** und dem Nachweis ei-

Wechselkurs (Stand: Februar 2015)

1 SFr. = 0,95 €   1 € = 1,05 SFr.

ner mindestens 30 Tage zurückliegenden **Tollwutimpfung** ins Nachbarland einreisen.

Die zollfreie Mitnahme von **Waren** für den persönlichen Gebrauch ist durch folgende Höchstmengen beschränkt:

- 800 Zigaretten
- 400 Zigarillos
- 200 Zigarren
- 1 kg Rauchtabak
- 10 l Spirituosen
- 20 l Zwischenerzeugnisse (z.B. Likörwein)
- 90 l Wein (davon höchstens 60 l Schaumwein)
- 10 kg Kaffee

Schweiz und Liechtenstein

Da die Schweiz dem **Schengen-Abkommen** beigetreten ist, werden auch an diesen Grenzübergängen sowie an denjenigen ins Fürstentum Liechtenstein nur stichprobenartige Kontrollen durchgeführt. Es sind die gleichen Dokumente wie innerhalb der EU erforderlich (siehe oben), und auch für Reisen mit Haustieren gelten die gleichen Konditionen. Zollfrei eingeführt werden dürfen:

- 200 Zigaretten oder 50 Zigarren
- 2 l alkoholisches Getränk bis 15 Vol.-% und 1 l mit höherem Alkoholgehalt
- Weitere Waren mit einem Wert von bis zu 300 SFr.

Schweizer und Liechtensteiner Bürger über 17 Jahren dürfen in die EU zollfrei einführen:

- 200 Zigaretten oder 100 Zigarillos oder 50 Zigarren
- 2 l Wein und 2 l Schaumwein oder 1 l Spirituosen mit mehr als 22 Vol.-%
- 500 g Kaffee
- 50 g Parfum
- weitere Waren bis zu einem Wert von 300 €

Information

Touristen-Informationsbüros, die sehr gut mit Gratis-Broschüren, nützlicher Literatur und Karten ausgestattet sind, gibt es in allen größeren Orten (Adressen siehe „Praktische Tipps“ in den jeweiligen Ortskapiteln). Allerdings haben viele kleinere Büros stark eingeschränkte Öffnungszeiten, sind etwa nur vormittags besetzt. Im Winterhalbjahr zwischen November und April sind die Öffnungszeiten noch limitierter.

Alles für Urlauber Wissenswerte findet sich auch auf den **Websites** der jeweiligen Gemeinde, meist unter den Rubriken „Tourismus“ und „Kultur“.

Überregionale Info-Büros

- **Internationale Bodensee Tourismus GmbH,** Hafenstr. 6, D-78462 Konstanz, Tel. 07531-90 94 90, www.bodensee.eu. Zuständig für Deutschland, Österreich, Schweiz und Liechtenstein. Mit interaktiver Unterkunftsbuchung.
- **Ostschweiz Tourismus,** Fürstenlandstr. 53, CH-9000 St. Gallen, Tel. 071-274 99 00, www.ostschweiz.ch.

- **Bodensee-Vorarlberg Tourismus,** Römerstr. 2, 4. Stock, A-6900 Bregenz, Tel. 05574-43 44 30, www.bodensee-vorarlberg.com.
- **Liechtenstein Tourismus,** Städtle 37, FL-9490 Vaduz, Tel. 0423-239 63 00, www.tourismus.li.

Weitere interessante Websites

- **www.bodensee-club.de:** eine Datensammlung zu Kulturevents und Veranstaltern rund um den Bodensee.
- **http.///v-a-i.at:** Das Vorarlberger Architekturinstitut stellt realisierte und in Planung befindliche Projekte der Vorarlberger Schule vor.
- **www.bodensee-kunst.net:** Vernetzt die am Bodensee arbeitenden Künstler und präsentiert ihre Arbeiten.
- **www.konzertverein.com:** Der Bodenseer Kulturverein organisiert Konzerte zumeist klassischer Musik mit angesehenen Künstlern.
- **www.linzgau-koeche.net:** Die Vereinigung ambitionierter Köche aus dem Linzgau stellt hier ihre Lokale und ihre Kochphilosophie vor.
- **www.bund-ravensburg.de:** Die Website des Bunds Naturschutz in Ravensburg informiert u.a. über Naturschutzprojekte, Flora und Fauna und auch über empfehlenswerte Direktvermarkter.
- **www.kuenstlerarchiv.ch:** Stellt in der Ostschweiz arbeitende Künstler und ihre Arbeiten vor.
- **www.gmeiner-verlag.de:** Regionalverlag für historische Romane und Krimis, auch für die Region Bodensee.
- **www.haenselezunft-ueberlingen.de:** Web-Auftritt der Überlinger Hänsele mit Infos zu den historischen Hintergründen und zu den Terminen der Fasnet (Fasching).

Internetcafés und WLAN-Hotspots

Viele Internetcafés sowie WLAN-Hotspots sind rund um den Bodensee vorhanden; selbst ein Schiff der Bodenseeschifffahrt, die „Sonnenkönigin", ist mit WLAN-Empfang ausgestattet. Auf der Website **www.wlanmap.com** kann man sich über die Standorte kostenloser Hotspots im Bodenseeraum informieren. Viele Touristen-Informationen bieten ebenfalls einen kostenlosen Netzzugang an.

043bo am

Karten

Folgende Karten sind empfehlenswert:

- **Rund um den Bodensee – Oberschwaben,** Deutsche Ausflugskarte 1:100.000, Haupka Verlag. Sehr gut recherchierte Karte mit Straßen, Wander- und Radwegen. Sehenswürdigkeiten, Panoramastraßen und Naturschutzgebiete sind ebenfalls eingezeichnet.
- **Westlicher Bodensee,** 1:35.000, Landesamt für Geoinformation und Landentwicklung Baden-Württemberg. Die Karte verzeichnet Wanderwege, Radwege und andere wichtige touristische Infos.
- **Bodensee,** 1:50.000, Freytag&Bernd. Eine solide Wanderkarte mit eingezeichneten Wander- und Radwegen für den gesamten Bodenseebereich, deckt allerdings nur den unmittelbaren Bereich um den See ab.
- **Bodensee-Ost, Bodensee-West** und **Bodensee-Hegau, Wandern/Rad,** je 1:50.000, Kompass-Verlag. Drei gute und detaillierte Wander- und Radkarten rund um den Bodensee.
- **Radwanderkarte Bodensee-Radweg,** 1:50.000, Publicpress. Mit Ausflugszielen und Einkehrtipps.
- **ADFC Radwanderkarte Bodensee,** 1:50.000 und 1:75.000, BVA Verlag. Die offizielle Karte des Allgemeinen Deutschen Fahrradclubs zum Bodensee-Radweg inklusive Rhein bis Schaffhausen.

Mit Kindern unterwegs

Der Bodenseeraum ist ein **ideales Familien-Reiseziel** mit zahllosen Sportmöglichkeiten, familienfreundlichen Unterkünften, einem kindgerechten Unterhaltungsprogramm während der Sommermonate und reizvollen Ausflugszielen in der Umgebung. Das Freizeitangebot wendet sich an Kinder aller Altersstufen, sodass von den Kleinsten im Planschbecken oder auf dem Wasserspielplatz über die Schulkinder auf der Riesen-Rutsche oder beim Kajakfahren bis hin zu den Teens beim Beach-Volleyball oder Skaten für alle gesorgt ist. Vor allem die deutsche Bodenseeregion hat sich intensiv auf Familien eingestellt. Welchen Wert man Prädikaten wie „Familienfreundlichster Ort“ (Immenstaad und Kressbronn) beimessen kann, sollte jede Familie für sich austesten.

Familien-Highlights am und um den Bodensee sind beispielsweise das Ravensburger Spieleland (siehe „Ravensburg“, „In der Umgebung“), Zeppelin- und Dornier-Museum in Friedrichshafen (siehe dort), das Pfahlbautenmuseum Unteruhldingen (siehe „Unteruhldingen“), der Affenberg Salem (siehe dort), die Festungsruine Hohentwiel (siehe dort) und der Rheinfall bei Schaffhausen (siehe dort).

Beim Wandern, Radfahren und Toben im Freien sollte man darauf achten, dass die Kinder sich nicht unbemerkt einen **Zeckenbiss** zuziehen. Auch wenn man gegen die durch Zecken übertragene FSME geimpft ist, besteht die Gefahr, sich mit Borreliose zu infizieren. Nicht immer wird die Zecke bemerkt; eine ungewöhnliche Rötung um einen „Stich“ sollte man vorsichtshalber von einem Arzt untersuchen lassen (siehe auch „Gesundheit“).

Klima und Reisezeit

Da der See wie ein Wärmespeicher funktioniert, ist das Klima hier **milder** als in anderen Regionen des Alpenvorlandes. Frühjahr und Herbst sind ideale Reisezeiten für Wander-, Rad- und Skater-Touren, die **Hauptsaison** beginnt im April/Mai und endet im Oktober. In diesem Zeitraum sollte man sich frühzeitig um Unterkunft bemühen, da die Quartiere schnell ausgebucht sind.

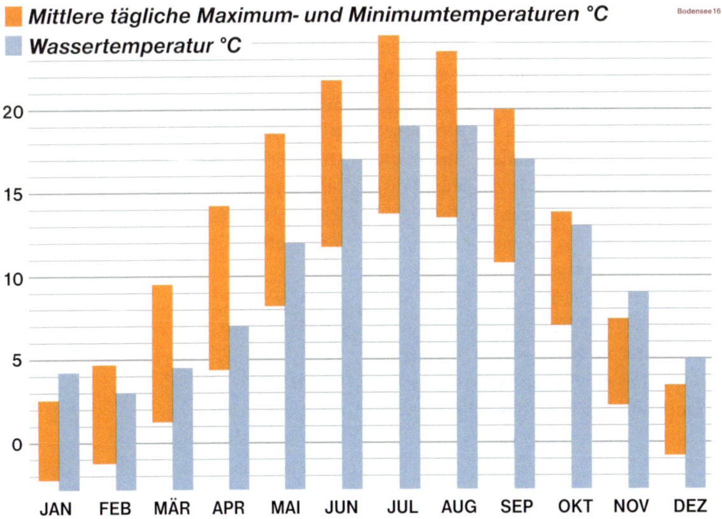

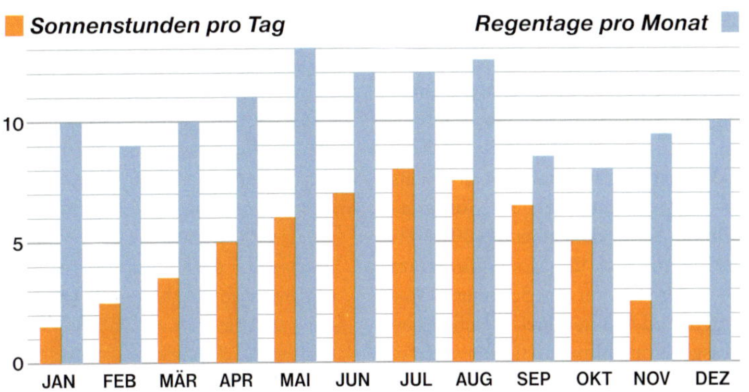

Im **Frühjahr** ist die Landschaft durch die blühenden Obstbäume in ein duftiges Blütenmeer getaucht; im **Herbst** sorgt die goldene Färbung der Weinreben für ein besonderes Licht.

Badegerechte **Wassertemperaturen** erreicht der Bodensee wegen des durch die Schneeschmelze aus den Alpen zugeführten kalten Wassers erst relativ spät. Im Juli/August kann man mit 20 bis 22 °C Wassertemperatur rechnen. Vorsicht ist bei stürmischer Wetterlage empfohlen: Der Bodensee entwickelt einen erstaunlich hohen **Wellengang.**

Als **Winterreiseziel** ist der Bodensee nur bedingt zu empfehlen; durch die Temperaturunterschiede zwischen Wasser und Luft bilden sich häufig Nebel und Hochnebel. Wer dann auf die Gipfel der Voralpen ausweicht, kann oben die Sonne genießen, während es unten grau bleibt. Da das Besucheraufkommen in den Wintermonaten gering ist, haben viele **Sehenswürdigkeiten** zwischen November und März/April **geschlossen.**

Nachtleben

Abgesehen von den größeren Städten am See, steht der Bodensee nicht unbedingt für ein ausschweifendes Nachtleben. Lounge-Bars, Musikkneipen und diverse Events sorgen aber auch abseits der Zentren zumindest im **Sommerhalbjahr** dafür, dass stets irgendwo etwas los ist. Auch die Mode, direkt am See **Beach-Bars** für den Sommer einzurichten, findet immer mehr Nachahmer.

Ausgehempfehlungen finden sich in den Ortskapiteln unter „Praktische Tipps".

Notrufnummern

Deutschland

- Die allgemein gültige **Notrufnummer** vom Festnetz und aus dem Mobilnetz ist deutschlandeinheitlich die **112.** Sie gilt für Polizei, Feuerwehr und Rettungsdienst.
- Weiterhin gültig ist aus dem Festnetz die Nummer **110** für die **Polizei.**
- Wer seine **Kreditkarte** oder andere Karten von Wert sperren lassen will, wählt Tel. **116 116.**
- Der **Pannenhilfsdienst des ADAC** ist vom Festnetz aus über Tel. **0180-22 22 222** (6 Cent/Anruf), mit dem Funktelefon über Tel. **22 22 22** (max. 42 Cent/Min.) erreichbar.
- **Bergrettung,** Tel. **112.**

Österreich

- **Polizei: 133**
- **Feuerwehr: 122**
- **Rettungsdienst: 144,**

europaweiter Notruf (auch Mobilfunk) **112**

Europaweiter Notruf 112

Am sinnvollsten ist es, in wirklich brenzligen Situationen gleich den europaweiten Notruf anzuwählen. Die Rufnummern der Bergrettung z.B. gelten in den jeweiligen Ländern nur innerhalb des Netzes des Nutzers. Die Notrufnummer **wählt sich** hingegen **in das nächste erreichbare Netz** ein. Dazu muss man das Mobiltelefon allerdings neu einschalten, ohne die PIN einzugeben, und dann die 112 wählen.

- **Pannenhilfsdienst ÖAMTC:**
120 (max. 7,3 Cent/ Min.)
- **Bergrettung: 140**
- **Sperrung von Kreditkarten** und anderen Karten von Wert: Österreicher müssen ihre Kreditkarten direkt beim Anbieter sperren lassen.

Schweiz und Liechtenstein

- **Polizei: 117**
- **Feuerwehr: 118**
- **Rettungsdienst: 144,**
europaweiter Notruf (auch Mobilfunk): **112**
- **Pannenhilfsdienst TCS: 140**
- **Bergrettung: 1414, Liechtenstein 23 27 403**
- **Sperrung von Kreditkarten** und anderen Karten von Wert: Schweizer und Liechtensteiner müssen ihre Kreditkarten direkt beim Anbieter sperren lassen.

Öffnungszeiten

Läden haben Montag bis Freitag, teils auch am Samstag von 7.30/8 Uhr bis 19.30/20 Uhr geöffnet. Viele Läden gehen am Samstag ab 14/16 Uhr in das Wochenende, sonntags ist geschlossen.

Postämter haben unterschiedliche Öffnungszeiten, die Hauptzeiten sind Montag bis Freitag 8 bis 12 und 14 bis 18 Uhr sowie Samstag 9 bis 12 Uhr.

Gaststätten und **Restaurants** haben unter der Woche meist von 11 bis 15 Uhr und ab 18/19 Uhr geöffnet, auf dem Land häufig auch durchgängig. Man beachte, dass auf dem Land die Küche schon mal um 20.30 Uhr schließen kann und die Gäste bereits ab 18 Uhr ihre Mahlzeit einnehmen.

Viele **Hotels** machen zwischen November und März **Winterferien.**

Die Öffnungszeiten von **Museen** und **Sehenswürdigkeiten** variieren; viele Museen sind montags geschlossen. Zwischen November und März sind viele Attraktionen und Museen nicht zugänglich. Öffnungszeiten siehe Ortskapitel.

Radfahren

Radwanderkarten siehe „Karten“.

Der Bodensee ist ein beliebtes und auch für Familien ideal geeignetes Fahrradreiseziel. Gäste haben die Auswahl zwischen hervorragend ausgewiesenen **regionalen Fahrradwegen,** oder sie können den See auf dem Bodenseeradweg umrunden. Auf Radreisende eingestellte Unterkünfte, Fahrrad-Werkstätten und -Verleihe sind allerorts vorhanden. Auf den **Websites** der jeweiligen Orte finden sich Hinweise auf interessante **Touren,** oft auch mit GPS-Daten und Höhenprofil zum Download. Die genauen Beschreibungen der folgenden sowie vieler weiterer Touren kann man z.B. auf **www.bodensee.eu** herunterladen.

- Lohnend ist beispielsweise eine Radtour über die **Insel Reichenau** zu den romanischen Kirchen, die UNESCO-Weltkulturerbe sind (17 km, ca. 2 Std.).
- Familienfreundlich ist der Ausflug durchs **Naturschutzgebiet** entlang der **Argen** von Langenargen zur Kabelhängebrücke (16 km, 2½ Std.).
- Gartenliebhaber kommen auf der Tour durch den südlichen **Hegau,** bei der man 12 Gärten und Parks passiert und 334 Höhenmeter überwindet, auf ihre Kosten (50 km, ca. 5 Std.).

- Wer sich für Vögel interessiert, wird für die Fahrradtour durchs **Rheindelta** sicher länger als die veranschlagte Zeit brauchen, denn dort gibt es viele verschiedene Arten zu beobachten (22 km, 2 Std.).
- Etwas sportlicher ist die Radtour um den **Überlinger See,** die Kultur-Sehenswürdigkeiten wie Überlingen selbst oder die Wallfahrtskirche Birnau mit der hier schrofferen Bodensee-Uferlandschaft verbindet (70 km, 4½ Std., 500 Höhenmeter).

Der **Bodenseeradweg** umrundet auf 230 km und meist ufernah den See. Eine Kurzbeschreibung findet sich auf www.bodensee-radweg.com; dort gibt es auch Tipps zum Kartenmaterial. Wer es eilig hat, schafft die Bodenseeumrundung, die keine besonderen Anforderungen an die Kondition stellt, in zwei Tagen. Gemütlicher und mit Blick für die Sehenswürdigkeiten am Weg umradelt man den See in einer guten Woche. Wer seine Siebensachen nicht selbst transportieren möchte, kann einen **Gepäckservice** in Anspruch nehmen und unbeschwert radeln, während das Gepäck zum nächsten Übernachtungspunkt gebracht wird (nur Ende März bis Ende Oktober, bis zu vier Koffer 11 €/Etappe). In der Hochsaison sollte man Service und Unterkunft rechtzeitig buchen; Hilfestellung dabei gibt die oben aufgeführte Website.

Fahrradmitnahme

In allen **Zügen** rund um den See, auf den **Fähren** und den **Schiffen** der Weißen Flotte sowie auch in einigen **Bussen** gibt es Stauraum für Fahrräder. In der Hauptsaison sollte man zeitig an der Abfahrtsstelle sein, der Platz ist begrenzt. Eine **Reservierung ist nicht möglich.**

Fahrradverleih

Verleiher findet man in so gut wie jedem Ort; oft vermieten auch Hotels und Pensionen Fahrräder. Meist müssen die Räder dann auch bei der Verleihstation

www.fotolia.de © Peter Atkins

wieder abgegeben werden. Beim Schweizer Verleih „Rent a Bike" lassen sich Abhol- und Abgabestationen individuell festlegen (www.rentabike.ch).

In der Ostschweiz muss man trotz der bergigen Landschaft nicht unbedingt in Topform sein, um Fahrradtouren zu unternehmen. Zusammen mit Liechtenstein hat die Schweiz den **E-Bike-Park St. Gallen Ostschweiz** ins Leben gerufen und über 40 Vermietstellen installiert, an denen man Fahrräder mit einem **Elektromotor** mieten kann. Infos unter www.rentabike.ch.

Routenvorschläge

Wer die Region intensiv erkunden möchte, sollte hierfür **mindestens zwei Wochen** einplanen und den See gemächlich und mit Abstechern ins Hinterland bereisen. Die Reihenfolge der Ortsbeschreibungen in diesem Buch führt von Lindau entgegen dem Uhrzeigersinn zunächst am deutschen Nordufer entlang, dann um Überlinger und Untersee bis zum Rheinfall und schließlich über St. Gallen und das Appenzeller Land nach Bregenz. Zum Abschluss bieten sich noch Abstecher in den Bregenzer Wald und nach Liechtenstein an.

Wer es eilig hat und nur die Highlights sehen möchte, kann in **drei Tagen** Lindau, Friedrichshafen, die Wallfahrtskirche Birnau, Überlingen, Schloss Salem, Konstanz, die Klosterinsel Reichenau, St. Gallen und Bregenz besuchen. Als Übernachtungsorte empfehlen sich hier für das Nordufer Überlingen, für das Südufer Konstanz.

Themenreisen

Das Angebot an thematischen Touren ist riesengroß; in den meisten Ferienorten können Reisende bei der Touristeninformation **Weintouren** zu Winzern der Umgebung buchen, **Kräuterwanderungen** unternehmen, sich in den **Naturschutzgebieten** wie dem Eriskircher Ried, dem Wollmatinger Ried (siehe „Allensbach", „In der Umgebung") oder dem Rheindelta von Fachleuten seltene Pflanzen und Vögel erklären lassen oder im Vorarlberg, geführt von Architekten, moderne **Architektur** entdecken (siehe „Das Rheintal" oder „Im Bregenzer Wald"). Ein besonders originelles der vielen familienfreundlichen Angebote sind naturkundliche Wandertouren, auf denen Ziegen das Gepäck tragen (siehe „Überlingen").

‹ Mit der Kuh auf Du und Du bei der Querfeldein-Radtour

Sport und Erholung

Wandern

Das Sportangebot ist umfangreich; neben Radfahren (siehe gleichnamiges Kapitel) steht Wandern ganz oben auf der Aktivitätenliste. Von leichten Rundwanderungen oder Lehrpfaden in Naturschutzgebieten über Kunstrouten bis hin zu anspruchsvollen Bergtouren südlich des Bodensees reicht das Spektrum. Wandertipps sind auf den Websites der jeweiligen Gemeinden zu finden; eine Übersicht mit weiterführenden Links bietet auch www.bodensee.eu unter „Aktiv". Hinweise auf schöne Wanderungen finden sich auch in den Ortsbeschreibungen in diesem Buch.

Auf einem Teilstück kreuzt der **Schwäbische Jakobsweg,** der von Ulm nach Konstanz führt, das Bodenseegebiet. Er führt von Weingarten über Ravensburg und Markdorf weiter nach Meersburg und schließlich nach Konstanz (www.jakobus-gesellschaften.de).

Panorama- und lehrreich und ganz einfach zu gehen ist beispielsweise der **Weinkunde-Panoramaweg** von Meersburg nach Hagnau (siehe dort). Steiler Fels begleitet den Wanderer bei der Tour durch die **Marienschlucht** auf der Halbinsel Bodanrück (siehe dort). Kunst und Natur verbindet die 14 km lange Rundtour über die **Halbinsel Höri,** bei der Stelen die Stellen markieren, an denen berühmte **Gemälde** entstanden (siehe „Die Höri"). Kinder und Erwachsene werden ihre Freude am rund vierstündigen **Witzewanderweg** durchs Appenzeller Land haben (siehe „Arbon"). Bergsteiger erleben auf dem teils ausgesetzten

044bo am

Weg von der Ebenalp auf den Berg **Säntis** herrliche Bodensee- und Alpenpanoramen (siehe dort). Wer's bequemer mag, fährt mit der Seilbahn auf den Berg **Pfänder** und wandert in etwas mehr als einer Stunde durch den Alpenwildpark hinunter zur Talstation (siehe „Bregenz").

Inline-Skating

Vor allem die Ostschweiz hat den Bodensee zu einem Ziel für **Inline-Skater** mit bestens ausgebauten Routen gemacht. Skater-Wege sind auch in vielen deutschen und österreichischen Orten vorhanden. Infos zu Routen etc. gibt es auf www.bodensee-skating.de. Im Prinzip kann man, wie mit dem Fahrrad auch, mit Inlineskates den gesamten Bodensee umrunden; die Streckenführung entspricht dem Bodensee-Radweg, verläuft in der Schweiz aber größtenteils auf eigens für Skater ausgewiesenen Wegen. Beliebtes Skating-Ziel ist die **Klosterinsel Reichenau.** Eine landschaftlich schöne, asphaltierte Strecke führt von Lochau am See entlang auf die 7 km entfernte Insel Lindau. Jedes Jahr Mitte September können trainierte Skater an der vom *Speedteam Bodensee* organisierten **Bodenseeumrundung** teilnehmen (www.bodenseeumrundung.de).

Golf

Golfspieler haben rund um den See die Wahl zwischen **27 Greens.** Die Adressen und Webseiten stehen auf www.bodensee-info.com. Zu einem der schönsten Golfplätze der Region wird regelmäßig das 18-Loch-Green Bodensee-Weißens-

Sparen mit der BodenseeErlebniskarte

Mit dieser Karte kann man bei den Freizeiteinrichtungen, Sehenswürdigkeiten, Beförderungsmitteln und einigen Gastronomiebetrieben rund um den Bodensee richtig sparen! Es gibt sie in drei verschiedenen Versionen und Gültigkeitsdauern von drei Tagen, zwei oder drei Wochen.

- Mit der **Landrattenkarte** haben Besucher freien Eintritt zu über 180 Attraktionen rund um den See (Erwachsene 40/54/65 € bzw. 48/65/77 SFr., Kinder (6 bis einschließlich 15 J.) 20/27/32 € bzw. 24/32/38 SFr.).
- Die **Seebärenkarte** bietet zusätzlich freie Fahrt mit den Schiffen der Weißen Flotte und vielen weiteren Schifffahrtsbetrieben (Erwachsene 72/97/140 € bzw. 89/116/168 SFr., Kinder 37/48/70 € bzw. 44/58/84 SFr.).
- Die **Sparfuchskarte** bietet freien Eintritt bei über 170 Attraktionen rund um den Bodensee sowie freie Fahrt u.a. mit den Schiffen der Weißen Flotte; für weitere Sehenswürdigkeiten erhält man rund 30 % Ermäßigung (Erw. 59/82/130 € bzw. 71/98/156 SFr., Kinder 29/41/65 € bzw. 35/49/78 SFr.).

Nähere **Informationen** unter: **www.bodensee-erlebniskarte.info**

Vor Überlingen finden sich gute Tauchspots

berg nordöstlich von Lindau gewählt (www.gcbw.de).

Wassersport

Vom **Segeln** über **Motorbootfahren, Schwimmen** und **Surfen** können sich Wasserratten im See auf allen Ebenen austoben. Auch **Tauchen** wird praktiziert, beliebt ist das Dreikönigstauchen in Überlingen als Treff der Szene. Überlingen und Sipplingen gelten als gute Tauchspots, weil der See hier relativ steil abfällt und man an Felswänden, Überhängen und Höhlen tauchen kann. Fischreich sind entlang der Ufer die Sandhalden. Wracktaucher finden neben kleineren Booten das 42 m lange Wrack des Schaufelraddampfers „Jura" vor Bottighofen/Thurgau. Auch eine untergegangene Lädine vor Bodman-Ludwigshafen wird betaucht – beides jedoch nur in Begleitung erfahrener Tauchlehrer (der See gilt insgesamt als anspruchsvolles Tauchrevier). Bei Unteruhldingen (siehe dort) finden Taucher unter Wasser noch Überreste jungsteinzeitlicher Pfahlbauten. Adressen von Tauchschulen finden sich unter den für Taucher interessanten Orten im Reiseteil.

Kitesurfen ist am Bodensee verboten bzw. nur an einigen Stellen mit Ausnahmegenehmigung gestattet. Informationen hierzu listet www.bodenseekreis.de auf (Suchbegriff „Kitesurfen").

Kanufahren

Auf dem Bodensee selbst wie auch auf den einmündenden Flüssen lassen sich schöne Touren unternehmen, etwa auf der Schussen bis zum Naturschutzgebiet Eriskircher Ried (siehe dort), von Wallhausen am Teufelstisch vorbei bis zum Bootssteg der Marienschlucht (siehe „Halbinsel Bodanrück und die Marienschlucht") oder am Rheinfall (siehe „Schaffhausen und Rheinfall"). Besonders reizvoll ist die Umrundung der Klosterinsel Reichenau per Kanu (siehe dort).

Wintersport

Die schneesichersten Wintersportgebiete im Bodenseeraum befinden sich in den Schweizer Voralpen am Berg **Säntis** (siehe dort), in Vorarlberg am Berg **Pfänder** (siehe „Bregenz") und im **Bregenzer Wald.** Wegen des milden Bodenseeklimas liegt am Bodensee selten dauerhaft Schnee, weshalb auch Langläufer in die Regionen südlich des Sees ausweichen müssen.

Wellness

Wellnesszentren gehören heutzutage zu jedem modernen Hotel; auch viele Pensionen versuchen, durch Einbau von Sauna, Whirlpool etc. das Wellnessangebot für ihre Gäste zu erweitern. Am Bodensee gibt es außerdem **Thermalbäder** in Meersburg, Überlingen und Konstanz. Nähere Informationen finden sich in den Ortskapiteln.

Reiten

Mehrere **Pferdehöfe** geben Reitstunden oder bieten Ausritte in die Umgebung an. Ein Angebot, das dank der geduldigen Island-Ponies besonders gut für Kinder geeignet ist, hat der Islandpferdehof Hegau mit regelmäßigen Ausritten (Vollmondritt, Waldschnitzeljagd) und Intensivkursen:

- **Islandpferdehof Hegau,** Geigeshöf 1, 78357 Mühlingen/Zoznegg, Tel. 07775-93 97 28, www.islandpferdehof-hegau.de.

Sprache und Dialekt

Grundlage fast aller im Bodenseeraum gesprochenen Idiome ist das **Alemannische:** Auf deutscher Seeseite spricht man einen schwäbischen bzw. badischen Dialekt; in der Ostschweiz ist es Schwiizertüütsch mit regionalen Ausprägungen (Appenzeller Land), im österreichischen „Eck“ wird ebenfalls ein alemannischer Dialekt gesprochen, der dem Allgäuer Dialekt ähnelt. Eine bayerische Sprachinsel gibt es trotz Lindaus Zugehörigkeit zu Bayern nicht (s.a. Kapitel „Die Region und ihre Bewohner“).

Telefonieren

Vorwahlen

- **Deutschland:** 0049
- **Österreich:** 0043
- **Schweiz:** 0042
- **Liechtenstein:** 00423

Auskunft

- **Deutschland:** 11833
- **Österreich:** 118877
- **Schweiz/Liechtenstein:** 1811

Mobiltelefone

Die Gebühren für ein- und ausgehende Anrufe und SMS sind durch EU-Gesetze geregelt und dürfen folgende Beträge nicht übersteigen:

- **Anrufe in andere EU-Staaten:** 22,61 Cent/Min.
- **angenommene Anrufe aus anderen EU-Staaten:** 5,95 Cent/Min.
- **versandte SMS-Mitteilungen:** 7,14 Cent/SMS.
- **eingehende SMS:** frei.
- **Datenpakete:** 23,80 Cent/MB.

Schweizer sollten sich bei ihrem jeweiligen Provider nach den anfallenden Gebühren erkundigen, um keine bösen Überraschungen zu erleben. Gleiches gilt im umgekehrten Fall für Österreicher und Deutsche. Eventuell lohnt sich die Anschaffung einer einheimischen **Prepaid-Karte,** mit der man zu Inlands-Gebühren telefonieren kann.

Unterkunft

Die **Auswahl** an Hotels aller Kategorien, an Pensionen und an Zimmern und Apartments von Privatvermietern ist **groß.** Der **Wellnesstrend** macht auch vor dem Bodensee nicht Halt, sodass man als Gast in nahezu jeder Unterkunft zumindest eine Sauna mit Whirlpool erwarten kann.

Zur Information und Buchung haben alle Gemeinden im **Web** Unterkunftsseiten mit weiterführenden Links eingerichtet. Die Touristeninformationen versenden **Broschüren,** in denen alle Unterkünfte der Region verzeichnet sind. Eine Gesamtübersicht findet man im Internet auf www.bodensee.eu.

Preise

Die Preise variieren natürlich je nach Reisezeit, Lage und Ausstattung. Am günstigsten wohnt man in Hostels oder Pensionen mit Preisen von 30 bis 50 €/DZ mit Frühstück. Mittelklassehotels, die meist mit drei Sternen klassifiziert sind, verlangen um 90 €/DZ mit Frühstück. Häuser der gehobenen und der Luxusklasse berechnen ab 100 € aufwärts. Familien oder kleine Reisegruppen fahren günstiger, wenn sie eine Ferienwohnung mieten, hier liegen die Preise um 100 € für bis zu vier Personen.

Diese Preisangaben gelten für Deutschland und Österreich und für die „mittlere“ Saison. In der Hauptsaison von Juli

Eine schöne, ruhige Unterkunft ist das Fischerhaus in Uhldingen

045bo sk

bis Ende September kann es deutliche Preisaufschläge geben. Die Unterkunftspreise in der Schweiz liegen um etwa 15 bis 20 % höher. Die Preiskategorien im **Reiseteil dieses Buches** gelten ebenfalls für ein Doppelzimmer in der „mittleren" Saison.

Preiskategorien für Hotels

- ① **50 €** pro DZ mit Frühstück
- ② **50–80 €** pro DZ mit Frühstück
- ③ **80–120 €** pro DZ mit Frühstück
- ④ **120–180 €** pro DZ mit Frühstück
- ⑤ **ab 180 €** pro DZ mit Frühstück

Ferien auf dem Bauernhof

Eine besonders **familien- und kinderfreundliche** Ferienvariante. Die meisten Bauernhöfe liegen zwar etwas abseits des Sees, bieten aber jede Menge Spaß, Mitmachaktionen, Streicheltiere, einige bieten sogar Kinderbetreuung an. Oft sind die Gastgeberkinder auf dem Hof, sodass sich schnell Freundschaften anbahnen.

Eine Vielzahl von Höfen ist auf www.bodenseeurlaub.de/bauernhof.htm gelistet. Ansonsten halten die Websites und Prospekte der jeweiligen Gemeinden dazu Infos bereit.

Heuhotels

Übernachten auf Stroh und Heu in der **Scheune** ist ein Trend rund um den Bodensee – vor allem für Radfahrer auf einer Rundtour eine originelle und preiswerte Alternative zur Pension. Dabei ist das Angebot ganz unterschiedlich: Einige Höfe stellen buchstäblich nur den Heuschober zur Verfügung, in dem die Gäste dann ihre Schlafsäcke ausrollen, andere haben gemütliche „Betten" mit Heukissen und -decken mit Bezügen in der Scheune aufgebaut. Fast immer handelt es sich um „Lager", das heißt, es schlafen wie auf einer Berghütte **alle Gäste in einem Raum.**

Wo man ein Heuhotel findet, steht beispielsweise auf www.der-bodensee.de/heuhotels.html, oder in den Prospekten und auf Websites der Gemeinden.

Jugendherbergen

Jugendherbergen gibt es in Lindau, Friedrichshafen, Ravensburg, Überlingen, Konstanz, Dachsen, Kreuzlingen, Schaffhausen, Stein am Rhein, Romanshorn, St. Gallen, Feldkirch und Schaan-Vaduz; sie werden in den jeweiligen Ortskapiteln vorgestellt. Informationen im Web:

- www.jugendherberge.de
- www.youthhostel.ch
- www.oejhv.or.at

Camping

Rund um den See findet sich eine Vielzahl von Camping- und Wohnmobilstellplätzen, teils direkt am See, teils im Hinterland gelegen. Bei vielen ist über die Hälfte des Platzes für Dauercamper reserviert. Auf besonders schön gelegene Plätze, z.B. direkt am See mit eigenem Strand wie „Mexico am Bodensee" in

Bregenz oder „Gohren am See“ bei Kressbronn wird in den jeweiligen Ortskapiteln hingewiesen.

Der **Standard** ist durchgängig hoch; so gut wie alle Plätze besitzen eine gute bis sehr gute Infrastruktur; einige wie „Gohren“ sind kleine Freizeitparks mit Animations- und Sportprogramm. Ärgerlich ist bei den meisten der hohe Anteil an **Dauercampern,** die die schönen Plätze mit ihren Planen-Installationen nicht unbedingt ästhetisch bereichern.

Stellplätze für ein Zwei-Mann-Zelt kosten ab ca. 7,50 €, Personen pro Erwachsenem ab 7 €, Kinder ab 3 €.

Das **wilde Campieren** ist übrigens in allen Anrainerländern **verboten.**

www.fotolia.de © VRD

Graf Zeppelin, dem Erbauer eines ganz besonderen Verkehrsmittels, wurde in seiner Heimatstadt Konstanz ein Denkmal errichtet

Verkehrsmittel

Rund um den See und mit Verbindungen ins Hinterland besteht ein **dichtes Verkehrsnetz,** das die Fähren und Schiffe der Bodenseeschifffahrt ergänzen. Allerdings fahren Busse und Züge an den Wochenenden seltener.

Das **deutsche Nord**- und **Westufer** erschließen Bahnen und Busse des Bodensee-Oberschwaben-Verkehrsverbundes. Fahrpläne und Tarife sind auf www.bodo.de gelistet; man erhält die aktuellen Pläne natürlich auch vor Ort in den Touristeninformationen.

Die Halbinsel **Bodanrück** mit **Reichenau** befährt die S-Bahn „Seehaas“ von Konstanz über Radolfzell nach Engen (www.sbb-deutschland.de).

In der **Schweiz** gibt es eine S-Bahn-Verbindung von Schaffhausen über Kreuzlingen und Arbon bis nach St. Gallen (www.thurbo.ch). Busverbindungen in der Ostschweiz sichert das Postauto (www.postauto.ch).

In **Österreich** verläuft eine Fernbahnstrecke von Bregenz durch das Rheintal (www.oebb.at). Busse und Bahnen des Verkehrsverbunds Vorarlberg bedienen lokale Strecken (www.vmobil.at).

Der **Schiffsverkehr** auf dem See ist im Verbund der Bodensee Schiffsbetriebe zusammengeschlossen (www.bsb.de); die Autofähre Konstanz – Meersburg wird von den Stadtwerken Konstanz (http://stadtwerke.konstanz.de) betrieben. Während der Wintermonate pausieren die Schiffe der Weißen Flotte, die auch die kleineren Häfen anlaufen. Die Konstanzer Fähre sowie die Katamarane zwischen Friedrichshafen und Konstanz sind das ganze Jahr über im Einsatz, sofern es die Witterung zulässt.

Zeitungen und Zeitschriften

Führende Tageszeitung im Bodensee-Raum ist der **„Südkurier“** (www.suedkurier.de). Jedes Jahr erscheint das rund 250 Seiten starke **„Labhards Bodensee Magazin“**, das bei den Touristeninformationen und online für 6 € erhältlich ist und vom Verkehr über Events bis hin zu kulinarischen und Unterkunftstipps den ganzen Bodensee abhandelt (www.labhard.de). Gastronomie und Hotels rund um den Bodensee deckt auf über 300 Seiten das Magazin **„Seezunge“** ab (www.seezunge.com), für 8 € im Zeitschriftenhandel oder online zu erwerben.

Euregiokarte statt Ticketdschungel

Ein günstiges und auf allen Verkehrsmitteln der gewählten Region gültiges Tagesticket ist die **Euregiokarte,** die man entweder für eine, zwei oder alle vier Zonen rund um den Bodensee erwerben kann. *Euregio 1* umfasst den südöstlichen Teil des Sees bis Romanshorn/Friedrichshafen und schließt Feldkirch und St. Gallen mit ein. *Euregio 2* deckt die westliche Hälfte des Sees ab und endet bei Stein am Rhein. *Euregio 3* und *4* überlappen am Untersee, mit den Optionen einer Erweiterung bis Schaffhausen oder eher nach Süden bis Frauenfeld. Die Preise für die Tageskarte betragen:

- **Eine Euregio-Zone:** Erw. 18 €, Kind 9 €/26/13 SFr.
- **Zwei Euregio-Zonen:** Erw. 18 €, Kind 9 €/26/13 SFr.
- **Alle Zonen:** Erw. 31 €, Kind 15,50 € / 45/22 SFr.

- **Information:** www.euregiokarte.com

046bo am

Landschaften von sanfter und schroffer Schönheit, jahrhundertalte Traditionen, Baukünstler zwischen Barock

11 Die Region und ihre Bewohner

und Postmoderne, preisgekrönte Literatur – die Kultur scheint im milden Klima des Bodenseeraums ebenso zu florieren wie die Natur.

< Blick auf die berühmte Blumeninsel Mainau

Geografie

Im Grunde handelt es sich beim Bodensee, dem **drittgrößten See Mitteleuropas,** um **zwei Seen:** den Ober- und den Untersee. Der 63 km lange, bis zu 14 km breite und 254 m tiefe **Obersee** zwischen Bregenz und Konstanz setzt sich nach Nordwesten im schmalen Arm des **Überlinger Sees** fort, der 20 km kang, 2 bis 4 km breit und bis zu 150 m tief ist. Nach Westen bildet bei Konstanz der 4 km lange **Fluss Seerhein** den Übergang zum 26 km langen, 1 bis 6 km breiten und bis zu 40 m tiefen **Untersee,** von dem zwei weitere Arme, **Zeller See** und **Gnadensee,** abzweigen.

Die beiden bedeutendsten **Zuflüsse** sind der **Alpenrhein** und die **Bregenzer Ach** im Südosten. Sie führen dem See 75 % der Wassermenge aller Zuflüsse zu. Entwässert wird der Bodensee nach Westen durch den **Hochrhein.**

Unter den **elf Bodensee-Inseln** sind die Kloster- und Gemüseinsel **Reichenau** (die zum UNESCO-Weltkulturerbe gehört), die Garteninsel **Mainau** der Grafenfamilie *Bernadotte* und die Insel **Lindau** mit der gleichnamigen Altstadt von Bedeutung. Die übrigen Inseln sind sehr klein, sie werden als Hotelstandort (Dominikanerinsel vor Konstanz) genutzt bzw. gehören zu Naturschutzgebieten (Wollmatinger Ried).

Die Bodenseeregion hat den besonderen Reiz, in einem geografisch relativ eng umgrenzten Gebiet ganz **unterschiedliche Landschaftsformen** zu vereinen. Eingerahmt wird der See im Norden von der durch die Eiszeit gebildete Landschaft der **Moränenhügel,** die in Seenähe sanft, im Hinterland dann teils schroffer aus der Ebene emporwachsen und z.B. im Linzgau nordöstlich von Überlingen Höhen von mehr als 800 m erreichen. Im Westen teilt der **Bodanrück** Überlinger See und Untersee mit einer Höhe von bis zu 693 m und steilen Flanken, die sich unter Wasser mit einem Steilabfall fortsetzen. Westlich von Radolfzell liegt der **Hegau** mit seinen **Kegelbergen,** die vulkanischer Aktivität im Tertiär zu verdanken sind. Es ist eine Landschaft von eigenwilligem Reiz, die im 688 m hohen Hohentwiel gipfelt. Im Süden erhebt sich der plateauartig abgeflachte **Seerücken** auf Schweizer Seite entlang des Untersees und bis fast nach Romanshorn in Höhen von bis zu 700 m. Im Südosten wird das breite Rheintal westlich vom Appenzeller Land und östlich vom **Bregenzer Wald** begrenzt. Hier befinden sich auch die einzigen markanten **Berge** im Bodenseeraum: der 1064 m hohe Pfänder bei Bregenz, das Alpsteinmassiv mit Hohem Kasten (1795 m) und Säntis (2502 m) in Appenzell und das Bödele im Bregenzer Wald mit dem Hochälpelekopf (1464 m).

Drumlin-Hügel

Eiszeitliche Relikte sind auch die Drumlin-Hügel bei **Immenstaad,** darunter der Aussichtspunkt Hochberg: Es sind **Reste der Grundmoräne,** die in Fließrichtung des Gletschers steil aufgeschoben wurden und auf der anderen Seite sanft abfallen. Drumlins haben einen elliptischen Grundriss und kommen immer in größeren Gruppen vor. Ihr **Name** leitet sich ab vom gälischen Wort *droim,* Rücken.

Entstehung

Erdgeschichtlich bildete sich das Becken des heutigen Bodensees im **Tertiär,** bedingt durch die **Auffaltung der Alpen,** durch **Vulkanismus** und schließlich durch **Absenkung.** Während der letzten zwei Eiszeiten vertieften Gletscher die bestehende Mulde; der Rheingletscher erreichte während der Risseiszeit sogar die Schwäbische Alb. Übrig blieben nach Abschmelzen der Gletscher die Moränen, die heute die Höhenzüge vor allem nördlich des Bodensees bilden.

Das Bodensee-Klima

Zwei Faktoren prägen das Wettergeschehen am Bodensee: Die große und bis zu 250 m tiefe **Wasserfläche** und die nahen **Alpen.** Der See erhält durch die Schneeschmelze in den Bergen im Frühjahr eine deutliche Zufuhr kalten Wassers, und es dauert lange, bis er sich im Sommer erwärmt. Umgekehrt speichert er dann diese Wärme und kühlt erst spät im Herbst ab. Dies hat eine **ausgleichende Wirkung** auf das Klima. Die Temperaturen in Seenähe sind nicht so großen Schwankungen unterworfen wie sonst im Voralpenland. Allerdings hält diese Wirkung nicht bis weit ins Landesinnere an – dort ist das Wettergeschehen deutlich rauer als unmittelbar am See.

Nachteile des großen Wasserspeichers sind die starke **Nebelbildung** im Herbst, wenn die Lufttemperaturen niedriger sind als die des Wassers, sowie das häufig im Sommer auftretende **schwüle Wetter,** hervorgerufen durch die Verdunstung des Seewassers. Dann besteht auch die Gefahr von urplötzlich aufziehenden, sehr heftigen **Gewittern.**

Die Alpen nehmen einen weiteren Einfluss auf das Seeklima, wenn Fallwinde über den Gebirgskamm auf den See blasen und den **Föhn** hervorrufen. Diese Wetterlage mit wunderbar klarer Sicht und warmen Temperaturen tritt vor allem im Spätsommer und Herbst auf, wird von vielen Menschen aber schlecht vertragen und löst bei ihnen Kopfschmerzen und Reizbarkeit aus. In Gebirgsnähe können die Fallwinde mit Sturmstärke auftreten und Zerstörungen anrichten. Auch der See wird dadurch aufgepeitscht.

Winde spielen im Wettergeschehen am See meist keine große Rolle – dank der fast kesselartigen Lage zwischen Höhenzügen ist es am Bodensee **oft windstill.** Umgekehrt bewirkt diese Lage aber auch das plötzliche Auftreten **heftiger Fallwinde,** die den Bodensee für Wassersportler zu einem gefährlichen Gewässer machen.

Flora und Fauna

Tierwelt

Viele verschiedene Lebensräume sind im und um den See versammelt. Der fragilste und artenreichste Bereich sind die Flachwasserzonen und Seeufer, die **Fischen** wie Barschen, verschiedenen Forellenarten, Welsen und Hechten sowie den Felchen eine Heimat bieten. Unter den **Amphibien** sind verschiedene Krötenarten sowie Laub- und Grasfrosch im Bodenseeraum heimisch. Auch zahlreiche **Vogelarten** sind hier zu beobachten. Im Winter kann man schon beim ganz normalen Spaziergang auf der Uferpromenade Schwarzhalstaucher, Singschwäne, Pfeif-, Löffel-, Tafel- und Samtenten sowie Gänsesäger, Alpenstrandläufer und Brachvögel beobachten. Die Mündungen von Radolfzeller und Stockacher Ach sind vor allem bei Kormoranen beliebt – bis zu 750 Paare halten sich hier auf. Kolbenenten, Schwarzhalstaucher und Tüpfelsumpfhühner sind nur einige Bewohner der Flachwasserzonen des Wollmatinger Rieds. Seiden-, Silber- und Purpurreiher sowie Schwarzstörche halten sich auf dem Vogelzug eine Zeitlang am Bodensee auf. Schwarz- und Rotmilan sowie der scharfäugige Mäusebussard spähen aus luftiger Höhe nach Beute. In manchen Regionen erklingt am frühen Morgen noch der Gesang einer Nachtigall.

Durch die intensive landwirtschaftliche Nutzung und durch Siedlungsbau sind im Bodenseegebiet nur die weit verbreiteten **Säugetierarten** wie Rehe, Mäuse, Igel, Kaninchen, Füchse und Dachse heimisch. Abends kann man mit etwas Glück die **Wasserfledermaus** bei der Jagd auf Eintagsfliegen beobachten.

In höheren **Gebirgszonen,** im Bregenzer Wald und Appenzeller Land sind auch Gämsen, Auerhähne und Murmeltiere zuhause. Manchmal kann man den Steinadler bei seinen Runden über den Berggipfeln beobachten.

Störche nisten auf dem Gelände des Affenbergs Salem

018bo sk

Pflanzenwelt

Die Pflanzengesellschaften der Bodenseeufer schmücken sich mit zwei **Endemiten:** Im mittleren Uferbereich und unterhalb der Hochwasserlinie gedeiht die **Strand-Schmiele** *(Deschampsia littoralis syn. D. rhenana)*. Ebenfalls im Überflutungsgebiet erblüht das **Bodensee-Vergissmeinnicht** *(Myosotis rehsteineri)* im Frühjahr zu rosa-blauen Polstern, die nach dem Hochwasser im Spätsommer häufig noch ein zweites Mal Blüten aufsetzen.

Charakteristisch für Uferlinien mit schlammigem Grund ist **Röhricht,** in dem Schilfrohr, See- und Riedgras auf dem mäßig nährstoffreichen Grund gedeihen. Auf den ufernahen Feuchtwiesen wachsen Auwälder aus Silberweiden, Schwarzpappeln, Silberpappeln und Birken. Im Frühjahr und Sommer erblühen auf den Streuwiesen Raritäten wie der **Schlauch-Enzian** *(Gentiana utriculosa)*.

Überwältigend ist der Eindruck des **Eriskircher Rieds,** wenn die **Sibirische Schwertlilie** *(Iris sibirica)* die Wiesen mit einem violetten Blütenmeer überzieht. Die **Mehlprimel** *(Primula farinosa)* macht ihr mit einem intensiven Rosé Konkurrenz.

Das **Wollmatinger Ried** ist einer der wenigen Naturräume, in dem die **Sumpf-Siegwurz** *(Gladiolus Palustris)* noch vorkommt. Auch zahlreiche **Orchideen** fühlen sich hier wohl, so Wohlriechende Händelwurz *(Gymnadenia odoratissima)*, Kleines *(Orchis Morio)* und Fleischrotes Knabenkraut *(Dactylorhiza incarnata)*.

Umwelt- und Naturschutz

Gerade noch konnten die Bodenseegemeinden in den **1970er Jahren** das Ruder herumreißen: Der See war durch Einleitungen von Industrie, Landwirtschaft und Privathaushalten zu nährstoffreich geworden und stand **kurz vor dem Umkippen.** Durch den Bau von Klärwerken hat sich die **Wasserqualität** seither so verbessert, dass der See heute als Trinkwasserreservoir dienen kann. Nur seltsamerweise finden die Fischer immer weniger und **kleinere Fische** im Netz. Es hat den Anschein, als verhungerten die Fische, weil sie im super-sauberen Wasser nicht mehr genügend Nährstoffe finden. Wissenschaftliche Untersuchungen bestätigen, dass das Nahrungsangebot abgenommen bzw. sich in tiefere Schichten verlagert hat. Ein gesundes, **normales Öko-System** für den See ist entstanden, das die Fische zu Veränderungen im Verhalten zwingt und sie nicht mehr mästet; die Fischer haben das Nachsehen. Zu den bedeutendsten Schutzgebieten zählen:

Naturschutzgebiete am See

- **Rheindelta:** 20 km^2 großes Feuchtgebiet zwischen Hard und Rheineck mit Schilfstreifen, Streuwiesen, Sumpfflächen, Auwald und Schlick. In dem bedeutenden Brut- und Rastgebiet wurden 330 Vogelarten identifiziert.
  www.rheindelta.com
- **Wollmatinger Ried:** Das 767 ha große Gebiet zwischen Ober- und Untersee erstreckt sich von der

Mündung des Seerheins entlang des östlichen Ufers des Untersees und Gnadensees bis nach Hegne und ist von Flachwasserzonen, Röhricht und Streuwiesen gekennzeichnet. Es ist ebenfalls Brut- und Rastgebiet für 230 Vogelarten, darunter viele Zugvögel aus Skandinavien.

www.nabu-wollmatingerried.de

- **Eriskircher Ried:** Das Naturschutzgebiet im Nordwesten von Langenargen ist ein 552 ha großes Areal zwischen Rotach- und Schussenmündung mit Flachwasserzonen, Schilfbereichen und Riedflächen. Es ist Brutgebiet für zahllose Wasservögel.

www.naz-eriskirch.de

Die Anrainerstaaten

Historisch gesehen ist das Bodenseegebiet ein relativ homogener, schwäbisch-alemannischer Siedlungsraum. Durch die politische Entwicklung ist die Region aber zwischen drei bzw. vier Staaten aufgeteilt: **Deutschland,** die **Schweiz, Österreich** und, wenn man es als Nicht-Anrai-

Lebensraum Kiesufer

Um Überschwemmungen vorzubeugen, wurden weite Teile der Bodenseeufer mittels Felsbrocken oder Beton begradigt und befestigt. Die ursprüngliche Uferstruktur mit bis zu 10 m tiefen **Flachwasserzonen,** die immerhin bis zu 14 % der gesamten Seefläche einnahmen, wurde durch diese Maßnahme radikal verändert. Der flach auslaufende Seegrund hat aber eine wichtige ökologische Funktion für die Unterwasserflora und -fauna. Im relativ strömungsarmen Flachwasser ist die **Sonneneinstrahlung** höher als in tieferen Seebereichen. Dies begünstigt eine rasche Erwärmung, was wiederum das Gedeihen bestimmter Tiere und Pflanzen fördert. Hier wachsen Algen und Wasserpflanzen, von denen sich Fische ernähren. Viele kommen zum Laichen in die Flachwasserzonen. Schadstoffe können in den wärmeren Randbereichen schneller abgebaut werden als in tieferen Teilen des Sees. Diese ökologischen Prozesse wurden durch die Uferbefestigungen ausgesetzt, denn nun können die Wellen nicht mehr auslaufen, sie schlagen hart gegen Mauern und Stein, es entstehen Wellenreflexionen und Strömungen, die den Untergrund aufwühlen und Pflanzen wie Kleinstlebewesen die Existenzgrundlage entziehen.

Durch die **Renaturierung,** die nach und nach, wo immer möglich, das gesamte Bodenseeufer möglichst nah an seinen ursprünglichen Zustand zurückversetzen soll, kehrt auch das ursprüngliche Biotop zurück. Kiesel- und Hornalgen, Sumpf-Teichfäden und Schwebesternchen siedeln sich an; Köcherfliegenlarven bauen ihre Steinchenröhren, Langdorn-Wasserflöhe und Einhorn-Rädertiere filtern organische Teilchen aus dem Wasser. Die temporär überschwemmten Kiesufer sind Lebensraum von Insektenlarven und Muscheln, die wiederum die Nahrungsgrundlage von Fischen bilden.

Für **Besitzer von Seegrundstücken** schränkt die Renaturierung den Privatbesitz ein, denn die durch die Mauern nicht begehbare Uferlinie wird nun wieder für die Öffentlichkeit zugänglich.

ner hinzuzählen möchte, das Fürstentum **Liechtenstein.** Der See hat Anteil an den nordöstlichen Schweizer Kantonen Thurgau, St. Gallen und Appenzell Ausserrhoden/Innerrhoden sowie am westlichen österreichischen Bundesland Vorarlberg; das deutsche Ufer gehört größtenteils zum Bundesland Baden-Württemberg, nur ein kleiner Abschnitt bei Lindau gehört zu Bayern.

Während die deutschen und österreichischen Bodenseegebiete durch gemeinsame Zugehörigkeit beispielsweise zu Habsburg eine ähnliche Entwicklung genommen haben, verlief dagegen die der **Schweiz** durch die Gründung der Eidgenossenschaft und den Frieden zu Basel im Jahre 1499 in eigenständigeren Bahnen.

Heute sind Deutschland und Österreich **EU-Mitglieder** mit dem Euro als gemeinsamer Währung. Die Schweiz ist zwar dem **Schengen-Raum** beigetreten, lehnt aber eine weitere Annäherung an die EU ab; Gleiches gilt für Liechtenstein.

Die **Seegrenzen** zwischen den drei Anrainerstaaten sind übrigens nie verhandelt und festgelegt worden.

Geschichte

Die folgende Zeitleiste enthält die wichtigsten historischen Daten zur Region und dient zur Orientierung. Die **Einleitungen** der jeweiligen **Ortskapitel** sowie thematische **Exkurse** vertiefen wichtige Entwicklungen und Ereignisse dort, wo sie für Ort und Region von Bedeutung waren.

- **50.000–30.000 v. Chr.:** Älteste Spuren einer Besiedlung.
- **5000–800 v. Chr.:** Die Bevölkerung wird sesshaft. Am See entstehen Pfahlsiedlungen, im Umland wird Ackerbau betrieben.
- **1. Jh. v. Chr.:** Der Bodenseeraum ist überwiegend von Kelten besiedelt. Nur in der Bregenzer Bucht und im Oberen Rheintal siedeln rätische Volksgruppen.
- **15 v. Chr.:** Kaiser *Augustus'* Stiefsohn *Tiberius* besiegt die rätischen Völker; der Bodensee gehört fortan zum Römischen Reich.
- **50 n. Chr.:** Brigantium (Bregenz) erhält römisches Stadtrecht.
- **3. Jh. n. Chr.:** Einwanderung und Ansiedlung von Alemannen.
- **6.–9. Jh.:** Ausbreitung des Christentums und Klostergründungen (St. Gallen, Reichenau).
- **917–1268:** Der Bodensee gehört zum Herzogtum Schwaben.
- **11.–13. Jh.:** Zuwanderer aus dem Wallis roden und besiedeln den Bregenzer Wald und die Hochtäler Liechtensteins.
- **13. Jh.:** Habsburger lösen die Staufer ab; Teile des Bodensees geraten als Vorderösterreich in ihr Herrschaftsgebiet. Die restliche Seeregion unterliegt einer zersplitterten Verwaltung durch verschiedene kirchliche und Adelsvertreter des Heiligen Römischen Reiches.
- **1312:** Konstanz, St. Gallen, Zürich, Lindau, Überlingen und Schaffhausen gründen den Bund der Bodenseestädte.
- **1414–1418:** Konzil von Konstanz.
- **1499:** Im „Schwabenkrieg" besiegen die Eidgenossen die Habsburger. Durch deren Loslösung vom Deutschen Reich ist der Bodensee Grenzgebiet.
- **um 1500:** Der bislang bedeutende Transithandel mit Italien geht zurück.
- **16. Jh.:** In den Reichsstädten wird die Reformation eingeführt.
- **1546/47:** Im Schmalkaldischen Krieg fällt Konstanz geächtet an Österreich und wird wieder katholisch.

1618–1648: Im Dreißigjährigen Krieg wird die Region von Schweden besetzt.

17./18. Jh.: Ein Großteil der Bodenseeregion wird katholisch. Das Wiedererstarken der Klöster wird mit zahlreichen barocken Bauprojekten gefeiert.

1803–1810: *Napoleon* ordnet eine territoriale Neugliederung an. Das Bodenseegebiet gehört nun sechs verschiedenen politischen Einheiten an. Kirchenbesitz wird säkularisiert.

1821: Das Bistum Konstanz wird aufgehoben.

1824: Beginn der Dampfschifffahrt auf dem See.

1848: Ausrufung der ersten deutschen Republik durch *Friedrich Hecker* in Konstanz scheitert.

19./20. Jh.: Industrialisierung; Blüte der Textilindustrie in Vorarlberg und der Ostschweiz; Gründung der Zeppelin-Werke, von Dornier und Maybach in Friedrichshafen; Ansiedlung von Rüstungsindustrie.

1900: Flug des ersten Zeppelins „LZ 1".

1938–1945: Im Zweiten Weltkrieg wird Friedrichshafen wegen seiner Rüstungsbetriebe schwer bombardiert.

Nach 1945: Das deutsche und österreichische Bodenseegebiet ist französische Besatzungszone.

1963: Seegfrörne: der gesamte Bodensee ist zugefroren und begehbar.

1983: UNESCO-Weltkulturerbestatus für Stiftskirche und Kloster St. Gallen, 2000 für die Klosterinsel Reichenau.

2002: Im Luftraum über Überlingen stoßen ein deutsches Frachtflugzeug und eine russische Passagiermaschine zusammen. Es kommen 71 Menschen ums Leben.

2009: *Berthold Markgraf von Baden* verkauft Schloss Salem und seine Kunstsammlung an Baden-Württemberg.

2011: Im Streit um den Abschuss von Kormoranen, die die Fischbestände bedrohen, erwirkt der NABU ein Urteil zugunsten des Naturschutzes und gegen die Fischer.

2013: Nach jahrelanger Schließung eröffnet das Vorarlberger Landesmuseum im Sommer mit einem spektakulären Neubau.

2014: Konstanz feiert mit Ausstellungen, Symposien und zahlreichen anderen Veranstaltungen das 600-Jahre-Jubiläum des Konstanzer Konzils.

Wirtschaft

Der deutsche Wirtschaftsraum Bodensee mit seinen etwa 800.000 Einwohnern generiert ein **Bruttoinlandsprodukt,** das um 18 % über dem durchschnittlichen Pro-Kopf-BIP in Deutschland liegt.

Die auf den ersten Blick wie ein reines Agrarland wirkende Region ist tatsächlich Standort von **Industrie-** und **Hightech-Unternehmen,** die besonders im Raum Friedrichshafen und Radolfzell vertreten sind. Dazu gehören MTU, ZF und Dornier. Die österreichische und Schweizer **Textilindustrie,** welche die Wirtschaft am südlichen Seeufer lange prägte, ist auch heute noch ein bedeutender Faktor.

Rund um den See spielen **Landwirtschaft** – hier vor allem Obst- und Weinbau – sowie Tourismus eine wichtige Rolle. In der **Fischerei** sind heute noch rund 150 Familien beschäftigt.

⊡ Im Konstanzer Konzilgebäude fand im Jahr 1417 während des Konzils das Konklave zur Wahl von Papst Martin V. statt

Das Konzil zu Konstanz

Von 1414 bis 1418 wurde in Konstanz über die **Zukunft des Katholizismus** entschieden. Das auf Veranlassung von König *Sigismund* durch Gegenpapst *Johannes XXIII.* einberufene Konzil sollte das **Abendländische Schisma** beenden, das die Kirche ebenso entzweite und lähmte wie die Politik. Dieses Schisma war durch die Rückkehr des in Avignon residierenden Papstes *Gregor XI.* 1377 nach Rom und durch dessen gnadenlose Härte im Umgang mit rebellierenden Städten wie Florenz und Bologna ausgelöst worden. Sein Nachfolger *Urban VI.,* der sich durch noch größere Grausamkeit auszeichnete, wurde von vielen Kardinälen nicht mehr anerkannt; 1378 wählten sie *Clemens VII.* zum **Gegenpapst.** Fortan trieben die beiden konkurrierenden Päpste bzw. deren jeweils gewählte Nachfolger, die einen mit Sitz in Rom, die anderen in Avignon, die Spaltung der Kirche voran. 1409 wählte das Konzil von Pisa einen dritten Vertreter *Petri* und erklärte die beiden anderen für abgesetzt, jedoch ohne Erfolg. Erst dem deutschen König *Sigismund* gelang es, die Streithähne *Gregor XII., Benedikt XIII., Johannes XXIII.* und deren Anhänger zum Konzil von Konstanz wieder an einen Verhandlungstisch zu bringen und das Schisma zu beenden. Durch geschicktes Taktieren und Verhandeln erreichte König *Sigismund* sowohl den freiwilligen Rücktritt *Gregors XII.* als auch den Rückzug durch Flucht der beiden anderen Päpste. Am 11. November 1417 wurde im Markthaus zu Konstanz **Martin V.** zum neuen Papst gewählt und damit das Schisma beendet.

Das Konzil hatte weitere Konsequenzen: Es verurteilte die Lehren der böhmischen **Reformatoren** *Jan Hus* und *Hieronymus von Prag,* die am Konzil teilnahmen, ließ beide umgehend verhaften und 1415 als Ketzer verbrennen, obwohl König *Sigismund* ihnen freies Geleit zugesichert hatte. Und Burggraf *Friedrich von Hohenzollern* wurde 1415 mit der Mark Brandenburg belehnt, was als die Geburtsstunde Preußens gilt.

048bo sk

Tourismus

Rund **6 Mio. Übernachtungsgäste** sowie weitere geschätzte **14 Mio. Tagesbesucher** kommen alljährlich an den Bodensee, wobei die große Mehrheit dafür das Sommerhalbjahr wählt. Schwerpunkt des Tourismus ist das deutsche Nordufer; Städte wie Friedrichshafen, Konstanz und Bregenz verzeichnen einen stetig steigenden Anteil an Messe- und Kongressbesuchern; die Vorarlberger Bodenseeregion profitiert hingegen in erster Linie vom Sporttourismus in ihren Skigebieten. Rund 1,5 Mio. Menschen besuchen jährlich die Insel Mainau.

Wirtschaftlich sind die Übernachtungsgäste von größerer Bedeutung – Statistiken der Internationale Gewässerschutzkommission für den Bodensee weisen aus, dass es 3,5 Tagesbesucher bedarf, um Einnahmen wie bei einem Übernachtungsgast zu erzielen. Die **Umweltbelastung** durch den Ausflugstourismus liegt weit über der durch länger verweilende Gäste verursachten. Dieselbe Untersuchung ergab für den Bodensee eine **sommerliche Verkehrsdichte,** die der im Ruhrgebiet vergleichbar ist.

Die Bodensee-Anrainer arbeiten an Konzepten, den See für **neue Gästegruppen** auch abseits der Hauptsaison attraktiv zu machen. Dabei liegen Schwerpunkte auf der Weiterentwicklung von **Wellness**- und **Genuss-Angeboten.**

Bevölkerung und Sprache

Die Bevölkerung rund um den Bodensee (je nachdem, welches Einzugsgebiet man wählt, zwischen 1,2 und 1,3 Mio. Menschen) ist zu großen Teilen **schwäbisch-**

Schlacht auf dem Schwäbischen Meer

Die **rätischen** und **keltischen Anwohner** des Bodensees wussten sich lange und heftig ihrer Haut zu wehren. Dem großen *Caesar* gelang 58 v. Chr. zwar die Unterwerfung der Helvetier; um die Bodenseeanrainer unter Kontrolle zu bekommen, bedurfte es aber eines weiteren Kriegszugs, den *Augustus'* Stiefsöhne *Drusus* und *Tiberius* unternahmen. Auf dem Bodensee kam es dann **15 v. Chr.** zu einem Gefecht zwischen *Tiberius'* 10.000 gut bewaffneten Legionären und den keltischen Vindelikern, das Rom letztendlich den Zugang zum See eröffnete. Zur Vorbereitung dieses Gefechts sollen die Römer auf der Insel **Mainau** einen **Flottenstützpunkt** aufgebaut haben. Später, unter römischer Herrschaft, war am See eine römische Bodenseeflotte stationiert; Fundamente des **Kriegshafens** wurden in den 1970er Jahren in **Bregenz** ausgegraben, mangels Möglichkeit der Sicherung aber wieder zugeschüttet.

alemannischen Ursprungs und spricht vom Alemannischen hergeleitete Dialekte, zu denen auch das in der Ostschweiz verwendete Schwiizertüütsch und das Vorarlberger Idiom zählen. Auch die ab dem 13. Jh. nach Liechtenstein und Vorarlberg zugewanderten Walser gehören der alemannischen Sprachgruppe an.

Feine Unterschiede, die Ortsfremde kaum bemerken dürften, halten **Schwaben** und **Badener** auf Abstand. Am Bodensee reicht das schwäbische Einflussgebiet von Kressbronn bis Immenstaad, wo der badische Dialekt- und Kulturraum beginnt. Diese Grenze entspricht historisch jener zwischen den Herzogtümern Württemberg und Baden. Sie trennt allerdings nicht zwei Volksgruppen unterschiedlicher Herkunft, sondern spiegelt die unterschiedlichen historisch-politischen Entwicklungen. Sowohl Schwaben wie auch Badener gehören zum Volk der Alemannen.

Erstaunlich hoch ist der **Ausländeranteil** in der Schweiz: In den Kantonen St. Gallen und Thurgau sind es rund 20 %, in den ländlich geprägten Kantonen des Appenzeller Landes liegt der Ausländeranteil bei 10 %.

Glaube und Brauchtum

Religion

Im Bodenseegebiet gab es wahrscheinlich bereits unter römischer Herrschaft christliche Gemeinden; eine grundlegende **Christianisierung** erfolgte ab dem 6. Jh. durch irische Wandermönche, die hier Klöster gründeten. Im 16. Jh. traten viele Bodenseeorte zum **Protestantismus** über. In manchen Regionen wie Thurgau und Schaffhausen ist der Anteil evangelischer Gläubiger höher als der der Katholiken. Diese sind wiederum im deutschen und österreichischen Bodenseeraum in der Mehrheit.

Sitten und Bräuche

Das alte Brauchtum ist vor allem in der **Winteraustreibung** und im **Fasching** lebendig, wo überall um den Bodensee wild maskierte Gestalten durch die Straßen ziehen. Jeder Ort hat hierbei seine eigenen Traditionen und Überlieferungen (siehe Exkurse in den Ortskapiteln). **Dreißigjähriger Krieg** und **Epidemien** haben ebenfalls Brauchtum begründet, das bis heute gepflegt wird, so die Mooser Wasserprozession (siehe „Die Höri") und das Lindauer Kinderfest (siehe „Lindau").

Gelebte Traditionen sind die Bräuche rund um den Almauf- und -abtrieb, hier **Alpfahrt** genannt, bei denen die Rinder festlich geschmückt auf die Alm getrieben oder nach ihrer Rückkehr mit einem Volksfest empfangen werden (besonders malerisch ggeschieht dies im Appenzeller Land.

Demokratie im besten Sinne praktizieren die Bewohner des Schweizer Kantons Appenzell-Innerrhoden, wenn sie einmal im Jahr bei der Landsgemeinde in Appenzell über die vom Großen Rat vorgelegten Gesetze abstimmen (siehe auch bei „Region und Dorf Appenzell").

Ein schöner Brauch, der wiederauflebt, sind die **Besen-**, **Straußen**- oder **Rädle**-

wirtschaften: Diese „improvisierten“ Gasthäuser, eigentlich Winzerhöfe, öffnen nur wenige Wochen im Jahr, schenken eigenen Wein aus und servieren dazu eine deftige Vesper. Je nach Region weist ein an die Türe gehängtes Rad, ein Reisigbesen oder ein Efeukranz darauf hin, dass die Wirtschaft geöffnet ist.

Adventsmärkte finden in der Vorweihnachtszeit u.a. in Bregenz und Konstanz statt. Als besonders malerisch gilt die Lindauer Hafenweihnacht an den Adventswochenenden.

Architektur

Zwei große Epochen haben die kirchliche und höfische Architektur des Bodenseeraums geprägt: **Romanik** und **Gotik** formten aus den vielen frühchristlichen, vorromanischen Gotteshäusern mächtige Basiliken, als Klöster und Städte durch Handel zu Wohlstand gekommen waren. Die schönsten Beispiele dieser Epoche finden sich auf der Klosterinsel Reichenau. **Hochbarock** und **Rokoko** verwandelten diese strengen Bauten in schwingende Kunstwerke aus Stuck und Fresken, nachdem der Dreißigjährige Krieg Mitte des 17. Jh. beendet und die Hoffnung auf friedliche und gewinnbringende Zeiten wieder hergestellt war. Die Wallfahrtskirche Birnau und die Kathedrale von St. Gallen sind nur zwei der vielen hochbarocken Gotteshäuser im Bodenseeraum.

Die Klosterkirche Birnau ist ein berühmtes Beispiel für die Architektur des Hochbarock

049bo am

Auer Zunft und Wessobrunner Schule

Bei den vielen Um- und Neubauvorhaben des 17./18. Jh. rund um den See tauchen immer wieder die gleichen Namen auf: *Thumb, Feuchtmayer* und *Beer,* um nur einige zu nennen. Das **Dorf Au** im Bregenzer Wald war, wie man heute sagen würde, ein Cluster der Barockbaukunst, aus ihm stammten die Familien *Thumb* (Brüder *Christian* und *Michael,* Sohn *Peter*) und *Beer* (Vater *Michael,* Sohn *Franz*) sowie *Caspar Moosbrugger* (alle 17./18. Jh). Die sogenannte Auer Zunft hatte ihre eigenen Statuten und war im gesamten süddeutschen Raum tätig.

Ein weiterer Kondenspunkt des Barock und Rokoko war das oberbayerische Kloster **Wessobrunn,** aus dessen Dunstkreis die Stuckateurs- und Bildhauerfamilie *Feuchtmayer* stammte. Führender Vertreter der Wessobrunner Schule im Bodenseeraum waren *Franz Joseph Feuchtmayer,* dessen Bruder *Johann Michael* und dessen Sohn *Joseph Anton* (17./18. Jh). Auch *Johann Schmuzer,* der mit seinen Stuckgirlanden, Weinranken und Rocaille-Muscheln die Friedrichshafener Schlosskirche in einen jubilierenden Raum verwandelte, war ein Wessobrunner.

Profane Architektur

Man trifft in der gesamten Region auf gut erhaltene **gotische Fachwerkhäuser** (in der Schweiz Riegelhäuser genannt). An den meisten Kaufmannshäusern ist der hohe Giebel mit einer Aufzugtür ausgestattet, durch die Waren in den Speicher befördert wurden. Arkadengänge im Erdgeschoss dienten dem Verkauf des Handelsguts. In einfacheren Häusern wurde der ebenerdige Bereich als Vorratskammer und Viehstall genutzt; die Wohnräume befanden sich darüber.

Im barocken 17./18. Jh. wurden viele Fachwerkhäuser verputzt und mit Stuck und Fresken in imposante Bürgerhäuser umgewandelt. Einige Häuser erhielten im Zuge der Umbauten **Erker,** ein neues, repräsentatives Element, das nicht nur viel hermachte, sondern auch mehr Licht in die Räume ließ. Der Anbau von Erkern war genehmigungspflichtig – in Stein am Rhein löste der ungenehmigte Erkerbau an einem Wohnhaus einen über mehrere Jahre dauernden „Erkerstreit" aus.

Wer viel Geld hatte und im Barock eine Neubau in Angriff nahm, verwendete dazu nun **Ziegel** und **Stein,** was wesentlich kostspieliger war als Fachwerk. Schöne Beispiele für die Architektur des Barock sind das Lindauer Haus zum Cavazzen, das Tettnanger Neue Schloss und die mit Erkern geschmückten Häuser in Stein am Rhein, Schaffhausen und St. Gallen.

Voralberger Bauschule

Die vor allem im Bregenzer Wald präsente, moderne **Holzarchitektur** zeitgenössischer Architekten gibt dem ländlichen Raum mit ihren sachlichen Formen einen besonderen Akzent und fügt sich auch wunderbar an die historische Architektur der alten Bauernhäuser an. Spektakuläres Beispiel dieses Bau-

Trends ist die Kunsthalle Bregenz. Ihren Charme gewinnt die Architektur aber vor allem im bäuerlichen Umfeld, wo Privathäuser, Hotels, Käsereien oder Feuerwehrhäuser die Innovationsbereitschaft von Privatleuten wie Gemeinden spiegeln.

Malerei

Die Klöster St. Gallen und Reichenau waren nicht nur religiöse, sondern auch wissenschaftlich-literarische Zentren, in denen Meisterwerke **mittelalterlicher Buchmalerei** entstanden, die man heute in der Stiftsbibliothek St. Gallen und im Museum Reichenau besichtigen kann. Ebenfalls auf der Reichenau sind in der Kirche St. Georg in Oberzell romanische **Wandfresken** erhalten, wie sie nördlich der Alpen einzigartig sind. Einzigartig sind in dieser Region auch die **Renaissance-Malereien** am Schaffhausener „Haus zum Ritter", ausgeführt von *Tobias Stimmer* (1539–1584). Im Barock prägten vor allem die **illusionistischen Fresken** von *Gottfried Bernhard Göz* (1708–1774), *Johann Michael Feuchtmayer* (1666–1713) und *Franz Martin Kuen* (1719–1771) die Gotteshäuser. In der Basilika Weingarten zeichnete der Münchner Künstler *Cosmas Damian Asam* (1686–1739) für die Fresken verantwortlich, verließ hierbei die illusionistische Perspektive und verwandelte das Gotteshaus mit seinem Deckenfresko in eine Bühne Gottes.

Mit Kirchenausstattung hatte **Angelika Kauffmann** (1741–1807) nur am Rande zu tun. Die in Chur geborene klassizistische Malerin spezialisierte sich auf Porträtmalerei und war an allen europäischen Fürstenhöfen gern gesehener Besuch. Eine Zeitlang lebte sie in Schwarzenberg im Bregenzer Wald, woher ihre Familie stammte, und schmückte zusammen mit ihrem Vater die Dorfkirche mit Fresken aus.

Maler erfüllten nicht nur Aufträge im Bodenseeraum, sondern fanden hier auch Motive und Muße zu arbeiten: Zu den berühmtesten Künstlern zählten **Otto Dix** (1891–1969), **Max Ackermann** (1887–1975) und **Erich Heckel** (1883–1970), die sich wie einige andere Kollegen vor den Nationalsozialisten auf die ländlich-idyllische, vor allem aber grenznah zur neutralen Schweiz gelegene Halbinsel Höri zurückzogen.

Künstler und Provokateure

Mit ungewöhnlichen Skulpturen macht der 1947 in Nürnberg geborene und in Bodman lebende **Peter Lenk** von sich reden (siehe „Kunst, Satire, Provokation – der Bildhauer Peter Lenk"). Sein berühmtestes Werk ist die „Imperia" im Konstanzer Hafen.

Provokant sind auch die Arbeiten des in Dornbirn geborenen **Wolfgang Flaatz,** der seiner Heimatstadt ein spannendes Museum mit seinen Werken eingerichtet hat (siehe Ortskapitel „Dornbirn").

Literatur

Der wohl berühmteste Bodenseer Literat ist **Martin Walser,** 1927 in Wasserburg geboren und wohnhaft in Nußdorf. Seine Romane und Novellen wie beispielsweise „Ehen in Philippsburg“ oder „Ein fliehendes Pferd“ machten ihn rasch bekannt und brachten ihm zahlreiche Literaturpreise ein.

Ein berühmter Vorgänger, **Hermann Hesse** (1877–1962), lebte zu Beginn des 20. Jh. eine Zeitlang auf der Halbinsel Höri und versuchte sich im einfachen, ländlichen Leben, das ihm letztendlich aber zu eng wurde.

Die Droste über das Fürstenhäusle

„Sie sollen sehen, ich mache ein kleines Paradies aus dem Nestchen ... Einen Brunnen habe ich nicht, aber ein Bleichplätzchen und nicht hundert Schritte vom Hause eine Quelle, die Winter und Sommer fließt. Kurz, ich sage Ihnen, es ist allerliebst. ... Die Meersburger halten dieses Fürstenhäuschen für eine unschätzbare Perle, – mir ists fast zu viel und zauberhaft, und wie ich so droben die ganze Gegend kontrollieren kann, jeden Bürger, der auf die Gasse oder auch nur ans Fenster, jeden Bauern, der in seinen Hofraum tritt, so komme ich mir vor wie der Student von Salamanka, dem der hinkende Teufel die Dächer abgehoben hat, und mir ist beinahe sündlich zumute.“

(Brief an *Elise Rüdiger,* 1843)

050bo sk

Ganz der Schönheit des Bodensees (und, wie lästerliche Zungen unken, auch der ihres deutlich jüngeren Sekretärs) hingegeben hat sich **Annette von Droste-Hülshoff** (1797–1848), die 1841 zu Schwester und Schwager auf Schloss Meersburg zog und sich in den Weingärten dann selbst ihr „Fürstenhäusle“ kaufte. Die Autorin der „Judenbuche“ verstarb auf Schloss Meersburg.

Die Dichterin Annette von Droste-Hülshoff verbrachte ihre letzten Lebensjahre in Meersburg

12 Anhang

055bo sk

Der Marktplatz von Stein am Rhein bietet ein märchenhaftes Bild

Literaturtipps

Martin Walsers Novelle **„Ein fliehendes Pferd“** (Suhrkamp Verlag, Frankfurt, 1980) gehört für jeden, der sich dem See literarisch nähern möchte, ebenso ins Gepäck wie **„Der liebe Augustin“** von **Horst Wolfram Geißler** (Sanssouci Verlag, München, 2010). Beide sind am Bodensee angesiedelt. *Geißler* porträtiert in seinem „Augustin“ das Leben in Lindau um das Jahr 1800; *Walser* konfrontiert die unterschiedlichen Charaktere und Lebenseinstellungen zweier Ehepaare bei einem gemeinsamen Bodenseeurlaub und führt die daraus resultierenden Auseinandersetzungen während eines stürmischen Segeltörns zu seinem Höhepunkt.

Wer sich dem Bodensee auf mörderischen Spuren nähern möchte, findet in **„Tod am Bodensee“** 20 gruselige **Kurzkrimis,** die einem das Blut in den Adern gefrieren lassen (hrsg. von *Barbara Grieshaber* und *Siegmund Kopitzki,* Gmeiner Verlag, Meßkirch, 2007). Im gleichen Verlag ist **Erich Schütz' „Judengold“** (2009) erschienen, ein spannender Kriminalfall, bei dem sich ein Journalist immer tiefer in einem Netz aus Geldwäsche und Geheimdienst verstrickt, das seinen Ausgangspunkt in der NS-Zeit und beschlagnahmtem jüdischen Vermögen hat. Der Autor nähert sich dem Bodensee aber auch auf sehr genießerische Art und Weise: 66 Lieblingsplätze und elf Köche, die Reisende nicht verpassen sollten, verrät er in seinem 2011 ebenfalls im Gmeiner Verlag publizierten Buch **„Bodensee“.**

HILFE!

Dieser Reiseführer ist gespickt mit unzähligen Adressen, Preisen, Tipps und Infos. Nur vor Ort kann überprüft werden, was noch stimmt, was sich verändert hat, ob Preise gestiegen oder gefallen sind, ob ein Hotel, ein Restaurant immer noch empfehlenswert ist oder nicht mehr, ob ein Ziel noch erreichbar ist oder nicht, ob es eine lohnende Alternative gibt usw.

Unsere Autoren sind zwar stetig unterwegs und versuchen, alle zwei Jahre eine komplette Aktualisierung zu erstellen, aber auf die Mithilfe von Reisenden können sie nicht verzichten.

Darum: Schreiben Sie uns, was sich geändert hat, was besser sein könnte, was gestrichen bzw. ergänzt werden soll. Nur so bleibt dieses Buch immer aktuell und zuverlässig. Wenn sich die Infos direkt auf das Buch beziehen, würde die Seitenangabe uns die Arbeit sehr erleichtern. Gut verwertbare Informationen belohnt der Verlag mit einem Sprachführer Ihrer Wahl aus der über 220 Bände umfassenden Reihe „Kauderwelsch“. Bitte schreiben Sie an:

Reise Know-How Verlag
Peter Rump GmbH | Postfach 140666 | 33626 Bielefeld
oder per E-Mail an: info@reise-know-how.de

Danke!

REISE KNOW-HOW
Albanien
Sardinien
Tessin
Lago Maggiore
Schleswig-Holstein Nordseeküste
Schleswig-Holstein Ostseeküste
Andalusien
Litauen
England
Norden und Mitte
New York City
POSEN
ROSTOCK · WISMAR
WIESBADEN
PALMA de Mallorca
BUENOS AIRES
GÖTEBORG
ROTTERDAM
TRIER
WARSCHAU
Kauderwelsch plus
Brasilianisch plus Wörterbuch
Polnisch Slang

Stiftsbibliothek St. Gallen

Bibliothèque abbatiale de Saint-Gall

Abbey Library of St. Gall

www.stiftsbibliothek.ch

PATRIMONIO MUNDIAL · WORLD HERITAGE · PATRIMOINE MONDIAL

Register

A

B

C

D

E

F

M

N

O

P

Die Autoren

Daniela Schetar und *Friedrich Köthe* leben als Reisejournalisten in München und haben bei REISE KNOW-HOW bereits Reiseführer über so unterschiedliche Ziele wie Namibia, Sizilien oder Slowenien veröffentlicht. Am „Schwäbischen Meer" fasziniert sie vor allem die Vielseitigkeit, sowohl was Sehenswürdigkeiten und Kultur, als auch was die vielen Aktivitäten angeht, die rund um den Bodensee möglich sind.

056bo sk